敦煌与丝绸之路石窟艺术丛书　郑炳林　主编

敦煌十六国至隋石窟艺术

顾淑彦　著

读者出版传媒股份有限公司
甘肃教育出版社

图书在版编目（C I P）数据

敦煌十六国至隋石窟艺术 / 顾淑彦著. -- 兰州：甘肃教育出版社，2015.7
（敦煌与丝绸之路石窟艺术丛书 / 郑炳林主编）
ISBN 978-7-5423-3595-1

Ⅰ. ①敦… Ⅱ. ①顾… Ⅲ. ①敦煌石窟－美术史－研究－十六国时期～北朝时代 Ⅳ. ①K879.214

中国版本图书馆CIP数据核字(2015)第166762号

敦煌十六国至隋石窟艺术

郑炳林　主编　顾淑彦　著

出 版 人　王永生
项目负责　孙宝岩
责任编辑　王露莹
书籍设计　徐晋林　张小乐

出　版　甘肃教育出版社
社　址　兰州市读者大道568号　730030
网　址　www.gseph.cn　E-mail　gseph@duzhe.cn
电　话　0931-8773136（编辑部）　0931-8773056（发行部）
传　真　0931-8773255
淘宝官方旗舰店　http://shop111038270.taobao.com

发　行　甘肃教育出版社　印　刷　兰州新华印刷厂
开　本　787毫米×1092毫米　1/16　印　张　32.25　插　页　3　字　数　416千
版　次　2016年10月第1版
印　次　2016年10月第1次印刷
印　数　1~1 500
书　号　ISBN 978-7-5423-3595-1　定　价　95.00元

总 序

丝绸之路是中西文明交流永恒的通途，也是连接中外的一条艺术之路。西域地区的音乐舞蹈、佛教艺术都是通过这条道路传入中国的。隋代“九部乐”、唐代“十部乐”中的西凉、高昌、龟兹、疏勒、康国、安国、天竺等风格的乐舞都来自于西域地区，也都是通过这条路线进入中原地区的，特别是《西凉乐》，就是《龟兹乐》与传入河西的中原古乐融合之后形成的一种乐舞。佛教壁画艺术和雕塑艺术通过丝绸之路进入中原，形成自己特色后又回传到河西、敦煌及西域地区。丝绸之路石窟众多，各有特色，著名的有麦积山石窟、北石窟、南石窟、大像山石窟、水帘洞石窟、炳灵寺石窟、天梯山石窟、马蹄寺石窟、金塔寺石窟、文殊山石窟、榆林窟、莫高窟、西千佛洞等。祆教艺术通过粟特人的墓葬石刻被保留了下来，沿着丝绸之路和粟特人聚落分布于古代天水、长安等商贸城市。体现中原文化特色的墓葬壁画艺术，也分布于丝绸之路上的河西走廊沿线和吐鲁番地区。文化的交融和碰撞通过艺术内容和风格充分体现出来，所以将丝绸之路称之为艺术之路一点也不为过，反而更能体现出它的特色。

丝绸之路沿线星罗棋布地分散着大大小小的石窟殿堂，让人叹为观止。丝绸之路把古代印度地区，中亚地区，我国的新疆地区、甘青宁地区、中原地区、东北地区乃至朝鲜半岛和日本，都串联了起来。如果说石窟殿堂是耀眼的珍珠，那么丝绸之路就像一条线，经过它的串接，亚欧大陆的

颈项上出现了一副华美的璎珞，耀眼而又迷人。百年以来，丝绸之路及其沿线的石窟殿堂以其独特的气质和魅力，吸引着来自世界各地一代又一代的学者，前赴后继，投身于相关的研究领域。

敦煌与丝绸之路石窟艺术一直都是教育部人文社科重点研究基地兰州大学敦煌学研究所多年来研究的主要内容。30 多年来，我们不但有一批专家持之以恒坚持石窟考古和石窟艺术研究，同时我们还培养了一批从事石窟艺术研究的博硕研究生和留学生，他们在这个领域做出了卓越的贡献。1980 年我们创办了中国大陆首家敦煌学专业刊物《敦煌学辑刊》，截至 2015 年年底已经发行了 90 期，石窟艺术研究专栏连同敦煌文献研究、敦煌历史地理研究等板块共同构成了刊物内容的主体，已然成为国内石窟艺术研究成果发布的重要平台。2008 年沙武田博士学位论文《敦煌画稿研究》获得该年度全国百篇优秀博士学位论文提名奖；《吐蕃统治时期敦煌石窟研究》进入《国家哲学社会科学成果文库》。与此同时，为了对敦煌与丝绸之路石窟艺术研究进行梳理和总结，兰州大学敦煌学研究所启动了《丝绸之路石窟研究文库》项目。其中《天水麦积山石窟研究论文集》《永靖炳灵寺石窟研究论文集》和《河西陇右石窟研究论文集》已经陆续出版，龟兹地区和陕西地区石窟研究论文集正在收集、整理过程之中。这种工作虽然基础，耗费人力和物力，但若能对学界研究有所裨益，也是我们最大的荣光。

结合目前学术研究动态，兰州大学敦煌学研究所启动了“敦煌与丝绸之路石窟艺术”丛书项目，研究内容涵盖甘肃省境内的大部分石窟，既有石窟群整体性的研究，又有石窟个案研究；一方面，多层次地透视丝绸之路石窟艺术文化的博大精深，另一方面，紧抓学术研究前沿，集中体现了未来丝绸之路石窟艺术研究的方向。

一、石窟艺术专题研究

学界在过去 50 多年中进行了大量基础的测绘调查和壁画内容考

释，这种研究基本上是以单个题材壁画为重点，按照时间顺序或者空间划分来对某种特定题材进行考察。这项研究是基础。无数前辈已经为我们做出了榜样。本套丛书中的《敦煌石窟彩塑艺术概论》则是一个新的案例。该书以敦煌石窟彩塑为主要研究对象，同时涉及中国其他石窟的雕塑。其结合洞窟建筑、壁画，以时代为线索，展示出了敦煌石窟彩塑独特的艺术魅力。此类研究还包括《敦煌石窟中的少数民族服饰研究》《敦煌藏经洞出土绘画品研究史》《敦煌隋代石窟壁画样式与题材研究》《北周石窟造像研究》《甘肃省博物馆藏北朝石刻造像研究》，等等。

二、石窟艺术与社会历史研究

石窟艺术与社会历史研究丝丝相扣。对于敦煌石窟而言，藏经洞出土的敦煌遗书，包括记录敦煌社会开窟造像的功德记、敦煌历史人物的邈真赞等，都是不可或缺的研究材料。史苇湘先生《敦煌社会历史与莫高窟艺术》提出敦煌本土文化论和石窟皆史论，成功运用艺术社会学研究敦煌石窟，这种研究方法意在最大程度地把莫高窟考古资料和藏经洞遗书结合起来，还原敦煌社会历史。本丛书中的《敦煌阴氏与莫高窟研究》就是运用石窟与文献相结合的方法，在石窟营建史的背景下对阴氏家族开凿或参与开凿的 7 个洞窟进行全面研究，从而分析阴家窟所反映出来的佛教思想、佛教功能以及社会和艺术功能。

三、佛教洞窟与寺院仪轨的综合研究

丝绸之路佛教寺院中的壁画造像题材，不同于博物馆藏品，它没有像藏品一样脱离原来的空间关系。这就为学者通过壁画造像所在的空间位置探索古代佛教仪轨提供了可能。本套丛书中的《天水麦积山石窟北朝佛教艺术研究》《马蹄寺石窟群汉传佛教艺术研究》《陇东地区北朝佛教造像研究》等主要研究对象集中于甘肃北朝洞窟，其综合造像内容、佛教经典以及中古时期寺院仪轨，系统阐释了图像与寺院生活的密切关系。这一研究方向是未来石窟艺术研究方向之一。

四、洞窟个案研究

专题性研究是基础，不过其弊端也清晰可见。这种研究割裂了一个洞窟之中壁画和壁画、壁画和塑像之间的互动关系。而实际上所有的造像题材都是一个有机的整体，它们共同诠释了主尊乃至整个洞窟的造像设计理念，同时也反映了洞窟背后的历史信息。因此，我们在过去数十年工作的基础上，将某一特定洞窟的诸种壁画造像题材作为一个整体进行研究，这也是未来丝绸之路佛教艺术研究的大势所趋。本套丛书就包含了莫高窟第 61 窟、第 100 窟、第 454 窟、麦积山第 127 窟以及瓜州榆林窟第 25 窟的个案研究。这些成果选取特定历史时期极富代表性的洞窟作为研究对象，全面透视洞窟设计理念，深层次构建了石窟艺术发展史。

五、特定历史时期特定区域图像的普查与研究

随着新资料的不断公布以及学者对洞窟历史背景认识的加深，部分特定阶段的佛教洞窟研究有待再探讨。本丛书《敦煌十六国至隋石窟艺术》《川北佛教石窟和摩崖造像研究》和《吐蕃统治敦煌时期的密教研究》即属于此类。以敦煌为例，学者们认为，敦煌石窟的晚期，由于西藏后弘期佛教的兴起和广泛流传，敦煌石窟营造被推进到了一个崭新的时期。目前随着藏语文献的整理和藏学研究队伍的壮大，学界对敦煌中唐到元代的历史有了更深的认识，原来对敦煌藏传佛教艺术认知需要重新架构。如本丛书中的《吐蕃统治敦煌时期的密教研究》就对相关问题做了探讨，整理了与吐蕃统治敦煌时期密教有关的大量文献与图像资料，对汉藏文献以及图像做了初步的分类与对比；讨论了吐蕃时期敦煌密教与其他信仰的关系；总结了中唐密教在整个敦煌密教发展史上的里程碑意义。

本丛书以丝路沿线石窟整体为研究对象，既注重梳理其内在的逻辑关系，又注重对个别石窟的重点探究，以开放的、广阔的研究视野，重新审视西到龟兹，东到天水、西安，西南到川北的石窟寺遗址，探索石窟艺

术风格的发展演变。

这套丛书主要汇集了兰州大学敦煌学研究所近年在敦煌与丝绸之路研究方面的最新成果,希望借此出版机会倾听学界的批评和指正。

郑炳林

2015 年 12 月

引 言

敦煌，虽然是地处中国甘肃最西部的一座小城镇，但古代却是丝绸之路的咽喉之地，成为中国与西域经济、文化交流的纽带。敦煌是人类文明和中华民族文化最集中的体现，也是连接世界四大文明的交汇点。敦煌学是由于1900年藏经洞的发现以及对其中珍藏的敦煌写本的研究而产生的一门新的国际性显学。随着研究的不断深入，研究状况和研究条件的不断改善，学者们很快发现，藏经洞所在地敦煌莫高窟也蕴藏着丰富的历史、社会、民俗、文化等信息，也值得大家去研究、去探索。敦煌莫高窟是中国古代唯一一处没有中断的佛教美术馆，是中国人民劳动和智慧的结晶，也是中西文化交流的产物，为我们保存了中国4到13世纪的珍贵的艺术品和实物资料。敦煌石窟的研究也为中国的考古学、艺术史以及宗教学等方面的研究做出了重要的贡献。

西汉元鼎六年，汉武帝设立敦煌郡，从此敦煌正式归入国家统治。经两汉、三国、魏晋几百年的不断开拓和经营，敦煌已经成为古丝绸之路上的一个重镇。随着佛教的传入，也传来了佛教艺术，佛教和佛教艺术也在这里生根发芽。敦煌莫高窟的最早开凿始于前秦建元二年(366)，据《圣历碑》载：

莫高窟者，厥初秦建元二年，有沙门乐僔，戒行清虚，执心

> 恬静。尝仗锡林野，行止此山，忽见金光，状有千佛，遂架空凿险，造窟一龛。次有法良禅师，从东届次，又与僔师窟侧，更即营造。伽蓝之起，滥觞于二僧。①

莫高窟洞窟的开凿与营建便从此开始了，历经十六国北凉、北魏、西魏、北周、隋、唐、五代、宋、回鹘、西夏、元等11个朝代，建窟735个，其中南区有492个。当年乐僔和法良所开凿的洞窟今已不可考，莫高窟现存最早的洞窟是十六国北凉时期开凿的第268、272、275窟，被称为“北凉三窟”。

魏晋南北朝时期，中国经历了西晋短暂的统一之后，又一次走向了分裂。这一时期，少数民族政权入主中原北方地区，出现了民族大融合。此期也是佛教传入中国并初步发展的时期。佛教造像的初传期，首先是照搬印度佛教造像的犍陀罗样式，因此，在人物造像上多体现为高鼻、深目的特征。随着佛教艺术流传深入之后，逐渐被中国艺术家融会贯通，形成独特的中国佛教造像艺术风格。十六国北朝时期，在中国北方地区掀起了开凿石窟寺的热潮。这些石窟寺早期的造像均较多地留下了犍陀罗或西域佛教艺术的印痕，因此，在北朝前期人物造型方面出现了西域佛教艺术和中国本土艺术共同存在、相互影响和相互融合的情况；而北朝后期，佛教艺术开始向中国化迈进，中原传统“秀骨清像”的艺术风格成为主流。十六国北朝时期的敦煌石窟艺术正是经历了这两种艺术相互影响、相互交融的过程。因此，对这一时期敦煌石窟艺术的研究与介绍，有利于我们了解佛教艺术这个外来的宗教艺术是如何在中国发展，并吸收借鉴中国其他传统艺术，发展成为成熟的中国佛教艺术的。

---

①据武周圣历元年（698）《李君（克让）莫高窟修佛龛碑》。另敦煌文书P.3720和莫高窟第156窟前室北壁晚唐墨书题记《莫高窟记》也有相类似的记载。

隋代,在中国历史长河之中只有 37 年的寿命,可以算是一个短命王朝。隋经文、炀两帝,立国虽短,但均笃信佛教,使佛教在隋代昌盛,在各地发展。佛教虽在隋代发展昌隆,但是现今保存下来的佛教遗迹却较少,无法真实反映隋代佛教发展的面貌。然而,敦煌却是例外,在短短的 37 年的时间里,敦煌莫高窟隋代新开凿的洞窟有 94 个,加上重修前代洞窟,共计 100 多个,其中也不乏第 427、292 等这样的大窟,也有第 419、420、390、244 等这样的经典洞窟。平均每年营造近三个洞窟,这样的速度和数量是其他朝代无法相比的。在敦煌莫高窟的营建史上,唐代开凿的洞窟最多,开窟数量几乎占莫高窟有壁画的洞窟的一半,然而唐代立国 289 年,修建的洞窟有 230 多个,而隋代的营建速度是唐代的三倍还多。由此可见,隋代是莫高窟营造史上建窟频率最高的时代。敦煌石窟隋代艺术,不仅在学术研究方面亟待推进,也需要进一步更详细地普及与宣传。

本书就是尽可能全面地介绍敦煌十六国北朝至隋时期的石窟艺术,同时进一步展示了敦煌隋代石窟艺术在受到中原和西域两种风格的影响,不断吸收这两种文化的营养的情况下,是如何进行探索和创新的。

目录

第一章

敦煌石窟艺术简论

敦煌石窟泛指敦煌及其附近地区的石窟,包括敦煌莫高窟、西千佛洞、肃北五个庙石窟、肃北一个庙石窟、瓜州榆林窟、水峡口下洞子石窟、东千佛洞、旱峡石窟以及玉门昌马石窟等(图 1-1),分别属于古敦煌、晋昌两郡,因主要石窟莫高窟位于古敦煌郡,各石窟的艺术风格又同属一脉,且敦煌又是古代两郡的政治、经济、文化中心,因此将这些石窟统一称为“敦煌石窟”。

莫高窟俗称千佛洞,各个历史时期又有“仙岩寺”“崇教寺”“皇庆寺”“雷音寺”等不同称谓,这些称呼都是在一段时间内以一窟、一寺之名对整个莫高窟的代称。莫高窟位于今敦煌市东南 25 公里鸣沙山东麓的断

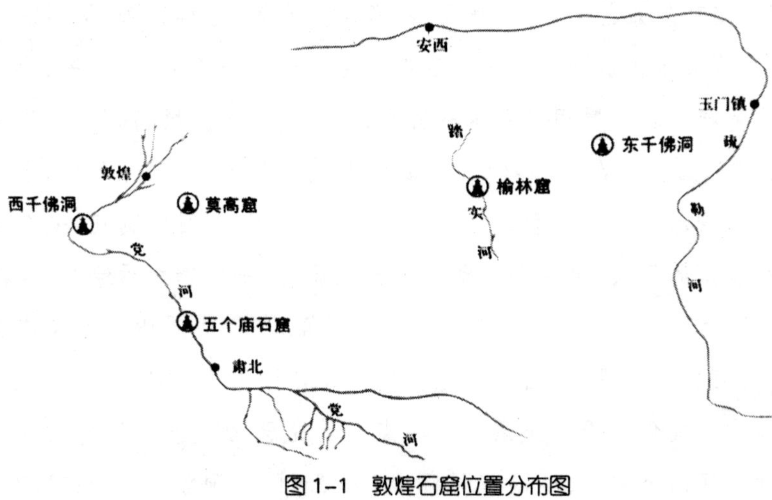

图 1-1 敦煌石窟位置分布图

崖上，洞窟坐西朝东，正面为三危山，一条名为宕泉（俗称大泉）的河流从窟前流过。在鸣沙山的断崖上密密麻麻开凿的这些石窟，大小不一，上下错落如蜂窝状。断岩属酒泉系砾石岩层，南北延续数公里，高约 40 米至 50 米，由积沙与卵石沉淀黏结而成，鹅卵石较为坚硬，沙层却疏松，很难抵御水的浸泡和大风的腐蚀，不适合雕刻，因此，古人因地制宜，先在崖面上凿成洞窟的形状，再在洞窟壁面上抹泥涂粉，平整墙面后绘画，又用木桩、树枝、木板、木片以及芨芨草等扎成塑像骨骼，表层敷泥雕塑成塑像。壁画与石刻相比易于作画，因此表现内容更为详尽、细腻、丰富，这是莫高窟与中国其他石窟相比最大的特点。莫高窟窟区全长 1.7 公里，分为南区和北区两个部分，南区有洞窟 487 个，北区有洞窟 248 个，其中新

图 1–2　敦煌莫高窟外景

编洞窟 243 个，共计洞窟 735 个（图 1–2）。莫高窟始建的年代有西晋末年、东晋永和九年（353）以及前秦建元二年（366）等三说，根据武周圣历元年（698）《李君（克让）莫高窟修佛龛碑》、敦煌文书 P.3720 和莫高窟第 156 窟前室北壁晚唐墨书题记《莫高窟记》的记载，一般采用前秦建元二年说。现存最早的洞窟为北凉时期所建，历经北魏、西魏、北周、隋、唐、五代、宋、回鹘、西夏、元等十个朝代的连续修建，历时千余年之久，保存有壁画 45000 平方余米，历代塑像三千余身，影塑一千余身，唐代、宋代窟檐五个，是集建筑、雕塑、壁画三者结合的综合佛教艺术遗存，也是中国古代唯一一处不曾中断的佛教美术馆。下面以时代为线索对敦煌莫高窟各个时期的石窟艺术进行简单的介绍。

一、敦煌北凉石窟艺术

图 1-3 莫高窟第 268 窟内景

北凉时期在莫高窟有第 267、268、269、270、271、272、275 等洞窟。代表洞窟有第 268、272、275 窟，又称“北凉三窟”。根据樊锦诗、马世长、关友惠三位先生《敦煌莫高窟北朝洞窟的分期》可知，这一组洞窟当为十六国北凉（401—439）时期开凿。[①]

第 268 窟 洞窟形制为禅窟，窟形狭长，平棋

①樊锦诗、马世长、关友惠《敦煌莫高窟北朝洞窟的分期》，敦煌文物研究所编《中国石窟·敦煌莫高窟》（一），北京：文物出版社，1982 年。

顶，西壁开一个浅龛，南、北两壁各有禅室两间，壁面上现存的千佛为清代重新绘制，从剥落处来看，露出了底层壁画。西壁龛内塑交脚佛像，像高 0.76 米，身穿右袒式袈裟，龛内两侧画供养菩萨，龛外两侧画胡跪的供养菩萨。龛下为供养人画像，壁画为重层，表层上排南侧为女供养人，一身着汉式大袖裙襦，另一身着汉胡混合式小袖衫裙；北侧男供养人，均着汉式深色衣袍，与敦煌、酒泉魏晋十六国壁画墓葬中人物的衣冠相似（图 1–3）。

第 272 窟　洞窟形制为穹隆顶方形窟，正壁开龛塑像。西壁居中开一个圆券形大龛，龛楣两端有兽头形龛柱，龛内塑倚坐佛像，高 1.38 米。佛像背光装饰为火焰忍冬纹，还饰有千佛和飞天，两侧绘胁侍菩萨；龛外南北两侧绘满各种坐式供养菩萨，共计 38 身，姿态没有一身是相同的，均造型优美。窟顶略带穹隆形又有叠涩式藻井，是穹隆顶向覆斗藻井顶演变的过渡形式，东、南、北三披天宫栏墙下面画飞天，洞窟东、南、北三壁画千佛，南北两壁中间各有一铺说法图（图 1–4）。

图 1–4　莫高窟第 272 窟全景

第 275 窟　洞窟平面为纵长方形，窟顶为纵向人字披形，起脊较宽。西壁中央塑主尊交脚弥勒菩萨，高 3.40 米，头戴宝冠，长发垂肩，胸挂瓔珞，肩披长巾，腰系长裙，裙上饰方泥条间刻阴线的衣褶，右手残，左手作与愿印置于膝上，交脚坐于双狮座上，造型雄健，比例适度，面相丰圆，嘴角含笑，神态文静和悦，塑像背后有三角靠背，主尊两侧绘胁侍菩萨和供养菩萨，供养菩萨有坐有跪，或礼拜，或听法，或持花供养，菩萨面部都有一个大的黑圈，这是晕染变色后留下的痕迹。南北两壁上段西起各为两个阙形龛和一个双树龛，龛内分别塑交脚弥勒菩萨和思维菩萨，中段分别绘本生故事画和佛传故事画，下段绘供养人、供养菩萨和三角垂帐纹，前壁大部已毁。北壁的本生故事画有毗楞竭梨王身钉千钉、虔阇尼婆梨王剜身燃千灯、尸毗王割肉贸鸽、月光王施头、快目王施眼，构图简练，以故事的主要人物为中心，用一两个画面表现出了故事的主要情节。南侧

图 1–5　莫高窟第 275 窟全景

壁佛传故事画，绘释迦牟尼为悉达太子时，出王城四城门游玩，遇到老人、病人、死人，看到人间各种痛苦，最后遇到僧侣，决心出家修行的画面，构图为横卷式单幅形式，每幅画有榜题一方（图 1–5）。

北凉时期的洞窟形制各有不同，第 268 窟为禅窟，西壁开浅龛塑像，南北两壁各开两个小禅室。第 272 窟为穹隆顶方形窟，正壁开龛塑像。第 275 窟为纵向人字披顶长方形佛殿窟，西壁塑像，南、北壁开龛塑像，有阙形龛和双树龛两种。窟内塑像均为单身塑像，多为交脚弥勒菩萨和倚坐佛，上面龛内还塑有思维菩萨，彩塑造像的衣冠服饰各异，有的身穿右袒式袈裟，有的高髻宝冠，上身半裸，下身系羊肠大裙，衣裙上装饰密集的衣纹，给人以薄纱透体之感。

壁画可分为尊像画，佛传、本生故事，供养人画像和图案纹样几类。①

此期的尊像画有：小型说法图，特点是构图严谨、内容紧凑，如第 272 窟南北两壁的说法图；千佛，排列整齐，色彩缤纷，似有一定的规律，如第 272 窟；供养菩萨，排列有序，体态婀娜，似随风起舞，如第 272、275 窟；飞天，又称乾闼婆、紧那罗，高居天宫楼阁，欢畅地奏乐歌舞，如第 272 窟窟顶。

佛传、本生故事画：第 275 窟南壁绘佛传中出游四门的事迹，北壁绘有本生故事画五个，故事依据《六度集经》和《贤愚经》等佛经绘制而成，内容多为六度修行，表现出忍辱牺牲的精神。故事画采用主体式单幅画构图的形式，排列在同一个横卷上，既可单独欣赏，又可连续观看。单幅画只表现故事中主体人物的主要情节，构图简练，特点明确，一目了然。

供养人画像：形象较小，高不及尺，多分布于壁面下部。第 268 窟男供养人像，身穿交领大袖长袍，女供养人像，着交领右衽长衫和长裙；第

---

①段文杰《十六国、北朝时期的敦煌石窟艺术》，敦煌文物研究所编《敦煌研究文集》，兰州：甘肃人民出版社，1982 年。

275窟的男供养人像，头裹巾帻，上衣为交领、窄袖、束腰，下穿宽腿裤，脚蹬靴。

图案纹样：第268窟窟顶斗四平棋与第272窟藻井，均为三层叠套方井，井心绘圆形大莲花，错叠的井角绘火焰纹、飞天等；井边绘忍冬纹、云气纹，纹样简练朴实。

北凉石窟艺术是在本土汉晋文化艺术基础上，直接受到龟兹佛教石窟艺术，同时也不同程度地受到其他艺术的影响。佛和菩萨造型面相丰圆，额宽、眉眼上斜、大眼、鼻直、大嘴薄唇、嘴角上翘，面带微笑，体态健壮，肩宽胸平，姿态端庄，少动态，手法简朴。壁画人物面部晕染采用凹凸法，面部轮廓、眼眶、腹部以及肚脐均用圆圈晕染，眼睛和鼻梁涂以白粉，以表现人物面部和肢体的立体感。在着色方面主要以土红为底色，并充分吸收了西域式明暗晕染之法，使得壁画色调单纯、淳厚，富有激情。

二、敦煌北魏石窟艺术

北魏时期，由于设置了专门抄写佛经的机构，使佛教在敦煌有了进一步的发展。同时，北魏统治者也积极提倡开窟造像，使敦煌莫高窟在北魏时期洞窟有所增多，现存有第259、254、257、251、265、263、260、487等窟，根据分期排年，时代相当于北魏中期（465年至500年左右）。[①]

洞窟形制除有个别殿堂窟外，均为新型中心柱窟，柱前屋脊有仿横梁斗棋和硬山屋顶，已形成人字披顶，中心柱四面上下两层开龛，南壁、北壁上层开阙形龛。龛内塑像除释迦、多宝二佛并坐外，均塑佛苦修、禅定、降魔、说法四相，其中中心塔柱东向面塑倚坐佛像居多，龛左右两侧塑有胁侍菩萨，上层阙形龛内还塑有交脚弥勒菩萨像，象征兜率天宫。

第254窟　洞窟前部为人字披顶，后部为平棋顶，人字披南北两端有木质的斗拱和脊枋，洞窟中央有中心塔柱与地面和窟顶相连，塔柱四面开龛，东面开一大龛，为洞窟内主龛，龛内主尊塑交脚弥勒佛，高1.90

---

①樊锦诗、马世长、关友惠《敦煌莫高窟北朝洞窟的分期》，敦煌文物研究所编《中国石窟·敦煌莫高窟》（一），北京：文物出版社，1982年。

图 1-6 莫高窟第 254 窟洞窟前部

图 1-7 莫高窟第 254 窟立面图

米，波状发髻，内着僧祇支，外罩右袒式袈裟，衣纹为阴刻线，紧贴身体，给人一种薄纱透体之感（图 1–6）；南、西、北三面均开双层龛，南北两面上层为阙形龛，内塑交脚弥勒菩萨，下层为圆券形龛，内塑释迦苦修佛像（图 1–7），西面上下两层均为圆券形龛，内塑禅定佛。

第 259 窟　形制比较特殊，平面方形，前部为人字披顶，后部为平棋顶，西壁中部造成一个向前突出的半个中心塔柱，仅在正面开龛造像，正面开一圆券形龛，内塑释迦、多宝二佛并坐说法，左像高 1.4 米，右像高 1.43 米，均为游戏坐，正面龛外两侧和塔柱两侧各塑一胁侍菩萨，南北两壁凿上下两列龛，龛内塑像，北壁上层四个阙形龛，内塑交脚菩萨，下层三个尖楣圆券形龛，龛内分别塑一佛二菩萨一铺三身，西起第一龛内塑结跏趺坐佛、第二龛内为倚坐佛、第三龛内为趺坐佛，南壁大部分已经残毁（图 1–8）。第 259 窟这种特殊的洞窟形制学术界有两种观点，一种认为是中心塔柱窟的不成熟、不完备的形式；另一种认为已属从中心塔柱窟向殿堂窟转变的一种过渡形式。

图 1–8　莫高窟第 259 窟内景

图 1-9　莫高窟第 257 窟中心塔柱东向面龛内倚坐像

莫高窟北魏时期的塑像开始出现成铺组像，各窟主尊除了第254窟为交脚弥勒佛以及第259窟为释迦、多宝二佛并坐之外，其余均为倚坐释迦像，第257窟中心塔柱东向面龛内塑像就属于此种造型，此像高1.87米，着偏右袒式袈裟，内着僧祇支，衣纹线用贴泥条加阴刻线的方式表现(图1–9)。主尊佛或菩萨的两侧增加了左右胁侍菩萨，第260窟中心塔柱东向面主尊也是倚坐佛像，龛外塑二菩萨，左侧菩萨身材修长，斜披天衣，左手持物上举，右手下垂，下身着长裙，裙角紧贴墙壁，右侧菩萨裸上身，双肩披巾，右手上举，左臂下垂，左手残，下身着裙，二菩萨均侧身低头，侍立于龛外左右两侧(图1–10)。第257、435[①]窟主尊左右两侧分别塑天王像和力士像。第257窟中心塔柱东向面龛外两侧塑天王像，南

图1–10　莫高窟第260窟中心塔柱东向面佛与菩萨

①《敦煌石窟内容总录》将此窟定为北魏窟，见《敦煌石窟内容总录》第179页。

图 1–11　莫高窟第 257 窟中心塔柱东向面倚坐佛像与天王像

侧一身已经缺失，现只存北侧一身，此天王胁侍于主尊倚坐佛像的龛外北侧，作直立姿态，身躯粗壮，面相丰圆，双目圆睁，张嘴微笑，上身着甲，彩绘的甲片可见，胸前左右两片胸甲为石青色，腰系绿色膝裙，下着长裙，肩挂披巾绕臂而下，跣足，是莫高窟北朝唯一的彩塑天王像（图1–11）。第 435 窟中心塔柱东向面龛内主尊塑像为倚坐佛，龛外左右塑二力士，这是北侧一身，此像略残，高 0.94 米，面目狰狞，竖眉鼓目，鼻子粗大，颧骨高起，嘴巴张开，牙齿脱落，颈上青筋暴露，胸骨露出，上身交叉披巾，下身着裙，立于莲台上（图 1–12）。两侧壁龛内造像为结跏趺坐佛、交脚菩萨、思维菩萨共存。中心塔柱南向面或后向面的双树形龛内，多塑结跏趺坐的苦修像。塑像中的主尊倚坐像和半结跏趺坐像均穿右袒式袈裟，衣摆为两层，衣纹线为阴刻线，结跏趺坐佛多穿通肩式或双领下垂式袈裟。

图 1–12　莫高窟第 435 窟中心塔柱东向面龛外北侧力士

图 1-13　莫高窟第 254 窟尸毗王本生故事画

菩萨像服装以裙披式为主,也有少量的络腋、通肩和右袒。

这一时期的壁画,形式基本较为固定。四壁上段多是天宫伎乐，中段是千佛、故事画和说法图,下段为力士。故事画题材除了佛传和本生故事外,还增加了外道皈依、沙弥守戒自杀等因缘故事。佛传有第 254 窟降魔说法图,本生故事有第 254 窟表现忍辱施舍的摩诃萨埵太子舍身饲虎,还有尸毗王割肉贸鸽本生。尸毗王本生故事画位于北壁第二幅,以尸毗王割肉的场面为中心,用五个画面表现了尸毗王割肉贸鸽本生的故事情节(图 1-13)。还有第 257 窟表现因果报应的九色鹿本生。因缘故事有第 257 窟表现外道皈依的须摩提女请佛缘、弊狗因缘以及宣扬遵守佛戒的沙弥守戒自杀因缘。这些故事分别依据《贤愚经》《增一阿含经》及《经律异相》等佛经绘制而成。构图上有单幅一个情节的,有单幅同时画出多个情节的，也有情节连续排列的横卷式连环画。说法图中有三佛说法图、白衣佛说法图。三佛说法图位于第 263

图 1-14　莫高窟第 263 窟三佛说法图

窟南壁后部中层，画面中央三尊立像均着右袒式袈裟，中间一尊有双树和帷幔，左右二佛头上有华盖，两侧二胁侍菩萨站立，头戴宝冠，赤裸上身，天衣交叉于胸前，腰系长裙（图 1–14）。有的洞窟中还画出了莲池及西方三圣阿弥陀、观世音、大势至。在构图上，既有一佛二菩萨的小说法图，也有菩萨众多的大型说法场面，第 251 窟北壁说法图就是大型说法的场面，画面为一佛、二菩萨、四供养菩萨、四飞天的布局，中央佛结跏趺坐于莲台上，身穿偏右袒式袈裟，有火焰纹头光和背光，右手扬掌，左手握袈裟衣角，左右二菩萨站立，头戴宝冠，赤裸上身，天衣交叉披身，下身着长裙，后面左右两侧各画两身供养菩萨，双手合十，上面左右两侧均画二飞天在天空飞舞（图 1–15）。在说法图和故事画中，人物服饰为西域装和菩萨装，中原汉式服装很少。装饰图案应用十分广泛，洞窟顶部的藻井、平棊和龛楣、佛座及佛、菩萨的背光、头光、主题画四周的边饰，都绘有图案，纹样有莲花、忍冬、飞天、力士等，供养人画在龛下或主题画下面，形象很小，按身份地位排列。

图 1–15　莫高窟第 251 窟北壁前部说法图

敦煌石窟北魏艺术在石窟形制、人物造型、衣着披帛、画幅构图等方面都体现了佛教为适应中华汉民族观念及审美所做的艰辛努力。

三、敦煌西魏石窟艺术

敦煌西魏时期的石窟艺术是北魏皇室东阳王元荣家族（525—556前后）统治敦煌时期的石窟艺术。525年，东阳王元荣任瓜州刺史，北魏分裂为西魏和东魏，敦煌属西魏，元荣继续任职。元荣带来了中原的神话题材和传自南朝的“秀骨清像”一派艺术风格，使敦煌石窟的艺术风格大变，掀起了敦煌艺术汉化的高潮。敦煌现存西魏时期的洞窟有第437、435、431、246、247、248、249、288、285、286等窟。[①]

洞窟形制有中心塔柱窟、禅窟、殿堂窟以及龛形窟四种类型，中心塔柱窟有第437、435、431、288、246、248窟，除第248窟外，其他都有前室，且前室均被后代重修。第248窟为此期中心塔柱窟的典型洞窟，塔柱四面各开一个单层龛，龛内塑像，东向面和南向面龛内塑说法像，西向面龛内塑苦修像，北向面龛内塑禅定像，四面龛外两侧均塑二菩萨立像（图1-16）。禅窟只有第285窟，此窟前室平面呈横长方形，敞口，主室平面方

---

①樊锦诗、马世长、关友惠《敦煌莫高窟北朝洞窟的分期》，敦煌文物研究所编《中国石窟·敦煌莫高窟》（一），北京：文物出版社，1982年。

图 1–16　莫高窟第 248 窟内景

图 1–17　莫高窟第 285 窟内景

形，覆斗顶，中央设有低矮的中心佛坛，西壁开三大龛，龛内均塑像，中间大龛内塑倚坐佛像，身穿双领下垂式袈裟，两侧小龛内各塑一小禅僧像，结跏趺坐，手结禅定印，身穿田相袈裟，南北两壁各开四个小禅室，供僧人坐禅用（图 1–17）。殿堂窟有第 249、247 两窟，皆为单室，覆斗顶，平面呈长方形，西壁开一龛。第 249 窟洞窟平面方形，西壁居中开一圆券形大龛，龛身较低，这是西魏时期新出现的洞窟形制（图 1–18）。龛形窟只有第 286 窟，此窟位于第 285 窟门道上方，人字披窟顶，窟内无龛和塑像。从以上的形制来看，这一时期洞窟的功用是禅修、观像和礼拜。

图 1–18　莫高窟第 249 窟内景

西魏时期的塑像主尊有佛像和交脚菩萨像，佛像依然是以北魏时期的苦修、禅定、降魔、说法四相为主，说法像多倚坐像，手结与愿印和施无畏印，禅定和苦修像结跏趺坐，施禅定印。主尊两侧均有胁侍菩萨，形成每铺塑像一佛二菩萨的组合。另外，此期塑像还出现了

图 1-19 莫高窟第 285 窟西壁南侧龛内禅定比丘

禅定比丘形象，位于第 285 窟西壁左右两侧的小龛内。此图位于南侧，在圆券形龛内塑比丘禅定像，结跏趺坐，头戴风巾，身穿田相袈裟，手部隐去，神态镇定自若，面带微笑，表现出了禅修时略有所悟的神态（图 1-19）。第 288 窟中心塔柱四面龛的上部分别贴影塑供养菩萨和影塑千佛，以作为陪衬。在造像风格上呈现两种样式：一种是面相长圆，身躯雄健，上身裸露，身穿西域式袈裟和披巾长裙，这是北魏风格的继承；另一种是面相羸瘦，身躯扁平，着高领大袖服，胸前系小结，外罩对襟式袈裟，这种样式明显受南方秀骨清像、褒衣博带风尚的影响。

西魏时期的壁画内容题材较多，形式也不十分固定，因此还是依据尊像画、故事画、传统题材画、供养人画像以及装饰图案画五大类进行介绍。

此期的尊像画有七佛说法图、无量寿佛说法图、千佛、天宫伎乐、诸天外道和金刚力士。七佛说法图位于第 285 窟北壁上部，高约 1 米，大多为一佛二菩萨造型，佛均为结跏趺坐，二菩萨侍立，唯有最西端一铺为二佛并坐，二菩萨侍立左右，每一铺说法图下方都绘有供养人并写有发愿文（图 1-20）。也有学者认为是过去八佛，不管是七佛还是八佛，这种图像在西魏第 285 窟出现，而在之前的洞窟之中未见，应该有着特殊的意义，说法图下方有数量较多的供养人画像，以示供养。故事画佛传有第

图 1-20 莫高窟第 285 窟北壁过去七佛

431 窟中心塔柱南向面上层龛外绘的“乘象入胎”和“夜半逾城”两个画面，还有婆罗门闻偈舍身本生故事、五百强盗成佛、沙弥守戒自杀、化跋提长者及姊度恶牛等因缘故事，表现形式有纵向长卷连环画、横卷式连环画、单幅画等。第 285 窟南壁的五百强盗成佛图就是采用了横卷式连环画的形式，画面表现了五百强盗与官兵作战，因寡不敌众被擒，被挖去双眼放逐山林，任其自生自灭，佛为其说法以及皈依成道等故事情节（图 1-21）。随着东阳王元荣统治敦煌的开始，中原流行的艺术风格以及传统的神话题材的内容被随之带到敦煌，并迅速入绘于莫高窟的洞窟之中，有东王公、西王母、伏羲、女娲、风神、雨神、雷公、霹电、乌获、飞廉、羽人、开明、禺强等。代表洞窟有第 249、285 两窟。第 249 窟窟顶西披中间绘有阿修罗王、雷公、霹电、乌获、雨神等；南披绘有西王母（帝释天妃）乘凤车，下方画白虎、乌获和巨人在奔跑，西部画有野牛、黄羊等动物；北披

图 1-21 莫高窟第 285 窟南壁五百强盗成佛图局部

分别绘有东王公(帝释天)乘龙车,前后有乌获、羽人、禺强、飞廉、开明等;东披画有摩尼宝珠、力士、朱雀、孔雀以及开明等图像(图1–22)。供养人画像主要绘于壁画下方,男女分列成行,比丘或比丘尼在前面引导,世俗人物随后,既有王公贵族和侍从像,也有少数民族人物形象。男像有汉装和胡装,前者笼冠,曲领,大袖长袍,蔽膝,纷头履;后者毡帽,裤褶,束带,登靴。女像头梳高髻,穿大袖襦和间色长裙,其中以第285窟北壁七佛说法图下方的供养人画像最为典型(见图1–20下方的供养人)。另外第285窟的窟顶四披也绘有伏羲、女娲等传统题材的形象。装饰图案有华盖式藻井,井心垂大莲花,四边桁条上饰忍冬、云气、火焰纹,井外饰垂幔、彩铃,四角悬挂兽面、玉佩、流苏、羽葆。龛楣、边饰、椽间图案内的主要纹样有莲荷纹、忍冬纹、鸟兽纹、神怪飞天纹、云气纹、火焰纹、星象纹、棋格纹。

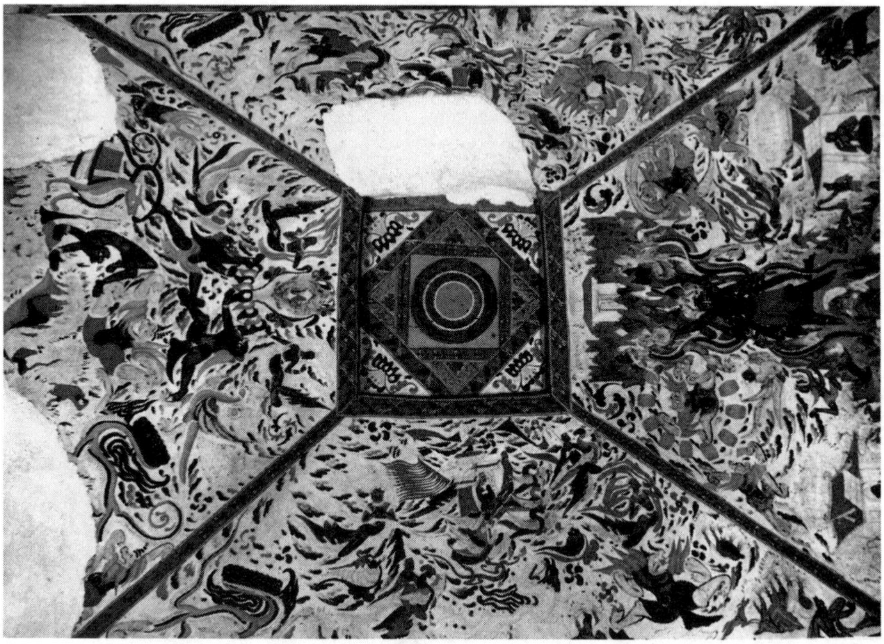

图1–22　莫高窟第249窟窟顶四披

敦煌西魏时期的石窟艺术人物绘画技法明显表现出两种风格：一种是身材壮实，菩萨裸露上身、下身系裙，色彩艳丽，且壁画底色为土红色的风格，这明显是北魏艺术风格的继承与延续；另一种是人物身材修长，相貌清瘦，眉目疏朗，面带笑容，身穿汉式方领大袖衫，腰束络带，色调清新明快，线条秀劲洒脱，且壁画底色为白色，这种风格据说是东阳王元荣从中原带来的新画风。第249、285、288均是这一时期洞窟的代表。

四、敦煌北周石窟艺术

北周(557—581)时期,令狐整、韦瑱、段永、李贤、于义等先后执政敦煌。这一时期,政治清明,社会安定,“丝绸之路”畅通无阻,敦煌石窟的开凿也较为兴盛,开凿的洞窟有290、294、296、297、299、301、428、430、432、438、439、440、441、442、461等窟。[①]

敦煌北周洞窟形制仍为殿堂窟和中心塔柱窟,其中方室单龛形殿堂窟增多,中心塔柱窟数量减少。方室单龛窟一般平面为方形,覆斗顶,西壁开一大的圆券形龛。中心塔柱窟四面均开单层龛,代表洞窟有第442、428、290等窟,其中第428窟是北周最大的中心塔柱窟,宽10.8米,进深13.75米,保存比较完整,主室窟顶为人字披,后部为平棊,后部中央有中心塔柱,塔柱四面各开一圆券形龛,龛内塑一佛二弟子,龛外各塑一菩萨侍立左右,四壁壁画分布为三层:上层为影塑千佛,中层为多幅佛传及本生故事画,下层为供养人行列和三角垂幔。中间的故事画,东壁门南画萨埵太子本

①樊锦诗、马世长、关友惠《敦煌莫高窟北朝洞窟的分期》,敦煌文物研究所编《中国石窟·敦煌莫高窟》(一),北京:文物出版社,1982年。

图 1–23 莫高窟第 428 窟洞窟全景

生，门北画须达拏太子本生，南壁画卢舍那佛一铺和说法图等，北壁画说法图、降魔变等，西壁画说法图、金刚宝塔、涅槃、二佛并坐等（图 1–23）。

北周时期的塑像组合已经成铺出现，皆是一佛二弟子二菩萨，主尊多为说法像，坐姿有倚坐和结跏趺坐像两种，第 428 窟四面均塑结跏趺坐说法像，第 290 窟中心塔柱龛内造像比较特别，此中心塔柱四面开单层龛，龛内外均塑一佛二弟子二菩萨塑像一铺，其中西向面龛内主尊塑一身交脚弥勒菩萨像，其余三龛龛内主尊均为倚坐像。此画面是第 290 窟中心塔柱东向面的龛内外塑像，中央佛倚坐，身穿双领下垂式袈裟，袈裟一角搭在左臂上，衣纹线厚重，龛内左右塑二弟子，左侧年轻，相貌清秀，身穿双领下垂式袈裟，右侧为年老弟子形象，面相苍老，一手抚胸，这一老一少两身弟子形象，已经体现出了塑像组合中弟子塑像的初步特征。龛外两菩萨立像，头戴宝冠，面部白皙，双眼下部有晕染的痕迹，赤裸上身，双肩披巾，下身着长裙，裙角紧贴洞窟墙壁，右手置于胸前，左手下垂，手提净瓶（图 1–24）。其他洞窟主尊大多塑释迦倚坐说法像，中心柱

图 1–24　莫高窟第 290 窟中心塔柱东向面塑像

四面壁上的影塑皆是千佛。这一时期塑像主尊以释迦倚坐说法像为最多，同时在成铺塑像中，佛像两侧增加了弟子像，这可以说明北周时期的洞窟功能供养、礼拜的性质大为增加。

在壁画题材上，尊像画方面千佛的比重有所增加，除了画在四壁之外，洞窟顶上也开始出现，千佛皆着通肩式袈裟，有光头和背光，袈裟的颜色一般四色一组有规律地排列。故事画在题材和数量上有显著增加，出现了画面相对完整的佛传故事画。此佛传故事画绘于第 290 窟，布满洞窟窟顶人字披的两披，总共描绘了 80 多个故事情节，除了常见的乘象入胎、树下诞生、步步生莲、九龙灌顶、出游四门、夜半逾城、降魔成道等情节外，还画出了太子诞生时瑞应的许多场面，使这幅故事画情节跌宕，故事曲折，引人入胜(图 1–25)。佛传之外，

图 1–25　莫高窟第 290 窟洞窟窟顶佛传局部

图 1–26 莫高窟第 428 窟东壁门北须达拏太子本生

还有须达拏、萨埵、须阇提、善事太子、睒子及独角仙人等本生故事画，微妙比丘尼、梵志夫妇摘花坠命等因缘故事画，还有福田、涅槃等经变画。其中第 428 窟东壁门南北两侧的萨埵太子和须达拏太子本生故事画为北周时期本生故事画的经典。第 428 窟须达拏太子本生画面分为三排，共用了 24 个情节表现了须达拏太子布施大象、被驱逐入山、一路布施以及最后将一双儿女布施给老婆罗门等情节。画面生动活泼，深入挖掘出了人物内心世界的活动，比如在表现施象的情节时，画家不仅表现了太子施象时坚毅的神态，而且塑造出了八位道人在请求施象时的毕恭毕敬、可怜兮兮、令人同情之态，还表现出了他们在得到大象之后，八人共同骑着大象离去的那种兴高采烈、得意洋洋的神态（图 1–26）。故事画在构图上有所发展，出现了凹字形、波浪形、“之”字形、“S”形等叙事结构。北周时期供养人画像一般绕窟一周排列，而且供养数量大大增加，其中第 428 窟是敦煌莫高窟供养人数量最多的洞窟，多达一千多身。男性着装有两种：一种是头裹折檐巾帻，发髻上插簪，着红色裤褶形；另一种是头戴高冠、身披大衣形，第 290 窟南壁下层中间一身大的供养人像就属

于此种类型。此身供养人画像前面有比丘数身作引导，身披长袖圆领大衣，形体特别高大，其衣冠服饰与此窟顶佛传故事画中的国王形象无异，可能是一个王公的形象（图1–27）。女供养人，有的内穿襦裙，外罩圆领长袖大衣，有的是襦裙外加披帛，还有的上穿窄袖小衫，肩搭披巾，下系曳地长裙。北周时期供养人画像人物的服装都已经汉化了。装饰图案趋于简单化，天宫栏墙大多已经不画天宫，只画出由方形花砖构成的凹凸平台，中原汉式的伎乐在上方凌空飞舞，纹饰主要是四出忍冬纹。

总之，敦煌北周时期的石窟艺术同时接受中原和西域艺术的影响，塑像造型健壮，结构严谨，壁画特别是故事画内容比前代更为丰富，表现儒家思想的忠君、孝养、布施等内容的本生因缘故事画大大增加。由此可见，中国传统的儒家思想对北周佛教的影响。

图1–27　莫高窟第290窟南壁下层供养人像

五、敦煌隋代石窟艺术

敦煌隋代石窟艺术是指隋朝 581 年建国到唐代武德初年这一段时间的敦煌石窟艺术。大定元年(581),北周隋王杨坚废宇文阐称帝,为隋开皇元年,北周亡。建国之初,隋王朝主要对吐谷浑和突厥采取有力的军事措施。开皇元年八月,派遣行军元帅元谐等率领步骑数万人击破吐谷浑,并留行军总管贺娄子斡镇守凉州。开皇二年,突厥入侵兰州,凉州总管贺娄子斡率兵将其击退。开皇四年,贺娄子斡发凉、甘、瓜、鄯、廓五州兵马再次击败吐谷浑。在对待突厥方面,开皇四年,沙钵略可汗请和亲。开皇五年,突厥阿波可汗与沙钵略分裂,沙钵略得到隋朝援助,击破阿波可汗,与隋立约,以碛为界,遣其子库合真入朝。之后,隋文帝又采用和亲政策,使隋的西北边境得以巩固。

隋历两帝,立国三十七年,都十分佞佛。隋初,文帝采取了许多措施弘扬佛教。开皇元年颁诏天下,听任民众出家,并下令按人口出钱,营造佛像。开皇三年,颁布诏令修复北周废弃的佛寺。开皇四年,敕命天下,对凡是北周已入官但是没有被毁坏的佛像再次进行安置。开皇十三年,再次下诏修复北周武帝灭佛时所毁坏的佛像和遗留下来的佛经。开皇二十

年，下诏禁止毁坏佛教、道教等造像，如有违反者以大逆不道论处。通过这系列措施，使隋朝的佛教发展空前。

这些推行佛教的举措也对敦煌莫高窟产生了重要的影响。莫高窟第302窟中心塔柱北向面留下了“开皇四年六月廿一日”题记，第305窟北壁有“开皇五年正月”题记。隋统一全国以后，根据《莫高窟记》记载，僧人善喜在莫高窟造讲堂。仁寿元年（601），诏命天下诸州各藩建灵塔，分送舍利于三十州，于十月十五日同时起塔。命令天下的舍利塔内都要做神尼智之像，并造等身释迦六躯置沙门法藏所住寺院。传至敦煌，命高僧智嶷送舍利到瓜州崇教寺（莫高窟）起塔。这些记载，均体现了隋代敦煌佛教之兴盛。

隋朝建立后，大力扶植佛教，广建佛寺，大造经像，因此在全国各地迅速兴起了兴建寺庙、石窟的风潮。隋代新建的石窟寺有河南安阳宝山石窟等，北朝时期开凿的炳灵寺、麦积山、龙门、天龙山、响堂山等石窟在这一时期均有不同程度的续建。最能体现隋代佛教造像事业兴盛的则是敦煌石窟，特别是莫高窟迎来了一个黄金时期。莫高窟在隋代短暂的三十七年里，开凿了大量的洞窟，现存隋代洞窟有100个，其中北朝窟经隋代重修的有6个。以时间长短来比较，莫高窟在隋代修建的石窟无疑是最多的。隋代石窟集中于莫高窟南区，多紧接北朝石窟向南或向北成组依次开凿。一部分位于崖面第三层，以北周第428窟以北的石窟带为界限，此区隋代石窟由第427窟到第406窟，从第405窟开始到378窟；另一部分位于第二层，从西魏第285窟以南至276窟，主要是第276到284等窟；还有一部分是第301窟以北至第319窟等窟。总的分布在南区偏北的位置。

敦煌石窟隋代艺术是上承北朝余风，下开唐代先河，始终处在一个探索、变化和发展的过程中。莫高窟隋代艺术开始在形式、技法和风格上，以汉晋文化为基础，吸取中原和西域两种不同文化，探索创造出了新

的艺术风格；在形制上主要继承了北朝的人字披中心柱型和覆斗窟型，个别窟将中心柱改为须弥山式。窟内开始出现南、北、西三壁开龛，双重内外龛等形式，龛内开始出现佛床，这一时期的代表窟有第292、302、303、305、412、418、419、420、427等洞窟。在造像上，北周出现的一佛二弟子二菩萨的塑像格局已经普遍流行，有的洞窟中还出现了十大弟子的塑像。另外天王、力士以及天王脚下踩踏的小鬼等塑像也开始丰富起来，由于大乘佛教的流行，开始出现了“三身佛”“三世佛”等新题材造像。造像高大，仪容额宽颐广，头大，身短。神情仪态比北朝时期更为丰富，主要表现出了佛的庄严、亲切，菩萨的虔诚以及衣饰的华贵，阿难的稚气以及迦叶的老成豁达。壁画内容上除沿用北朝时期的佛传、本生、因缘故事外，开始出现了阿弥陀净土变、维摩诘经变、法华经变、弥勒上生经变、药师经变等，但这些经变构图均较简单。在用色上吸取了中原敷金彩、重青绿、间朱储的特点，因而形成华丽、细腻的画风，与北朝时期笔力洒脱、朴实疏朗的画风并存。人物晕染，既保持了北朝遗意，又表现了南朝新风。在衣饰披帛的花纹图案上，传统的忍冬、花鸟纹与新传入的波斯狮凤纹、联珠狩猎纹、兽禽纹等相互辉映。这些无不反映对南北、中外佛教或非佛教的种种艺术进行的大胆吸收、融合和革新，使敦煌艺术走上成熟并开创一代新风的道路。

根据分期排年将隋代的洞窟分为三期：第一期洞窟有7个，即第250、266、302、303、304、305、309窟(图1–28)，时代相当于开皇元年至开皇九年之间。此期石窟多位于洞窟中部崖面第二层第285窟以北，与今

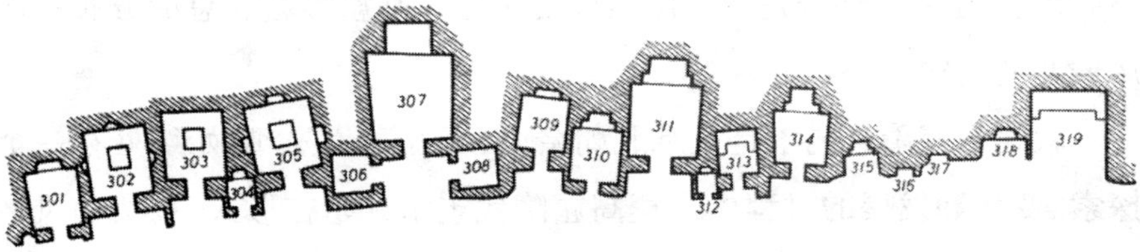

图1–28 莫高窟南区中段第二层隋代洞窟平面图

天的小牌坊相对。石窟多继承北周石窟遗风，原因是由于隋代初期，国家立国不久，南北没有统一，隋王朝的主要力量和精力都集中于南北统一问题上，处于边远地区的敦煌不会有太大的变化，中原艺术也对敦煌的影响不大。

第二期的洞窟有33个，即第436、433、425、423、422、419、418、417、416、404、402、253、262、434、421、414、413、412、411、410、407、406、405、403、315、293、295、312、274、429、420、427、292窟。一部分分布在崖面第三层第428窟以北至402窟（图1–29），以及第428窟以南的少数几窟；另一部分分布于隋代前期洞窟以北地区，时代相当于开皇九年至隋末。此期石窟出现了一批绘塑精美的大中型洞窟，塑像方面除佛、菩萨、弟子之外，增加了天王、力士、地神等塑像，壁画上本生故事画增多，涅槃、药师、弥勒上生、阿弥陀、维摩诘等经变大量出现，说明此期石窟艺术处于全盛时期。隋统一全国之后，隋王朝推行种种崇信、弘扬佛教的举措，使得敦煌石窟艺术与前期相比发生了巨大变化，此期敦煌石窟艺术的壁画题材是在国家统一、佛教信仰统一以及中原文化转到敦煌产生巨大作用之后，同时吸收西域艺术的形象而出现的。

第三期的洞窟有39个，即第391、255、278、314、58、59、63、64、276、277、283、284、400、399、398、397、396、394、392、390、389、388、379、317、318、395、362、56、401、383、279、244、280、281、313、393、429、298窟。一部分分布于崖面第三层，第二期以北第400窟至379窟一段（图1–30），另一部分位于南区第二层中段第285窟以南地区（图1–31），还有就是主

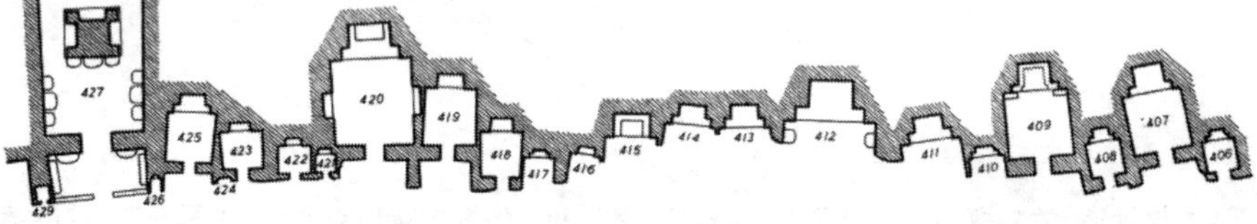

图1–29　莫高窟南区中段第三层隋代洞窟平面图

要分布于第一层中段，时代相当于武德初年。此期石窟艺术塑像向初唐样式发展，壁画方面本生故事画消失，说法图成为最主要的题材，不仅数量增加，而且画面增大，一些洞窟在东壁门上还画有七佛。①

另外，隋代还重修北朝六窟，编号是：254、267、268、269、270、271 窟。

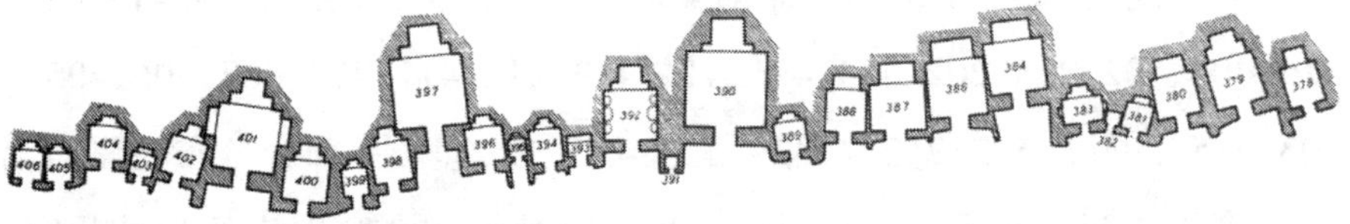

图 1-30　莫高窟南区北段第三层隋代洞窟平面图

图 1-31　莫高窟南区中段第二层隋代洞窟平面图

①樊锦诗、关友惠、刘玉权《莫高窟隋代石窟分期》，敦煌文物研究所编《中国石窟·敦煌莫高窟》(二)，北京：文物出版社，1984 年。

六、敦煌初唐石窟艺术

唐代立国近三百年，政治、经济和文化都达到了封建社会的巅峰，唐代佛法大兴，佛教艺术也得到了极大的发展。这一时期在莫高窟开窟230多个，而且在榆林窟、西千佛洞等石窟也都保存有数量不等的洞窟。学术界将唐代石窟分为初唐、盛唐、中唐、晚唐四个时期。①

莫高窟初唐时期的石窟是指唐朝立国到武则天统治结束（618—704）这一段时间在莫高窟开凿的洞窟。这一时期莫高窟新建洞窟46个，主要为覆斗顶形殿堂窟，有些洞窟局部有变化。另外还有佛坛窟、中心柱窟，最重要的是初唐时期还出现了大像窟。覆斗顶形殿堂窟中有少数洞窟在龛外两侧设置了与龛底等高的方台，台上塑像。

彩塑主要表现说法群像，有一佛二弟子二菩萨一铺五身，一佛二弟子四立像菩萨或一佛二弟子二坐像菩萨二立像菩萨或一佛二弟子二菩萨二天王一铺七身，一佛二弟子二菩萨二力士二瑞兽一铺九身。主尊佛

---

①史苇湘《关于敦煌莫高窟内容总录》，敦煌文物研究所编《敦煌莫高窟内容总录》，北京：文物出版社，1982年。

图 1-32 莫高窟第 203 窟西壁龛内凉州瑞像彩塑

像有立像和坐像，主尊立像造像较少，只存于第 203、300 窟两窟中，这种造像一般依山而立，右手下垂结印，左手握袈裟衣襟，单独出现或旁边有两胁侍菩萨。这种依山而立的主尊造像形式被称为凉州瑞像，以第 203 窟的此身造像最为典型，保存最好。此像位于洞窟西壁龛内，佛像依山而立，面相略方，头顶肉髻为波浪形，肩宽胸平，身穿偏右袒式袈裟，右手垂直下伸，左手握袈裟置于胸前，袈裟衣纹自然；左右两侧各塑一菩萨立像，头顶高髻，面相丰满，长眉细眼，上身裸露，腰躯微扭，长裙覆足，衣纹线条流畅，立于圆形莲台上（图 1–32）。其他主尊为坐像的成铺造像，以第 322 窟的塑像最为典型。此窟平面为方形，西壁开一大龛，龛口为双层，龛内塑一佛二弟子二菩萨二天王，中央塑释迦佛，结跏趺坐于须弥座上，面相庄严肃穆，身穿双领下垂式袈裟，右手施无畏印，左手置于左膝上，左右二弟子站于莲台上，身穿袈裟基本相同，此二弟子在年龄上差别不是很大，外侧二菩萨姿态、衣饰也基本相同，外层龛口内站两天王，为胡人形象，身穿盔甲，踩踏于小鬼之上，威风凛凛（图 1–33）。另外，这一时期还塑造了高 35 米的大型弥勒像，此大型弥勒塑像为倚坐像，右手施无畏印，左手置于左膝上，是唐代武周时期典型的造像，虽经历代重修，但原塑胎体没有改变，依然保存着初唐大像的特征（图 1–34）。

图 1-33　莫高窟第 322 窟西壁龛内塑像

初唐时期壁画有以下几个特点：

第一，继续沿袭隋代的风格，西壁龛内塑像，龛外两侧画佛传或维摩诘经变，其余三壁绘千佛，中间绘有说法图。此期南北两壁的说法图占据了壁面中央，而且不断扩大，以第 57、322 等窟为代表。第 57 窟西壁龛内塑像，龛外两侧画佛传，南北两壁画千佛，中央画说法图，说法图中人物众多，构图紧凑，主尊佛居中趺坐于金刚狮子座上，左右侍立二弟子、观世音和大势至等十菩萨，两侧有二力士护卫，顶上双树两侧画二飞天飞舞，抛撒香花

图 1-34　莫高窟第 96 窟弥勒大像

图 1-35　莫高窟第 57 窟南壁中央说法图

（图 1-35）。第 322 窟西壁开龛塑像，龛外绘维摩诘经变，南北两壁画千佛，中央也画说法图，此图是南壁中央的说法图，主尊佛为倚坐像，两侧各画三菩萨拥立，菩萨身姿秀丽，有的持莲花、有的持玻璃碗、有的做念佛状，下方二供养菩萨跪地向佛供养，中间摆放一香炉（图 1-36）。初唐早期，出现这种较多延续隋代造像艺术风格的原因是武德至贞观前期因东西交通尚未畅通，中原新的造像风格没有传到敦煌，因此莫高窟初唐早期的石窟艺术沿袭隋代的艺术风格更多一些。

第二，通壁巨幅的经变画开始出现并迅速流行。主要的经变画有西方净土变、观无量寿经变、弥勒净土变、维摩诘经变、涅槃经变等。初唐时期净土经变画大量出现，并出现了最早的观无量寿经变，位于第 431 窟。第 431 窟为西魏洞窟，初唐重新修建，在洞窟下方北壁画有观无量寿经变的未生怨，西壁画有十六观中的前十三观，南壁绘九品往生。

图 1-36　莫高窟第 322 窟南壁中央说法图

图 1–37　莫高窟第 431 窟北壁观无量寿经变未生怨局部

画面采用传统的横卷式构图，未生怨部分将不同时间的故事情节分别绘制于一个横向宫城的多重院落内，十六观画面分为上下两排，九品往生以平列条幅的形式逐一表现(图 1–37)。维摩诘经变以第 220、332、335、341、342 等窟为代表,均是巨幅经变。第 220 窟的维摩诘经变位于洞窟东壁门南北两侧,通壁巨幅,门南主要表现维摩诘,下方表现各国王子,门北表现文殊菩萨,下方为中原帝王问疾(图 1–38)。第 332 窟维摩诘经变位于洞窟北壁后部,将维摩诘和文殊菩萨置于同一壁内,而不是同龛的左右两侧或门的左右两

图 1–38　莫高窟第 220 窟东壁维摩诘经变

图 1–39　莫高窟第 332 窟维摩诘经变线描图

侧，内容比第 220 窟更加庞杂，人物众多，也是以问疾品为主要表现对象，左侧是文殊菩萨问疾，右侧是维摩诘论道，周围部众围绕（图 1–39）。药师经变只有第 220 窟一铺，画面以东方药师七佛和八接引菩萨为主体，两旁为十二药叉大将，上方左右两侧是骑狮的文殊菩萨和骑象的普贤菩萨（图 1–40）。此时期弥勒上生经和下生经相结合，出现了完整的弥勒经变。

贞观十六年，唐政府打开通往西域的门户，到贞观后期至高宗时期，特别是丝绸之路畅通之后，敦煌艺术进入一个全新时期，出现第 220、205、335 等典型洞窟。其中第 220 窟线描、色彩、晕染方法均属中原一脉，整窟壁画出自高手，是敦煌壁画中上乘的精品。另外，重修的第 431 窟出现了敦煌最早的观无量寿经变，这些都是这一时期艺术的精华。武则天掌权以后，中国佛教发展风起云涌，武则天佞佛，为了称帝，用佛教

图 1-40　莫高窟第 220 窟北壁药师经变

大造舆论，因此，全国兴起一股造《大云经》《宝雨经》、祥瑞以及建造弥勒大像的浪潮。这股浪潮也传到敦煌，敦煌莫高窟在此时掀起了一个修建石窟的高潮，第 96 窟就是在这种背景下开始建造的，另外，这一时期的第 332 窟也是典型洞窟。

七、敦煌盛唐石窟艺术

盛唐敦煌石窟艺术是指唐神龙年间至贞元二年间的敦煌石窟艺术。这一时期，唐朝经历了“开元盛世”到“安史之乱”的政治变故，国运开始衰落，吐蕃政权乘机向唐西北地区发动军事进攻，河西地区逐步被吐蕃占领。从此期敦煌修建的石窟来看，明显也可分为两个时期，既有开元前后开凿第 217、130、45、46 等洞窟，也有吐蕃进攻河西地区时期修建的第148 等窟。此期建窟共计 97 个，代表窟有 217、215、130、45、46、66、320、328、444、445、446、172、171、103、79、180、185、148、194、31、123、199 等窟。

敦煌盛唐时期洞窟形制主要继承初唐殿堂窟，以覆斗顶西壁开一龛的洞窟为多。另外，还有第 130 窟的大像窟(南大像)，第 46、225 窟的三龛窟，第 79 窟长方帐形龛以及第 148 窟西壁佛床上塑涅槃大像南北两壁各开一帐形龛的涅槃窟。第 46 窟窟顶为覆斗顶，洞窟南、西、北三壁各开一龛，西壁绘释迦牟尼塑说法像一铺七身，现存六身；南壁涅槃像一铺，现存佛涅槃像以及脚下的弟子像；北壁塑过去七佛立像，存六身(图 1-41)。此三龛窟塑像布局独特，值得我们今后深入研究。

图 1–41　莫高窟第 46 窟三龛分布图

盛唐时期敦煌彩塑进入极盛时代，与壁画形成绘塑结合的典范，是唐代泥塑艺术保存至今极为珍贵的实物。彩塑主尊一般为释迦佛或弥勒佛，两侧各塑二弟子、二菩萨、二天王、二力士，另外在塑像后的龛壁上绘出另外八大弟子、六菩萨、二天王，形成环侍于佛侧的十大弟子、八大菩萨、四大天王，使佛龛内产生一种层次分明、济济一堂的艺术效果。这与北朝、隋代塑像追求的佛性相反，盛唐已逐步在佛、菩萨像上追求生动的人性。说明在唐代，特别是盛唐时期，人们对佛教信仰的方式发生了彻底的变化。弟子迦叶被塑成深谋远虑、老成持重的形象；阿难则是相貌英俊、潇洒倜傥、淳朴忠厚、彬彬有礼的青年形象。菩萨像普遍女性化，表现出了温柔亲切、善解人意之美，天王则是高大威猛、叱咤风云，而力士则通常被表现为肌肉暴起、孔武有力的形象。第 45 窟西壁龛内塑像是盛唐时期塑像的经典，西壁开一平顶敞口龛，龛内塑一佛二弟子二菩萨二天王一铺七身，龛内正中释迦牟尼佛，身穿红色袈裟，内着僧祇支，结跏趺坐，左手置于膝上，右手施无畏印，两侧弟子为迦叶和阿难，表现出了迦叶老成持重，阿难英俊潇洒，两菩萨立像身体呈“S”形，形态生动，表现出了女性的柔美，两天王踩踏小鬼之上，威风凛凛(图 1–42)。

图 1-42　莫高窟第 45 窟西壁龛内塑像

盛唐壁画仍以经变画为主，题材有观无量寿经变二十铺、法华经变（包括观音普门品、见宝塔品）十三铺、维摩诘经变三铺、弥勒经变十四铺、阿弥陀净土变七铺、华严经变一铺、药师净土变三铺、天请问经变一铺、如意轮观音变一铺、不空绢索观音变二铺、涅槃变三铺、普贤变三铺、文殊变三铺、报恩经变二铺、千手千眼观音变三铺，另外还有佛顶尊胜陀罗尼经变三铺、金刚经变二铺、佛教史迹画二铺。这一时期佛教思想净土宗依然流行，而且还出现了以观世音为主尊的观音经变，在第 205、45 等窟均有表现。第 45 窟的观音经变位于洞窟主室南壁，以通壁巨幅的形式加以表现，画面中央画观音菩萨立于宝盖之下，面目慈祥，手提净瓶，左右两侧分别画观音化现和救诸难的情节，并保存有大量的墨书榜题，是盛唐时期观音经变的代表作品（图 1-43）。随着密宗的发展，密教图像也进入敦煌石窟之中，第 148 窟的南北两壁龛内的密教图像最具代表性。与此同时，北传的禅宗也在敦煌地区有所发展，出现了第 217、31 窟两幅金刚经变。

图 1–43　莫高窟第 45 窟南壁观音经变

盛唐时期供养人像有了很大发展，除了绘于洞窟主室四壁下方较小的供养人之外，开始出现了位于甬道南北两壁的高大供养人像，第 130 窟甬道南北两壁晋昌太守乐庭环和都督夫人太原王氏全家礼佛图就是代表。南壁的太原王氏礼佛图，经过敦煌研究院的画家段文杰先生复原临摹后，焕发出了新的神韵与光彩。此画面共存 12 人，其中以太原王氏身材最为高大，与真人等高，头饰抛家髻，着碧衫红裙，双手捧香炉，恭敬向佛，身后二女站立，三位主人身后均是侍女，侍女们持扇、抱瓶、捧琴，左顾右

图 1–44　莫高窟第 130 窟太原王氏礼佛图（临摹品）

盼，神态自然逼真（图 1-44）。此供养人画像身材高大，处于甬道口的显要位置，说明人与神的地位发生了本质的变化，也说明供养人像的性质在发生深刻的变化。

盛唐时期石窟的装饰图案是敦煌图案中最精美的，佛光、藻井、边饰、服饰图案等都是色彩绚丽、纹样细致、变化多样。以图案为主的藻井，形式都不相同，色调、纹样组合皆各具异趣。

八、敦煌中唐石窟艺术

唐天宝十五年(756),安禄山起兵反叛,吐蕃政权也乘机入侵西北边境,河西陇右诸郡相继陷落。地处河西走廊最西端的孤城——沙州,也在苦守十余年之后,于贞元二年(786)陷落吐蕃。848 年,张议潮率众在敦煌起义,赶走吐蕃统治者,恢复了唐治。因此,学界将敦煌陷落吐蕃到张议潮起义这一时间段称为吐蕃统治敦煌时期。

吐蕃赞普崇尚佛教,因此,河西地区虽处在吐蕃统治之下,敦煌佛教艺术不但没有衰落,而且在继承前期艺术的基础上有所发展,这一时期修建洞窟 57 个,学术界将此期间的艺术称之为中唐时期的石窟艺术。

中唐时期洞窟形制主要为覆斗顶形殿堂窟、涅槃窟、中心佛坛窟以及七佛窟, 且以覆斗顶形殿堂窟居多。覆斗顶形殿堂窟的代表窟有第112、154、159、231、361 等窟。涅槃窟为第 158 窟,此窟平面呈横长方形,窟顶呈盝形,西壁以绘塑结合的形式表现涅槃经变,佛床上塑释迦牟尼涅槃巨像,西壁壁面上画涅槃经变的其他内容,南壁塑立佛一身,北壁塑倚坐弥勒佛一身(图 1-45),是中唐时期体现涅槃十方三世佛思想的特殊洞窟,其艺术特色在整个敦煌石窟之中也是独一无二的。中心佛坛窟

图 1–45 莫高窟第 158 窟内景

有第 234、161 窟，七佛窟为第 365 窟。

彩塑以说法像为主，另外还有涅槃像、七佛像。洞窟塑像大多毁坏，保存较好的说法像均为一铺七身，以第 154、159 等窟为代表，其中第 159 窟塑像是这一时期的代表。此窟西壁开一盝顶帐形龛，龛内马蹄形佛床上塑一佛二弟子二菩萨二天王一铺七身，其中主尊佛已不存在；两侧弟子，青年弟子内穿团花锦镶边绿稠衫及长裙，年老弟子身着山水衲、绣花长裙；两侧菩萨，立像，南侧一身头梳高髻，发披两肩，上身穿小花内衣，戴项饰，下着团花罗裙，身躯胯部稍有“S”形扭曲，形体丰腴健美，北侧一身上身裸露，斜披巾，束团花锦裙，右手上举，手指丰柔有力，身躯修长，亭亭玉立；两侧二天王均踩于小鬼之上，身穿盔甲，造型魁伟。这铺塑像是莫高窟中唐时期塑像的杰作（图 1–46）。第 365 窟洞窟形制也为平面横长方形，券顶，佛床横贯全窟，佛床上塑七佛并坐，莫高窟仅存此一窟。

图 1–46 莫高窟第 159 窟西壁龛内塑像

中唐时期壁画的特点有以下几个方面：

第一，经变画数量大大增加，主要有阿弥陀经

变、观无量寿经变、弥勒经变、药师经变、报恩经变、涅槃经变、法华经变、华严经变、金光明经变、楞伽经变、天请问经变、金刚经变、文殊变、普贤变等，其中以阿弥陀、观无量寿、弥勒等经变较多。而且每一个洞窟的南北两壁的经变画不再是通壁巨幅，而是增加到两幅、三幅甚至更多，第154窟南北两壁各画四铺经变画，这是北壁上部的两幅（图1–47）。

图1–47　莫高窟第154窟北壁经变画布局

第二，不空绢索观音、如意轮观音、十一面观音、千手千眼观音、千手千钵文殊等密宗图像也在这一时期有所增多。同时，出现于初唐时期的屏风画在此期流行起来，屏风画一类是作为洞窟龛内对塑像的补充，另一类是位于主壁下方对经变画的补充。

第三，兴起于初唐时期的凉州瑞像等造像，在第203、300、323等窟中均以塑像的形式在西壁龛内主尊的位置表现。到了中唐时期则以新的形式和位置进入第231、236、237等窟之中，被绘制于西壁龛内盝形顶的四披，也是中唐时期壁画艺术的一大特色，展示了壁画丰富的内容。特别是维摩诘经变中的吐蕃赞普礼佛图和吐蕃供养人像表现了中唐壁画的时代政治特色，且人物造型真实，线描纯熟，色调清雅，神情娴静，风格清新恬静。

第四，中唐时期的经变画开始出现了一定的对应关系，比如法华经变对华严经变、西方净土变对东方药师经变、天请问经变对弥勒经变、报恩经变对维摩诘经变，这些对应关系反映着佛教信徒对佛教思想的理解。

九、敦煌晚唐石窟艺术

大中二年(848),张议潮率众起义,赶走吐蕃统治者归唐,收复瓜、沙二州,建立归义军政权。大中五年,唐王朝授张议潮归义军节度使之职,统领河西十一州。张议潮之后,张淮深、张淮鼎、索勋、李氏兄弟、张承奉相继执掌归义军政权,直到唐亡。此期敦煌石窟继续营建七十余个,学界称其为晚唐时期,又因为这一时期基本处于张议潮家族统治之下,因此也将此期的石窟艺术称之为张氏归义军时期的石窟艺术。

张氏归义军时期的石窟形制在继承前期形制的基础上出现两类新的洞窟:一是大型背屏式中心佛坛窟的出现。中心佛坛窟的洞窟一般面积巨大,平面方形,覆斗形顶,有长甬道,主室中心稍后砌有佛坛,坛上有佛、菩萨、弟子、天王、力士等塑像,坛四周与四壁之间保持距离,可作通道。有的坛前有阶陛,可登坛上,一般坛后沿有宽 4 米以上、厚约 1 米直接窟顶的背屏。此期的中心佛坛窟有第 16、85、94、138、196 窟。第 196 窟主室中央设佛坛,坛后沿有背屏通向窟顶,佛坛为单层马蹄形,坛上现存塑像均为原塑,原为一铺七身,现存五身,分别为一佛二弟子一菩萨一天王。佛像结跏趺坐于莲座之上,身躯健硕,佛左侧的年老弟子内穿团花镶

图 1-48 莫高窟第 196 窟中心佛坛及塑像

边的衬衣和绣花长裙，外罩山水衲，袒右肩，脚蹬僧履，虔恭侍立，启唇预言。仅存的一身菩萨游戏坐，左手置于膝部，右手上举，头微右倾，若有所思。仅有的一身天王，叉腰，抬臂，屈腿，脚踏恶鬼，宽厚的脸上眸子突出，怒目下视（图 1-48）。这铺较大的塑像，伟岸耸立于佛坛上，有石雕的凝重感。

另一类是出现了影窟。影窟是为纪念高僧大德而修建的影室。中唐时期影窟开始出现，晚唐时期开始流行，影窟均附属于主窟，一般开凿于主窟的前室或甬道的两侧，洞窟较小，洞窟面积大不过七八平方米，小不及一平方米。平面均近似方形，顶部覆斗顶或平顶窟内一般塑绘有高僧影像，塑像后壁绘近侍女、比丘尼、菩提树、香袋、净瓶等图像。莫高窟现存影窟有第 17、137、139、174、357、364 和 443 等窟，其中以第 17 窟最具代表性。第 17 窟即著名的藏经洞，洞窟

图 1-49 莫高窟第 17 窟（藏经洞）

开凿于第16窟甬道北壁，平面长宽各2.7米左右，高约3米，覆斗形顶，坐北朝南，北壁修有禅床式低坛，坛上为僧洪䛒像，北壁西侧树下绘近侍女，左手持巾，右手执杖；东侧树下画比丘尼，双手执扇，扇上绘龙凤图案。中间画菩提树，树间挂布囊、净瓶。洪䛒坐于床上，床西侧绘双履（图1–49）。

此期彩塑保存较少，唯有第196、85、156等窟中心佛坛上保存有原塑塑像，其中第196窟坛上现存结跏趺坐佛、迦叶、阿难及北侧的菩萨、天王各一身，为晚唐塑像的代表作。其中北侧的这身菩萨是晚唐彩塑的精品，菩萨游戏坐，左手置于膝部，右手上举，头微右倾，若有所思，身躯丰厚硕壮，肌肤莹白，安详端坐，给人以很强的质感，既显示其男性魁岸的体魄，又兼有女性丰腴腻滑的肌肤（图1–50）。另外，晚唐时期还出现了一种特殊的塑像——影像。影像就是专门供奉高僧形象，供家族、门人、弟子祭祀和瞻仰的邈真像。以第17窟中的晚唐高僧洪䛒的影像最为经典，此像写实，身着田相袈裟，通肩裹体，结跏趺坐，手结禅定印而隐去，神态严肃庄重，头部颅顶丰隆，面部饱满，额角和颧骨轮廓豁朗，额部和眼角有皱纹，目光含蓄有神，眉头

图1–50　莫高窟第196窟坛上北侧菩萨塑像

图 1–51 莫高窟第 17 窟洪䛒影像

略蹙，若有所思，眉脊、眼角、鼻准、嘴角表现出中年高僧庄重矜持的神情和气派（图 1–51）。

莫高窟晚唐时期的壁画特色是：

第一，经变画的数量在前期的基础上又有所增多。在中心佛坛窟一窟之中经变画多达十余种。第 85 窟共绘有经变画十三铺，第 138 窟十二铺，第 196 窟十铺。

第二，劳度叉斗圣变出现。第 9 窟南壁和第 196、85 窟西壁均有绘制，而且是以通壁巨幅的形式加以表现。最大的壁画有 40 平方米左右。

第三，屏风画的内容，特别是主壁下方的屏风画不再是经变画的补充，而是绘制了一些佛、菩萨（第 138、196 等窟）以及贤愚经变（第 85 窟）。

第四，供养人画像增多，而且画幅增大。洞窟主室的供养人一般没有真人高，但是甬道南北两壁的供养人画像与真人等高或比真人还要高大，且供养人题名均写上全部官职、职位，以表现这些供养人显赫的身份地位。

第五，出现了大型的出行图。莫高窟第 156 窟东、南、北壁的下方，分别绘“河西节度使张议潮统军出行图”及“宋国河内郡夫人宋氏出行图”。南壁的张议潮出行图采用长卷式构图，由南壁西端起，表现了军乐、歌舞、仪仗队，乘胜前进的大军，捧有旌节的大将，张议潮穿红袍，骑白马，已行至桥头，前后有军士护卫（图 1–52）。这两幅出行图，人物众多，内容丰富，是世俗供养人画的经典作品。

图 1-52　莫高窟第 156 窟张议潮出行图局部

第六，经变画的内容增加了劳度叉斗圣变、报父母恩重经变、密严经变、贤愚经变等，而且贤愚经变以屏风画的形式出现，也是这一时期壁画艺术的创新。

十、敦煌曹氏归义军时期的石窟艺术

五代时，张承奉建立了西汉金山国政权，可是好景不长，回鹘来侵，张承奉被迫退位。五代初期，政权归入到曹议金手中，曹议金重新建立归义军政权，曹氏家族中议金、元德、元深、元忠、延恭、延禄、宗寿、贤顺等先后任归义军节度使。此时辖区已缩小为瓜、沙二州六镇，实力大为减弱，但由于曹氏政治举措得当，故而政治稳定，四邻和睦，经济繁荣。佛教文化与艺术形成地区性的繁荣景象。节度使衙门还设立了画院、伎术院，民间也成立了画行，形成了院派特色，此期的代表窟有第55、61、98、108、146、152、454等窟。

曹氏归义军时期的石窟形制基本上沿袭晚唐的中心佛坛窟，但洞窟规模更大，较晚唐窟更为宏伟壮观。第98窟是曹议金的功德窟，坛为双层坛，上层马蹄形，下层方形，无台阶，有背屏。坛上现存五代塑趺坐佛一身，左右两侧各存一弟子，为清代塑像。另外，还有一身道教塑像，放置于佛的前面，应该是从别的洞窟移来，不属于第98窟所有（图1-53）。这一时期的下层洞窟多数前修木构殿堂，中、上层窟前修有木构窟檐、栈道，可惜多数已毁，目前仅存四座窟檐，其中第427、444、431窟窟檐均属于

曹氏归义军时期，而且这三座窟檐还分别有乾德八年（970）、开宝九年（976）、太平兴国五年（980）的建造纪年。这些窟檐与壁画中的大量建筑图像资料珠壁相映，都是研究五代、宋时期敦煌建筑的珍贵资料（图 1–54）。

图 1–53 莫高窟第 98 窟中心佛坛

图 1–54 莫高窟第 431 窟宋代窟檐建筑

塑像也是中心佛坛上塑像。由于此时的中心佛坛窟位置大都处于莫高窟的第一层，都经历了从开窟到清代乃至民国的不间断利用，致使窟内塑像或被毁，或被修改得面目全非，除了第 55 窟坛上塑弥勒三会之外，其余塑像大多被后代重修或残毁。第 55 窟主室后部设巨大的中心佛

图 1–55　莫高窟第 55 窟中心佛坛及塑像

坛，坛为双层坛，上下两层均为马蹄形，且保存有台阶和背屏。佛坛上现存倚坐弥勒佛像三身，分别塑于坛上南、西、北三面，主要表现弥勒三会（图 1–55）。

壁画内容有经变画、故事画、佛教史迹画、装饰图案、供养人画像、佛像画等类型，虽然与晚唐的洞窟相似，但是都具有各自的时代特色。经变画有二十种之多，各种经变均已形成固定格式，公式化严重。

此期的壁画艺术有以下特点：

第一，通壁的劳度叉斗圣变增多，第 6、55、98、108、146、454 等窟西壁都绘有通壁的劳度叉斗圣变。第 25、53、72、342 等窟中也绘有此内容。

第二，贤愚经变以屏风画的形式大量出现，第 98、55、108、146 窟主室南、西、北壁下方均绘有联屏贤愚经变，最多达三十几扇。

第三，屏风画内容进一步增多，不仅出现了贤愚经变，而且佛传、须达拏太子本生故事画也入绘洞窟中。第 61 窟南、西、北壁下方屏风画内画佛传，第 454 窟屏风画内画佛传和须达拏太子本生。

第四，佛教史迹画出现了当地的题材，如第 72 窟刘萨诃因缘变，系组合北魏高僧刘萨诃的河西事迹于一壁，为五代所独有。

第五，在第 61 窟中，西壁出现巨幅的大型五台山图，为莫高窟最大宗教圣迹图。

第六，第 220 窟的新样文殊，在此文殊变中，训狮昆仑奴变成了于阗国王，并有题记云："大圣感得于阗国王于……时"，独具艺术与时代特色（图 1–56）。

第七，供养人画像已成为石窟的主要内容之一。一家一族、祖宗三代，排列一窟，等身画像、超身巨像，排列在甬道两侧或绕窟一周，托名供佛，实为宣扬豪门世族，肖像画的成就十分显著。第 98 窟东壁南侧的于阗国王画像，身躯高大，气宇轩昂，头戴冕旒，身穿衮服，与汉家帝王服饰大体相同（图 1–57）。

图 1–56 莫高窟第 220 窟甬道北壁新样文殊

图 1–57 莫高窟第 98 窟东壁门南于阗国王供养像

图 1–58　莫高窟第 76 窟八塔变局部

第八，出现了新的经变画，即八大灵塔变。画面绘于第 76 窟东壁，以窟门为界，南北各画四塔，分上下两排，下排四塔已毁，上排四塔完好，根据榜题记载，分别是释迦牟尼佛降生第一塔、初转法轮第三塔、祇园精舍第四塔和猕猴奉蜜第七塔(图 1–58)。

敦煌莫高窟虽在此时仍有一定数量的洞窟开凿，可是就石窟艺术整体而言，已经开始衰落了。

十一、敦煌回鹘、西夏、元时期的石窟艺术

10世纪后期至12世纪初叶，世居瓜、沙地区的回鹘政权逐渐形成一股强大势力。在曹氏家族衰微、无力抵御外力入侵的情况下，瓜、沙地区的回鹘势力于1030年前后掌握了瓜沙政权，史称“沙州回鹘”。1036年，党项军队夺取肃州、瓜州、沙州之时，进行抵抗力量的是沙州回鹘军队，此后沙州回鹘仍然在肃、瓜、沙等州一带活动，大概在北宋末南宋初，沙州回鹘消失。沙州回鹘时期的艺术，指居住于瓜沙地区的回鹘族于莫高窟、榆林窟、西千佛洞等处开凿或重修的敦煌石窟艺术。此期在敦煌莫高窟修建1窟、重修15窟，榆林窟现存2窟，西千佛洞5窟。其艺术在早期沿袭宋代洞窟的遗风，后期则形成了具有简率粗放、构图疏朗、色调明快、装饰趣味浓郁、人物造型圆润丰满的民族风格。内容题材上出现了十六罗汉图、行脚僧图、回鹘男女供养人像和一些新的装饰图案，形成题材、艺术上独具特点的沙州回鹘艺术。第409窟东壁门北的回鹘女供养人画像是敦煌回鹘时期壁画的代表。此像是重修第409窟的功德主，头戴桃形大凤冠，宽发双鬓抱面，耳垂大环，身着大翻领窄袖长袍，这种服饰是典型的回鹘装（图1–59）。

图 1–59　莫高窟第 409 窟回鹘女供养人画像

西夏时期的敦煌艺术是指西夏统治瓜、沙二州时期所营建、重修的敦煌石窟艺术。11 世纪上半叶党项族崛起，1036 年李元昊攻占了瓜、沙二州。西夏王朝笃信佛教，在瓜、沙造窟颇多（大多系重修旧窟）。在莫高窟凿建 1 窟、重修 60 窟，在榆林窟营建和重修 10 窟，在东千佛洞营建和重修 2 窟，在五个庙石窟营建和重修 3 窟。窟型因循宋制，彩塑出现供养天女新题材，面相、服饰均如宋塑，具有成熟的艺术风格。这一时期代表性的洞窟主要是榆林窟第 2、3、10、29 等窟。此时石窟艺术深受吐蕃密教影响，故藏密内容增多，形成显、密并存的局面。壁画以大乘显教艺术为主，密教次之。窟内中央砌藏密多层曼陀罗，壁画中汉画传统多表现在大乘显教题材中，主要有文殊变、普贤变、西方净土变、天请问经变、法华经变、维摩诘经变、水月观音变等，如榆林窟第 29 窟水月观音图。榆林窟第 3 窟的文殊变、普贤变，于敦煌艺术中独树一帜，为不可多得之佳作。在这一时期，还出现了非正统佛教的神话题材——唐僧取经故事画。藏密题材壁画有曼陀罗、五方佛等，汉密题材壁画有不空绢索观音、如意轮观音、十一面观音、五十一面千手千眼观音等，其中榆林窟第 3 窟五十一面观音像最具汉密特色。供养人中，有汉族、党项族、回鹘族，有国师、贵族、官员、童仆等，其中榆林窟第 29 窟贵族官员像，圆面高准，体格魁伟，身材高大，具有北方少数民族气质。

蒙元敦煌石窟艺术指蒙古族于南宋宝庆三年(1227)占据沙州至明洪武五年(1372)冯胜西征、沙州归明的一百四十余年间的敦煌石窟艺术。1227年元朝占领沙州,提倡“三教平心”,佛教提倡密宗、汉密、藏密并存。这一时期莫高窟新开洞窟8个,重修洞窟19个。现在保存有当时画塑艺术品的洞窟4个,即第3、95、464、465窟。虽然第95、465窟究竟是否为元代开凿,学术界还存在很大争议,但是由于没有定论,因此我们还是采用传统的观点暂时将其归入元代洞窟。元代的洞窟形制以覆斗顶形殿堂窟、覆斗顶形圆坛窟为主。汉密以第3窟为代表,内容多千手千眼观音。这是第3窟南壁的千手千眼观音变,此图观音像有十一面,四十大手,其中二大手高举化佛,二大手合掌,二手托钵,周围环绕飞天及部众,人物衣冠均为中原形式(图1-60)。绘画技法为多种线描塑造形象,出神入化地达到了佛教艺术线描造像的最高水平。藏密以第465窟为代表,此窟中央设一圆形佛坛,坛上塑像已不存,南北两壁及西壁各画密教曼陀罗三铺,东壁画曼陀罗两铺,丰富而鲜艳的色彩构成了此窟的艺术特色(图1-61)。

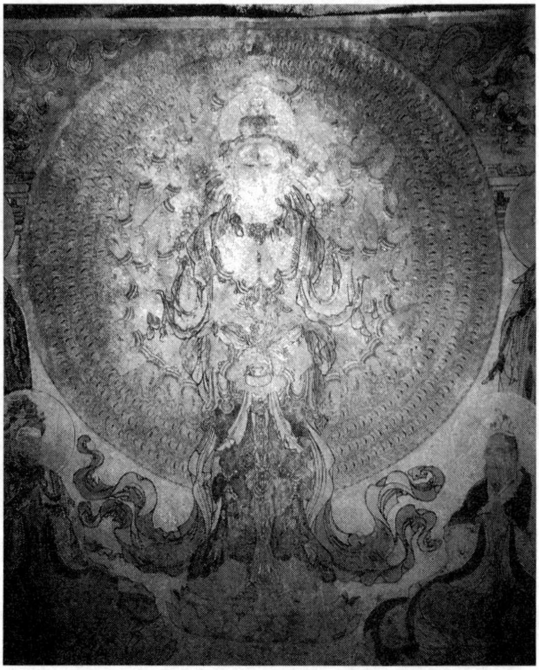
图1-60 莫高窟第3窟千手千眼观音变

敦煌石窟艺术创始于366年,现存最早的洞窟时代为十六国北凉时期,结束于1368年,其间延续千余年,时代更替,思想演变,内容出新,风格各异,形成了一部完整

图 1-61 莫高窟第 465 窟洞窟内景

的敦煌佛教艺术史。印度佛教艺术经中亚、西域传至敦煌，经历了逐渐中国化的历程。南朝汉化的佛教艺术通过中原，沿着“丝绸之路”传至敦煌，交汇于莫高窟，并通过敦煌传至西域，反馈于中亚和印度。东来西去必经的敦煌，在交汇中吸收融合，逐渐形成了中国化的佛教艺术，给世界佛教文化和艺术以巨大而深远的影响。

第二章

崖面位置与洞窟形制

一、敦煌北凉至隋洞窟的崖面位置

敦煌石窟北朝时期的洞窟多数位于莫高窟崖面中段第二层，还有一部分位于崖面第三层。主要有以下几个部分：早期北凉洞窟为第一部分，包括第 267、268、269、270、271、272、275 等窟（图 2–1），其中北凉三窟最具代表性；第二部分是北凉三窟以南的第二层洞窟，包括北凉三窟以南的第 265、263、260、259、257、254、251 等北魏窟，第 249、248、247、246 等西魏窟（图 2–2）；第三部分为北凉三窟以北的第二层洞窟，从第 285 窟开始至第 301 窟等，包括第 285、286、288、290、294、296、297、299、301 等窟；第四部分为第 285 窟上面第三层从第 442 窟至第 428 窟等，包括第

图 2–1　莫高窟北凉三窟崖面位置图

图 2-2 莫高窟北凉、北魏洞窟崖面位置图

428、430、431、432、435、437、438、439、440、441、442 等窟(图 2-3)。由此可以看出,此期洞窟的位置相对较为集中。

隋代洞窟紧跟十六国北朝洞窟向南或向北依次开凿。根据分期排年将隋代的洞窟分为三期：第一期洞窟有 7 个，即第 250、266、302、303、304、305、309 等窟,多位于洞窟中部崖面第二层第 285 窟以北,与今天的小牌坊相对。第二期的洞窟有 34 个,一部分分布在崖面第三层第 428 窟以北至 402 窟(图 2-4),以及第 428 窟以南的少数几窟;另一部分分布于隋代前期洞窟以北地区,时代相当于开皇九年至隋末。第三期的洞窟有 39 个,一部分分布于崖面第三层,第二期以北第 400 窟至 379 窟一段(图 2-5)。

图 2-3 莫高窟西魏、北周洞窟崖面位置图

图 2-4　莫高窟第 427 窟以北的隋窟崖面位置图局部

图 2-5　莫高窟第 390 窟以北的隋窟崖面位置图局部

二、敦煌石窟洞窟类型

敦煌石窟的洞窟形制是石窟建筑的表现形式，而这种不同的形式又是根据不同时期的宗教仪轨、世俗信仰的要求、民族审美观并结合当地岩石质地因时、因地制宜发展演变而成的。随着时代的演变和时间的推移，为后世所承认并接受，形成定式。敦煌石窟各个石窟群的类型基本相似，其中以莫高窟的形制类型最多，相对最齐全。敦煌莫高窟的洞窟形制有中心塔柱窟、禅窟、覆斗顶形窟、中心佛坛窟、大像窟、涅槃窟、七佛窟、影窟、僧房窟、瘗窟等几种类型。[①]

1. 中心塔柱窟

中心塔柱窟起源于印度，是与我国寺院建筑的佛塔相结合形成的一种洞窟样式，因洞窟主室后部设有塔形柱而得名。除敦煌石窟以外，甘肃肃南的文殊山石窟、张掖的马蹄寺石窟、天水的麦积山石窟、永靖的炳灵寺石窟以及中原地区山西大同的云冈石窟、河南巩县的巩县石窟以及河北响堂山石窟等窟均有保存，虽然这些石窟中心塔柱窟的样式不尽相

①季羡林主编《敦煌学大辞典》，上海：上海辞书出版社，1998 年。

同，但都保存有中心塔柱的基本形式。中心塔柱窟是敦煌石窟北朝时期的典型洞窟，流行于北魏、西魏和北周时期，隋唐时期也有出现。一般主室为方形，分为两部分，前部为人字披顶，后部为平顶，中心塔柱在洞窟后方，一般四面开龛，龛内塑像，有两层或三层（图 2-6）。龛内外多塑释迦禅定、说法、苦修、降魔四相，配以洞窟四壁绘的佛传、本生、因缘等故事画，塑像与壁画结合体现了佛在成道之前的种种经历，这与当时佛教信徒修习禅行、绕窟巡礼、坐禅观像有密切关系。敦煌莫高窟现存有 28 个洞窟，北魏有第 254、263、257、251、260、265 窟，西魏有第 435、437、248、431、246 、288 窟，北周有第 428、432、442、290 窟，隋代有第 302、303、427、292 窟，唐、五代、元有第 448、332、39、44、9、14、22、95 窟。目前，对于中心塔柱窟的研究，李崇峰先生的成果最为详尽，极具参考价值。①

图 2-6　莫高窟第 254 窟洞窟平面、剖面图

2. 禅窟

禅窟又称毗诃罗窟，是供僧人禅修的洞窟。此类洞窟由印度毗诃罗窟发展变化而成，在新疆、中原北方、西藏等地区的石窟中均有出现。这些洞窟主室左右两壁一般各开凿仅供坐禅用的小型禅窟三个或四个，是专供禅僧习禅修行、礼佛观像的洞窟。敦煌莫高窟的禅窟大多数分布于

①李崇峰《中印佛教石窟寺比较研究：以塔庙窟为中心》，北京：北京大学出版社，2003 年。

图 2-7　莫高窟第 285 窟洞窟平面、剖面图

北区，南区仅有第 285、268、487 三窟，时代自北凉至元代。这些禅窟可分为三类：第一种类型是主室开龛的佛殿窟附设禅窟，这类洞窟一般由前室、主室以及左右数个禅室组成，主室面积较大，平面呈方形或长方形，顶部平顶或人字披顶，禅室较小，仅容一人勉强坐下（图 2-7）。南区第 285、268 窟主室内均绘塑像，说明这两窟兼有修禅和观像两种功能，第 487 窟窟内设方形低坛，有壁画残迹。第二种类型是专为禅行的单室禅窟，均位于莫高窟北区，数量有 66 个，平面多呈方形，有的呈椭圆形，有禅床，均无灶，面积一般较小，约一至二平方米，制作粗糙。第三种类型是多室禅窟，均位于北区，数量有 10 个，大多有前室、中室、后室，中室两侧有一至五个不等的耳室，后室和耳室有禅床，无壁画，无灶，面积较大。[①]此外，西千佛洞和榆林窟均有禅窟的痕迹。

3. 覆斗顶形窟

覆斗顶形窟又称倒斗形窟，是因洞窟主室窟顶如倒扣的斗的形状而得名。窟内主室多西壁开一龛，也有少数南、西、北三壁各开一龛，或为无龛的洞窟。这类洞窟空间宽豁，光线充足，适于聚集佛徒讲经和礼拜活动。此类窟形最多，各时代均有，是从十六国晚期至元代唯一不断出现的

---

①彭金章、王建军《敦煌莫高窟北区石窟》第一卷，北京：文物出版社，2000 年。彭金章、王建军《敦煌莫高窟北区石窟》第二、三卷，北京：文物出版社，2004 年。

窟型，是敦煌石窟的主要形式，隋唐两代较集中。其中西魏第 249 窟，北周第 296、294 窟，隋代第 419、420 窟，初唐第 220、322、323 窟，盛唐第 328、45、46 窟及中晚唐第 159、156 窟等均为敦煌莫高窟各个时期覆斗顶形窟的代表(图 2–8)。

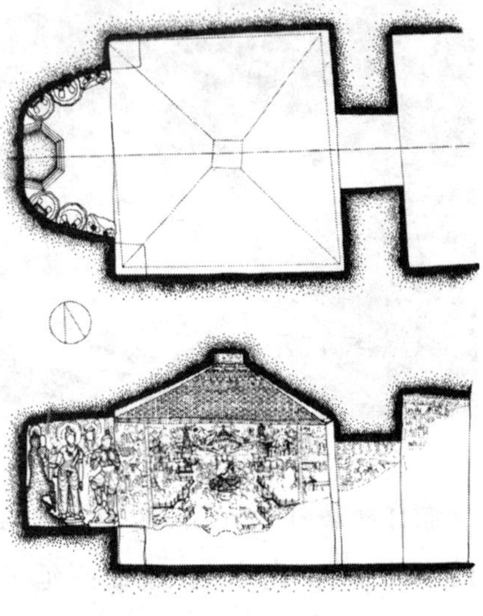

图 2–8　莫高窟第 45 窟洞窟平面、剖面图

4. 中心佛坛窟

中心佛坛窟是因洞窟主室后部中央设有佛坛而得名。洞窟平面方形，覆斗顶，窟后部中央设有佛坛，坛上塑像，坛四周与四壁之间保持距离，可作通道，有的坛前有台阶，坛后沿有宽大的、直接窟顶的背屏。敦煌莫高窟中心佛坛窟最早在北魏时期出现，隋代、初唐、中唐都有零星的出现，到晚唐、五代、宋的归义军时期非常流行，而且洞窟增大。有隋代第 305 窟，初唐第 205 窟，吐蕃占领时期的第 234、161 窟以及榆林窟第 25 窟，张氏归义军时期的第 16、85、94、138、196 窟，曹氏归义军时期的第 4、55、61、76、98、108、146、152、454 窟等（图 2–9）。这种洞窟的开凿更有利于佛教信众绕佛坛旋转，礼佛观想，表现了归义军时

图 2–9　莫高窟第 98 窟中心佛坛

期佛教信仰的方式。①

图 2-10 莫高窟第 130 窟内景

5. 大像窟

大像窟又称大佛窟，因洞窟内开凿有巨大的佛像而得名。敦煌石窟的大像窟仅三处，即莫高窟初唐第 96 窟(北大像)、盛唐第 130 窟(南大像)及榆林窟唐代第 6 窟,这些大像均为倚坐弥勒像。根据莫高窟第 156 窟前室北壁《莫高窟记》记载:“延载二年,禅师灵隐共居士阴祖等造北大像,高一百四十尺。又开元年中,僧处谚与乡人马思忠造南大像,高一百二十尺。”说明唐代武周至开元时期莫高窟造弥勒大像风气比较流行。这些大像依崖倚坐,内为石胎,外敷泥赋彩。洞窟下大上小,石壁向上弧转收小,下部平面方形(图 2-10)。窟内佛像前的空间并不宽阔,人们仰视窟顶,倍觉佛窟高大深邃。

6. 涅槃窟

涅槃窟俗称卧佛窟。平面为横长方形,顶部为券形,窟内西壁有横贯全窟的佛床,床上塑有巨大的涅槃像。莫高窟的涅槃窟只有第 148、158 两窟,均为唐代开凿。这两窟规模相近,进深约 7 米,横长约 17 米,靠后壁有 1 米多高的通长大台,大台上又有高十余厘米的通长小台,形如榻,佛像即卧于其上。佛像为石胎泥塑,第 148 窟像身长 14.4 米,第 158 窟像身长 15.8 米(图 2-11)。

①张景峰《敦煌石窟的中心佛坛窟》,《敦煌研究》2009 年第 5 期。

图 2-11　莫高窟第 158 窟涅槃像

7. 七佛窟

七佛窟洞窟形制与涅槃窟的形制相同，也为平面横长方形，券顶，佛床也是横贯全窟，只是佛床上塑像为七佛并坐，莫高窟现存只有一窟，即第 365 窟。此窟建于吐蕃统治敦煌时期，窟主为吐蕃与归义军时期的高僧洪䛒，正壁有横贯全窟的长方形佛坛，坛上有并列结跏趺坐的“七世佛”塑像（图 2-12）。壁画有重层，表层为西夏时期的说法图，底层为吐蕃时期的壁画。

图 2-12　莫高窟第 365 窟西壁药师七佛塑像

图 2-13 莫高窟第 17 窟藏经洞内景

8. 影窟

影窟亦称影堂，是为纪念高僧大德而修建的影室。中晚唐时期影窟开始流行，五代、宋时期均有出现。影窟均附属于主窟，一般开凿于主窟的前室或甬道的两侧，洞窟较小，洞窟面积大不过七八平方米，小不及一平方米，平面均近似方形，顶部覆斗顶或平顶，窟内一般塑绘有高僧影像，塑像后壁绘近侍女、比丘尼、菩提树、香袋、净瓶等（图 2-13）。莫高窟现存影窟有第 17、137、139、174、357、364 和 443 窟等。①

9. 僧房窟

僧房窟主要是供僧人生活起居的洞窟，也兼有修禅打坐的功用。莫高窟现存僧房窟大多分布于北区，计有 64 个，南区仅存 2 窟（第 488、489 窟），洞窟时代为北朝至元代。此类洞窟大小不一，多数为单室，平面呈方形或长方形。洞窟内多有灶、炕，灶一般位于门内两侧；炕的形状多为长方形，少数为不规则形，有砾石炕和土坯炕两种。窟顶、四壁的制作较精细，顶部可分为人字披顶、覆斗顶和平顶，以人字披顶居多。此外，僧房窟附设禅窟，兼有生活起居和修禅的功能，在莫高窟北区现存 13 个，南区存 2 个。

①张景峰《敦煌莫高窟的影窟及影像——由新发现的第 476 窟谈起》，《敦煌学辑刊》2006 年第 3 期。

10. 瘗窟

瘗窟是埋葬僧人尸骨的洞窟，莫高窟现存瘗窟均位于北区，存有 18 个，时代自隋代至元代。这类洞窟较小，平面呈方形或长方形，制作较粗糙，窟顶为前部人字披顶后接平顶、人字披顶或平顶。有的窟内有长方形或曲尺形棺床，有的窟中存留有棺材的痕迹，大多无葬具。葬式有仰身直肢式、蹲坐式、骨殖葬、棺葬、火葬等。有的窟中有随葬品，有的窟中无任何随葬品。①

①这两类窟形的发掘与研究参见彭金章、王建军《敦煌莫高窟北区石窟》第一卷，北京：文物出版社，2000 年；彭金章、王建军《敦煌莫高窟北区石窟》第二、三卷，北京：文物出版社，2004 年。

三、敦煌十六国至隋石窟的洞窟类型

图 2–14 莫高窟第 268 窟洞窟内景

敦煌北凉至北朝时期的洞窟形制主要有毗诃罗窟、中心塔柱窟、覆斗顶形窟以及中心佛坛窟几种大的类型。①

毗诃罗窟

有第 268、285、487 窟。

第 268 窟　北凉窟。此窟为敦煌石窟中最早的禅室，平面呈长方形，顶部平顶，顶上浮塑斗四平棋，西壁开一尖楣圆券形龛，内塑交脚佛像，南北两侧各开两个方形小禅室，窟门残破，洞窟形制不完整(图 2–14)。

①萧默《敦煌莫高窟的洞窟形制》，敦煌文物研究所编《中国石窟·敦煌莫高窟》(二)，北京：文物出版社，1984 年。

图 2-15　莫高窟第 285 窟洞窟内景

第 285 窟　西魏窟。此窟前室平面呈横长方形，敞口，主室平面方形，覆斗顶，中央设有低矮的中心佛坛，西壁开三大龛，龛内均塑像，中间大龛内塑倚坐佛像，身穿双领下垂式袈裟，两侧小龛内各塑一小禅僧像，结跏趺坐，手结禅定印，身穿田相袈裟，南北两壁各开四个小禅室，供僧人坐禅用(图 2-15)。

第 487 窟　北魏窟，位于莫高窟下层。窟顶前部为人字披顶，后部为平顶，本窟主室平面为纵长方形，中央有方形的低坛，两侧各有四个小禅室。

中心塔柱窟

中心塔柱窟因洞窟主室后部设有塔形柱而得名。中心塔柱窟起源于印度，这种洞窟是中国石窟北朝时期常见的形制，除敦煌石窟之外，甘肃的文殊山石窟、马蹄寺石窟、麦积山石窟、炳灵寺石窟以及中原地区的山

西云冈石窟、河南巩县石窟以及河北响堂山石窟等窟均保存有此种窟形。中心塔柱窟是敦煌莫高窟北朝时期出现的典型洞窟，流行于北魏、西魏和北周时期，隋唐时期也有出现，一般主室为方形，分为两个部分，前部为人字披顶，中心塔柱在洞窟后部，为平顶。中心塔柱窟四面开龛，龛一般有两层或三层，龛内皆塑像，塑像多塑释迦禅定、说法、苦修、降魔四相，配以洞窟四壁绘制的佛传、本生、因缘等故事画，塑像与壁画结合体现了佛在成道之前的种种经历，这与当时佛教信徒修习禅行、绕窟巡礼、坐禅观像有密切关系。代表洞窟有北魏第 259、254、257、251、263 等窟，西魏第 248、437、435、288 等窟，北周第 428、290 等窟，初唐第 332 窟，晚唐第 9、14 窟。

第 259 窟　北魏洞窟，位于莫高窟崖面中段第二层。此窟为单室，平面长方形，西壁龛内塑释迦、多宝二佛并坐说法像。南北两壁凿上下两列龛，龛内造像（图 2–16）。

图 2–16　莫高窟第 259 窟洞窟内景

图 2–17　莫高窟第 254 窟洞窟前部

第 254 窟　北魏洞窟。洞窟前部为人字披顶，后部为平棋顶，中央有中心塔柱将地面与窟顶相连，塔柱四面开龛，东面开一大龛，为洞窟内主龛，龛内主尊塑交脚弥勒佛，南、西、北三面均开双层龛，南北两面上层为阙形龛，内塑交脚弥勒菩萨，下层为圆券形龛，内塑释迦苦修佛像，西向面上下两层均为圆券形龛，内塑禅定佛。南北两壁人字披下开阙形龛，龛内均塑交脚菩萨像，后部各开四个圆券形龛，龛内各塑说法像与禅定像。洞窟四周壁画，南壁画降魔变一铺，其余画千佛；西壁中央画白衣佛，其余画千佛；北壁画说法图、尸毗王本生和难陀出家等，其余画千佛（图 2–17）。

第 257 窟　开凿于北魏统一河西后。原为人字披中心塔柱，因东壁塌毁，仅存人字披少部及塔柱。塔柱四面开龛，东向面主龛内塑倚坐佛说法像，龛外两侧原塑天王二身，现存北侧一身。壁画现存南、西、北三壁，上部画天宫伎乐通绕全窟，中部画千佛，下部绘金刚力士；南壁中部画沙

图 2-18 莫高窟第 257 窟洞窟内景

弥守戒自杀因缘故事画、弊狗因缘故事画；西壁画九色鹿故事画及须摩提女因缘故事画前半部；北壁画须摩提女因缘故事画后半部(图 2-18)。

第 248 窟 西魏洞窟。洞窟形制为中心塔柱窟，塔柱四面各开一龛，分别塑佛说法、禅定、苦修、成道的四铺塑像，洞窟四壁画千佛和天宫伎乐，其中南北两壁中前部各画说法图一铺(图 2-19)。

第 428 窟 北周开凿。这是敦煌早期最大的中心塔柱窟，宽达 10.8 米，进深 13.75 米，保存完整，主室人字披平棋顶，后部中央有中心塔柱，塔柱四面各开一圆券形龛，龛内均塑结跏趺坐说法佛和二弟子，龛外两侧塑胁侍菩萨两身。塔柱四面坛沿画供养人(图 2-20)。

图 2-19 莫高窟第 248 窟洞窟内景

第 290 窟 北周开凿。此窟仍属中心塔柱式，前部人字披顶没有影作的仿木结构，而是像在墙面上一样，绘制大面积的佛传故事。塔柱四面各开一圆券形龛，东向面龛内塑倚坐佛，左右塑二弟子，龛外两

图 2-20　莫高窟第 428 窟洞窟全景

侧塑二菩萨，龛楣两侧影塑二十六身已全部脱落。塔柱南、西、北三面龛内外布局基本相同，南向面塑一佛二弟子二菩萨，西向面塑一交脚菩萨、四胁侍菩萨，北向面塑一佛二弟子二菩萨（图 2-21）。

隋代的中心塔柱窟较少，只有第 427、292、302、303 四窟。其中第 427、292 窟继承了北朝中心塔柱的传统样式，而第 302、303 窟则对北朝的中心塔柱进行了变形，成为须弥山式中心塔柱窟。

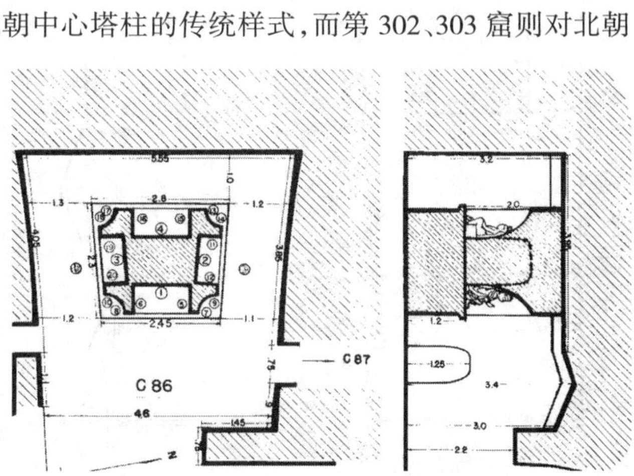

图 2-21　莫高窟第 290 窟洞窟平面、剖面图

第 427 窟　位于莫高窟崖面南区中段第三层，与北周第 428 窟相邻，其下层南侧就是第 292 窟。第 427 窟

图 2–22　莫高窟第 427、292 窟崖面位置图

是有前后室的大型洞窟，洞窟前室经过宋代重修，现保存有宋代窟檐一座（图 2–22）。前室平面呈横长方形，西壁和南北两壁置塑像，西壁塑二力士，南北两壁各塑二天王像。塑像虽经后代重装，但仍然是隋代彩塑的精品，窟顶为人字披顶；甬道经过宋代重修，南北两壁分别绘制曹氏归义军节度使曹元忠及其夫人浔阳翟氏等供养人画像；主室平面呈长方形，分为两个部分，前部人字披顶，后部为中心塔柱，中心塔柱前塑三铺立像，均为一佛二菩萨造型，主尊佛像完全相同，都着通肩式袈裟，直立。中心塔柱正面不开龛，南、西、北三面开龛，龛内分别塑一佛二弟子像（图 2–23）。后室前部塑像后以及人字披顶画千佛，南壁后部画卢舍那佛，其余为千佛；西壁中央画说法图、天宫栏墙、飞天以及千佛；北壁后部中央画说法图，周围为千佛。

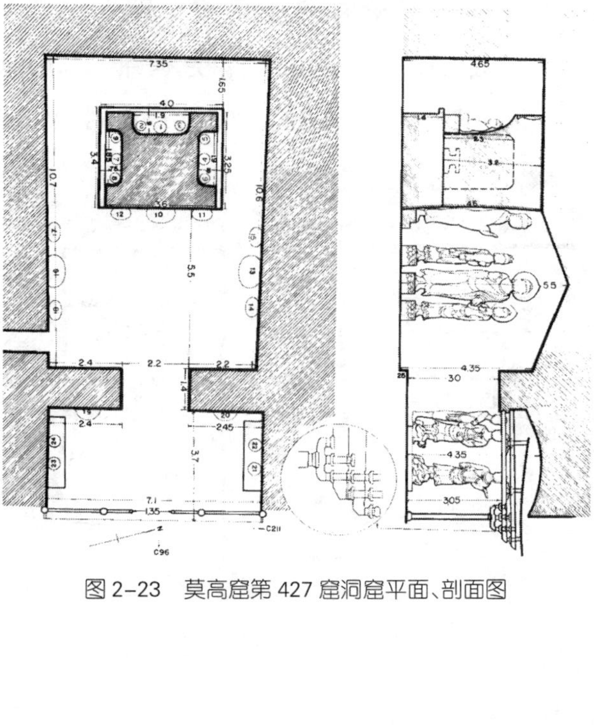
图 2–23　莫高窟第 427 窟洞窟平面、剖面图

第 292 窟　位于第二层，形制与第 427 窟完全相同，也是前部人字披顶，后部平顶，有中心塔柱，中心柱东向面不开龛，南、西、北三向面各开一龛，龛内均塑一佛二弟子塑像一铺，中心柱东向面与南北两壁前部均塑一佛二菩萨立像，塑像高大。

须弥山式中心塔柱窟，平面为方形，中心塔柱上部为倒塔形，又称须弥山形，现存有第 302、303 两窟。这两窟洞窟形制独特，在莫高窟洞窟形制上有重要影响。

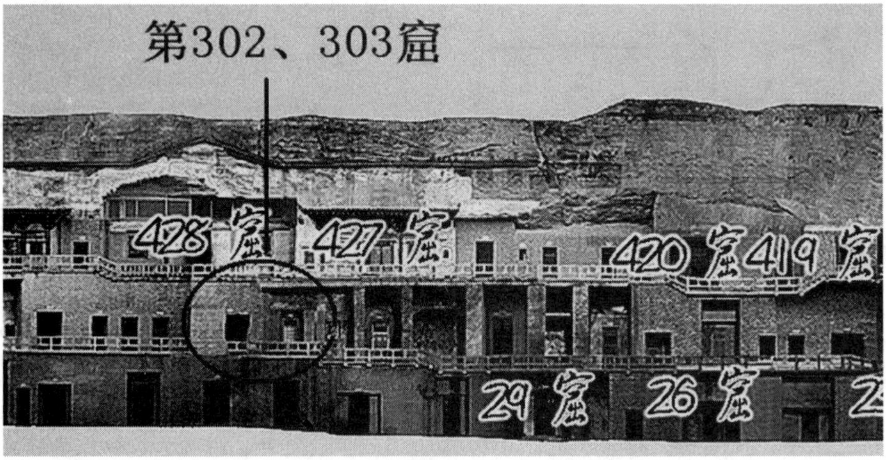

图 2–24　莫高窟第 302、303 窟崖面位置图

第 302 窟　位于南区中部第二层，其北邻第 303 窟，上面第三层是北周第 428 窟（图 2–24）。此窟有前后两室，前室前部已残，窟顶作人字披形，南北两壁相对各开一个非常浅的人字披顶小龛，除这两个龛外，其余内容均经过后代重绘。后室平面呈方形，中央凿一个通连窟顶的须弥山形中心柱，柱座形状是上面小下面大，柱座之上为柱身，只有柱座高的一半，柱身四面各开一个圆券形小龛，龛内外塑像，柱身上方塑覆瓣莲花和四龙，须弥山的形状是上大下小的倒锥形，分作六层，塔身每层周围都贴有影塑的千佛。洞窟南、西、北三壁中央各开一个位置比较高的圆券形龛，平面均呈凸字形，窟顶前部为人字披形（图 2–25）。

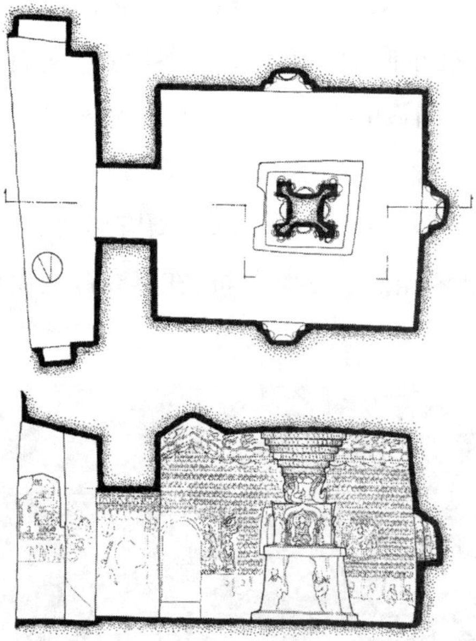
图 2-25 莫高窟第 302 窟洞窟平面、剖面图

第 303 窟 洞窟形制与第 302 窟基本相同，也是有前后两室，前室前部已残，顶亦作人字披形，南北两壁不开龛，后室平面方形，中央凿须弥山形中心塔柱，柱身四面开龛，龛内塑有塑像，形状样式与第 302 窟均相同，唯有不同的是主室南、西、北三壁均没有开龛。

此期中心塔柱窟有以下几个特点：

第一，北朝的中心塔柱窟四面开龛，东向面一般开一大龛，南、西、北三面开上下两层龛或一层龛，龛内均有塑像，一般表现的是佛说法、苦修、禅定等像，说法像也以倚坐像居多，也有交脚佛像。

第二，隋代中心塔柱窟在北朝的基础上有所发展。中心塔柱南、西、北三面均开单龛，龛内塑像主尊均为结跏趺坐说法像，而且洞窟主室前部南北两壁与中心塔柱正面各塑一佛二菩萨高大立像，组成三世佛或三佛造像。

第三，隋代的中心塔柱窟均有前室，有的洞窟前室塑有天王、力士等高大塑像。还出现了一种新的洞窟形制，须弥山形中心塔柱，塔柱形状呈须弥山形，与北朝时期形状略呈方形的形制形成鲜明的对比。不仅如此，这种洞窟南、西、北三壁有的还开佛龛，龛内塑有三世佛或三佛造像。

覆斗顶形窟

覆斗顶形窟是因洞窟窟顶形状如一个倒扣的斗而得名。大多数洞窟

主室西壁开一龛，也有少数洞窟南、西、北三壁各开一龛，还有不开龛的洞窟。覆斗顶形洞窟出现最多，而且各个时代均有开凿，是敦煌石窟的主要形式，主要集中于隋唐两代，其中西魏第 249 窟，北周第 296、294 窟，隋代第 419、420 窟，初唐第 220、322、323 窟，盛唐第 328、45、46 窟及中晚唐第 159、156 窟等均为覆斗顶形窟的代表洞窟。

十六国北朝时期敦煌石窟中此类型的洞窟有第 249、294、296、297、299、301 等窟。

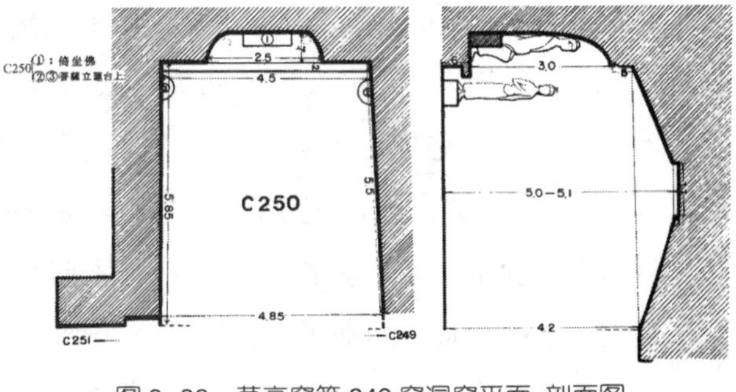

图 2–26　莫高窟第 249 窟洞窟平面、剖面图

第 249 窟　西魏洞窟。此窟平面为方形，西壁开一龛，窟顶为覆斗顶，四披画壁画，南北中央绘说法图和供养人行列，周围是千佛（图 2–26）。

第 296 窟　北周洞窟。洞窟为殿堂式窟，平面为方形，覆斗顶，窟顶四披中央画故事画。西壁开一龛，龛内塑一佛二弟子二菩萨，南北两壁中段均画故事画（图 2–27）。

图 2–27　莫高窟第 296 窟洞窟内景

覆斗顶形窟是隋代洞窟的主要形制，这种洞窟平面均为方形，主要以洞窟主室各壁开龛的多少加以区别。因此，我们将这类洞窟按照开龛的数

量分为西壁一龛窟、三龛窟以及无龛窟三类。[①]一龛窟和三龛窟是隋代洞窟的主要形制，多出现于隋代中后期的洞窟之中，占隋窟的绝大多数。

一龛窟

一龛窟即洞窟只有西壁开一龛的覆斗顶形窟。此类覆斗顶形窟发展到了隋代，洞窟形制之间又有细小的变化与不同，我们依据西壁龛形以及顶形状变化的不同将这类洞窟分为：低矮大龛式、前部人字披顶后接平顶、双层龛口式以及人字披顶式四类形式。

低矮大龛式一龛窟是指洞窟平面方形，西壁开凿一个位置较低的大龛的洞窟形式。这类洞窟出现于隋代开窟初期，即南北统一之前，具有北周时期同类洞窟的特点，是北周洞窟形制的延续。此类洞窟较少，现在保存有第250、266、304、309四窟。

图2-28　莫高窟第304窟西壁全景

第304窟　洞窟主室平面呈方形，西壁开凿一个位置较低的圆券形大龛，浮塑龛楣和龛柱装饰，龛内造像一佛二弟子二菩萨一铺五身。佛为倚坐像，身穿双领下垂式袈裟，右手施无畏印，左手住地印，其他部分保存完好，可惜头部经过后代重修。龛内二弟子站立，南侧为年轻弟子，北侧为年老弟子。龛外二菩萨侍立，姿态基本相同。窟顶为方形浅覆斗形，莲花井心，外部绘一圈千佛，四披画天宫伎乐数身(图2-28)。

①此分类形式参见樊锦诗、关友惠、刘玉权《敦煌莫高窟隋代石窟分期》，敦煌文物研究所编《中国石窟·敦煌莫高窟》(二)，北京：文物出版社，1984年。

图 2-29　　莫高窟第 419、420 窟崖面位置图

第 266 窟　洞窟形制与第 304 窟基本相同，也是西壁开圆券形大龛，窟顶为方形浅覆斗形，只有西壁龛内塑像为一佛二菩萨造型。

前部人字披顶后接平顶式一龛窟是指窟顶前部为人字披、后部为平顶，西壁开一龛的窟。这类洞窟在隋代中后期比较常见，是隋代洞窟的主要形式。洞窟有第 436、433、425、423、422、419、418、417、416、404、402、253、262 窟。

第 419 窟　位于莫高窟南区第三层第 427 窟以北，与第 420 窟相邻（图 2-29）。洞窟窟顶前部人字披，后部平顶，西壁开一圆券形龛，前部的人字披与后部的平顶各占洞窟长度的一半，龛的位置比第 266、304 窟有所升高，但龛内进深较浅。龛楣与龛梁采用半塑半绘或全部绘画的形式，龛内塑像为一佛二弟子二菩萨，佛结跏趺坐，二弟子一个年老一个年轻，二菩萨造型优美。不管是塑像还是壁画，均保存较好，是敦煌隋代的典型洞窟（图 2-30）。

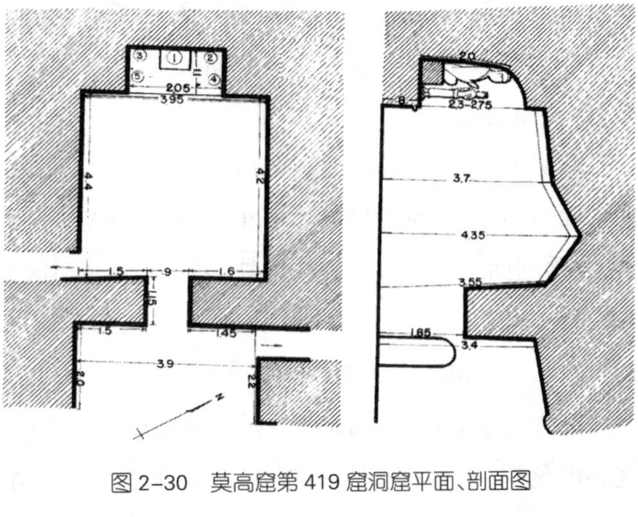

图 2-30　莫高窟第 419 窟洞窟平面、剖面图

第 423 窟　洞窟形制与第 419 窟相同，也是前部人字披，后部平顶，西壁开龛，龛内塑像也是一佛二弟子二菩萨，唯有不同之处是此窟主尊佛为倚坐像。

另外，在这些洞窟之中的第 425、417、404、402 等窟，形制稍微有些变化，洞窟平面呈凸字形，佛龛已经不是圆券形龛，而是双层龛口。

第 402 窟　洞窟有前后室，前室残，后室(主室)前部人字披，后部平顶，西壁开龛，形制大体与第 419、423 窟相同，但是龛为内外双层，方口。洞窟平面呈凸字形，且塑像为一佛二弟子四菩萨造型，佛与弟子分布于龛内，菩萨分布于内层龛口与外层龛之间（图 2-31）。第 404 窟与第 402 窟相同。

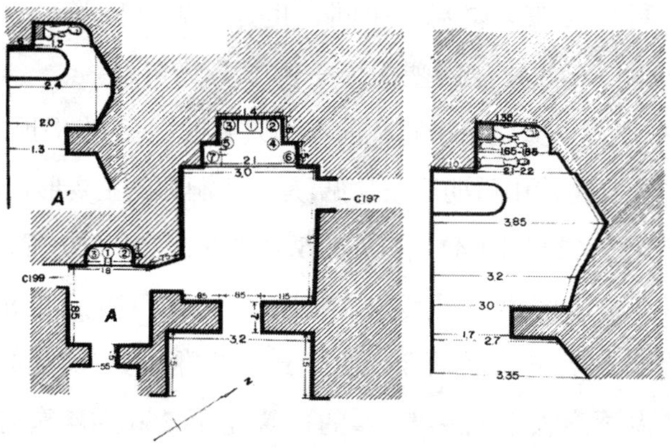

图 2-31　莫高窟第 402 窟洞窟平面、剖面图

到了隋代后期，这种一龛窟样式变化不大，只有窟顶发生了变化，就是窟顶前部为平顶，后部为人字披形。这些隋代一龛窟发展到后期成为比较特殊的一种类型，代表窟有第 391、255、278 等窟。

双层龛口式一龛窟，此类洞窟也是隋代洞窟形制的主要表现形式，洞窟平面呈凸字形，窟顶呈方形覆斗状，西壁开龛，龛多是双层龛口，进深较大，龛顶剖面除极个别为圆券形外，多为斜坡形。这类洞窟有第 315、403、405、406、407、410、411、412、413、414、421、434、58、59、63、64、276、283、284、314、379、388、389、390、392、394、396、397、398、399、400 等窟。这种比较高大且宽敞的凸字形双层龛口有较充裕的空间安置较多的塑像，内龛装饰龛楣、龛梁和龛柱，而外龛仅在龛口边沿绘制边饰图案。

图 2–32　莫高窟第 407 窟崖面位置图

第 407 窟　位于崖面第三层，其下方第二层是第 323 窟（图 2–32）。洞窟形制为前后室，前室已经残毁，后室平面为凸字形。窟顶为方形覆斗顶，西壁开一龛，龛为双层龛口，进深大，窟顶斜面呈斜坡状，龛内塑一佛二弟子四菩萨一铺七身，其中一弟子四菩萨为清代重修。

第 411、412、413、414 窟，此四窟主室均残，西壁开一龛，洞窟形制与第 407 窟基本相同，不同之处在于第 411 窟龛内塑一佛四弟子二菩萨，第 412 窟龛内塑一佛十弟子二菩萨。

第 379 窟　位于南区北侧崖面第三层，洞窟形制与第 407 窟相同，只是龛的进深进一步扩大。

第 390 窟　位于洞窟南区北部崖面第三层，南侧是第 397 窟，下方南侧是第 332 窟（图 2–33）。洞窟有前后室，平面呈凸字形。窟顶为方形

图 2–33　莫高窟第 390、392、394 窟崖面位置图

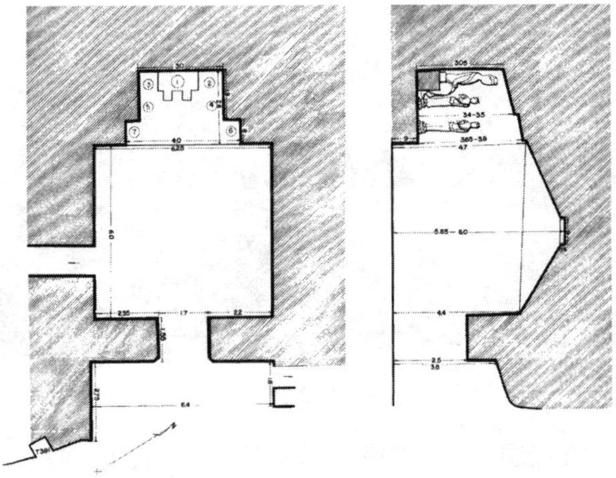

图 2-34 莫高窟第 390 窟洞窟平面、剖面图

覆斗顶，西壁开一龛，龛为双层龛口，进深大，窟顶斜面呈斜坡状，龛内造像为一佛二弟子四菩萨一铺七身，主尊为倚坐菩萨像，二弟子塑像今已毁失，南北两壁中央画菩萨说法图，周围画坐佛说法图十几铺，与传统的南北两壁画千佛、中间画佛说法形成鲜明的对比（图 2-34）。此窟的造像、壁画内容体现的佛教思想亟待今后深入研究。

第 392 窟　与第 390 窟相邻，形制也基本相同（图 2-33）。此窟西壁龛内造像为一佛二弟子四菩萨，南壁塑一铺三菩萨造型，其中主尊为弥勒菩萨，北壁塑一佛二菩萨一铺，主尊为立佛，二菩萨侍立。此窟南、西、北三壁造像构成典型的三世佛造像，加上壁画表现的千佛，可见此窟体现的是十方三世佛思想。

第 394 窟　位于第 390 窟南侧，洞窟形制与第 392 窟相同（图 2-33）。此窟龛内外两龛顶均呈斜坡形，塑像为清代重塑，特点是浮塑的龛楣和龛梁均消失，均是绘制而成。

此外，这一类洞窟之中出现了不分内外龛、口大底小的敞口龛，第 388、276 窟均属于这种类型。

第 388 窟　洞窟为前后室，前室已残，主室平面与此期其他洞窟相同，西壁开龛，但是龛已经不分内外，龛内塑一佛二弟子。

人字披顶式窟，这类洞窟多是小窟，洞窟窟顶为人字披顶，西壁开一圆券形龛，有第 274、293、295、312、317、318、362、395 等窟。

第 318 窟　此窟较小，龛内塑像为清代重塑，虽然洞窟内塑像、壁画保存的不是很好，但是作为一种比较独特的洞窟形制，值得我们加以关注。

三龛窟

三龛窟就是洞窟主室南、西、北三壁分别开龛，龛内造像的覆斗顶形窟。这类窟形与整个莫高窟有壁画的洞窟相比，数量不是很多，但就整个隋代洞窟的数量而言，还是占一定比重的。它们是第420、56、401、383等窟。此类洞窟有前后室，主室平面呈方形，顶为覆斗形，主室南、西、北三壁各开一龛。

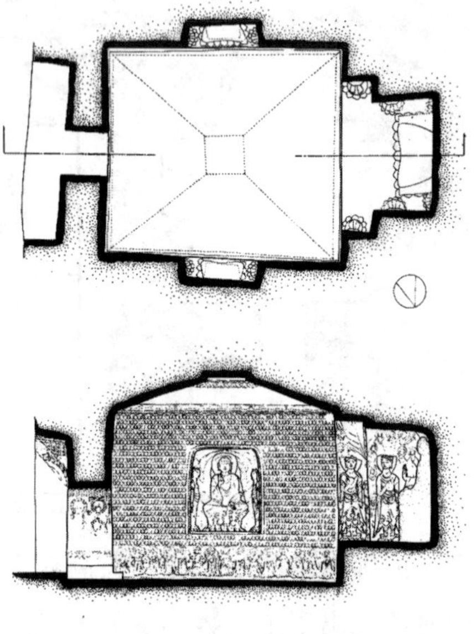

图 2-35　莫高窟第 420 窟洞窟平面、剖面图

第 420 窟　位于南区第三层第 427 窟以北，与第 419 窟相邻（图 2-29）。洞窟前室呈横长方形，顶为人字披形，后室平面呈方形。窟顶作覆斗形，正壁开一凸字形双层龛，南北两壁相对各开一圆券形龛（图 2-35），龛较深，龛内塑像，龛口绘边饰图案一周。主室西壁开一凸字形双层龛，内层龛内塑一佛二弟子二菩萨，外层龛内塑二菩萨，构成一铺七身的造像类型。南壁中央开方形浅龛，龛内塑一佛二菩萨；北壁与南壁相同，也塑一佛二菩萨，佛像均为结跏趺坐。

第 401 窟　位于南区北侧崖面第三层，其北侧是第 397 窟，下方第二层偏南是第 328 窟。窟顶为覆斗形，南、西、北三壁各开一龛（图 2-36），与第 420 窟基本相同，只有塑像组合不是完全相同。西壁双层龛内塑一佛六菩萨；南壁开方口斜顶圆券形龛，龛内主尊塑一交脚菩萨、两胁侍菩萨；北壁龛形与南壁相同，塑像为清代重塑，内容为普贤骑象及二

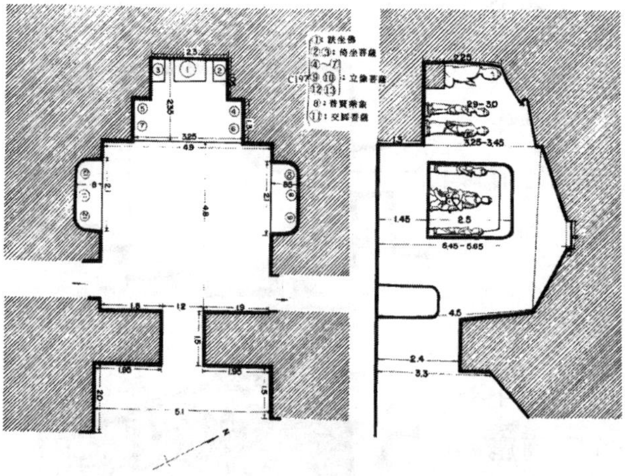

图 2-36　莫高窟第 401 窟洞窟平面、剖面图

胁侍菩萨。

由于隋代三世佛造像流行,因此这种三龛窟成为新的窟形在隋代洞窟中大量出现,这是为了适应隋代塑造这种三世佛造像的特点。唐代以后,三世佛思想不再流行,这种表现三世佛造像的三龛窟在莫高窟就自然消失了。当然,在唐代特别是盛唐时期也出现了为数不多的三龛窟,如第 46、225 窟,这种三龛窟龛内造像已不再表现三世佛,而是以其他的形式加以表现,说明由于佛教信仰的不同,相同的洞窟被赋予了不同的佛教思想。

无龛窟

无龛窟是洞窟主室平面呈方形,不开龛的覆斗顶形窟。这些无龛窟中,第 279、244 两窟是沿着西壁和南北两壁筑成马蹄形土坛,坛上塑像,窟顶为覆斗形;第 280 窟是主室西壁直接塑像,窟顶前部为平顶,后部为人字披顶;第 281、313、393 窟无塑像,窟顶为覆斗形;第 429、298 窟无塑像,窟顶为人字披形。

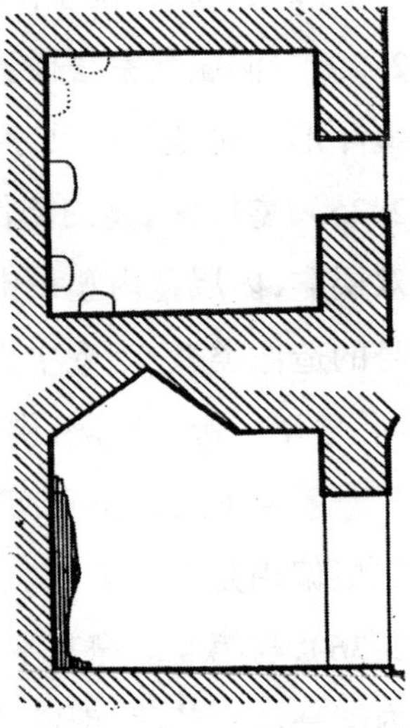

图 2-37　莫高窟第 280 窟洞窟平面、剖面图

第 280 窟　洞窟形制平面呈方形,窟顶前部为平顶,后部为人字披顶,西壁直接塑像,塑像残存立佛及阿难像各一身(图 2-37)。

第 281 窟　洞窟形制是主室顶部为覆斗

形，西壁设佛坛，坛上无塑像。

隋代石窟中的覆斗顶形窟最多，占洞窟数量的绝大多数，也包括以后覆斗顶形窟的所有形式。这一时期三龛窟较多，龛内造像题材均体现三世佛造像。有的一龛窟，西壁开一龛，龛内塑像，南北两壁采用绘画的形式也表现出了三世佛的思想。另外，在个别的无龛窟，如第 244 窟，窟内不开龛，可是南、西、北三壁采用塑像的形式也表现出了三世佛造像。由此可见，隋代十方三世佛造像在敦煌石窟特别是莫高窟非常流行。

中心佛坛窟

中心佛坛窟是因洞窟主室中央设有方形的佛坛而得名。洞窟平面方形，覆斗顶，后部中央设有佛坛，坛上塑像，坛四周与四壁之间保持距离，可作通道。有的坛前有台阶，坛后沿设置宽大的背屏连接窟顶。敦煌石窟中心佛坛窟最早在北魏时期出现，西魏、隋代、初唐、中唐都有零星的出现，到晚唐、五代、宋朝的归义军时期非常流行，而且洞窟规模增大，北魏第 487 窟就是典型的中心佛坛窟，西魏的第 285 窟虽然为禅窟，但洞窟中央有方形佛坛，也应属于中心佛坛窟，还有隋代第 305 窟，初唐第 205 窟，吐蕃占领时期的第 234、161 窟以及榆林窟第 25 窟都是这类窟形的代表。中心佛坛窟到了初唐时期，变成了马蹄形中心佛坛。初唐开凿的莫高窟第 205 窟这一中心佛坛窟，主室中央马蹄形坛上塑一佛二弟子二胁侍菩萨二供养菩萨，晚唐补塑二天王，共计九身（图 2–38）。吐蕃

图 2–38　莫高窟第 205 窟中心佛坛与塑像

占领敦煌时期的中心佛坛窟有两个，即第 234、161 窟。归义军时期敦煌莫高窟的中心佛坛窟大量兴起，张氏时期有第 16、85、94、138、196 窟，曹氏时期有第 4、55、61、76、98、108、146、152、256、454 等窟。[①]敦煌莫高窟归义军时期中心佛坛窟的信息见下表。

时代	窟号	窟名	窟主	洞窟现状	佛坛尺寸（米）	佛坛形状	坛上塑像
晚唐	16	吴和尚窟	洪䛒	壁画被覆盖	东西 7.6 南北 8.6	双层坛，上马蹄形，下方形。无台阶，有背屏。	塑像一铺九身，佛座为宋制，其余清塑。
	85	翟家窟	法荣	壁画保存较好	东西 5.7 南北 6.5	双层坛，上马蹄形，下方形。有台阶，无背屏。	塑一佛二弟子，佛与一弟子为原塑。
	94	司徒窟	张淮深	壁画被覆盖	东西 7.6 南北 8.5	双层坛，上马蹄形，下方形。无台阶，有背屏。	宋塑趺坐佛像一身，清塑道教灵官五身。
	196	何法师窟	何法师戒智	壁画保存较好	东西 5.2 南北 6.7	单层坛，马蹄形。有背屏。	塑像存一佛二弟子一菩萨一天王，均为原塑。
	138	阴家窟	阴海晏等	壁画保存较好	东西 7.4 南北 8.3	双层坛，上马蹄形，下方形。无台阶，有背屏。	原塑趺坐佛，清修，其余为清塑。
五代	98	大王窟	曹议金	壁画保存较好	东西 7.5 南北 8.4	双层坛，上马蹄形，下方形。无台阶，有背屏。	原塑趺坐佛，清塑二弟子、一道教灵官。
	108	张都衙窟	张淮庆	壁画毁失严重	东西 5.9 南北 6.7	双层坛，上下马蹄形。有台阶，有背屏。	塑一佛二弟子四天王，清重修。

①张景峰《敦煌石窟的中心佛坛窟》，《敦煌研究》2009 年第 5 期。

续表

时代	窟号	窟名	窟主	洞窟现状	佛坛尺寸(米)	佛坛形状	坛上塑像
五代	146	宋家窟		壁画保存较好	东西 5.6 南北 5.9	双层坛，上下马蹄形。有台阶,有背屏。	宋塑趺坐佛,其余均为清塑。
	61	文殊堂	曹元忠	壁画保存较好	东西 7 南北 8.5	双层坛，上下马蹄形。有台阶,有背屏。	塑像均毁失。
	256		曹元深	壁画保存较好	东西 6.5 南北 7	双层坛，上下马蹄形。有台阶,无背屏。	佛为原塑，其余清代重塑。
宋	55		曹元忠	壁画保存较好	东西 7.1 南北 7.6	双层坛，上下马蹄形。有台阶,有背屏。	三面塑弥勒佛、菩萨、弟子、天王共五身；力士二身,肩负佛座。原塑。
	454		曹延恭	壁画保存较好	东西 6.4 南北 7.8	双层坛，上下马蹄形。有台阶,无背屏。	塑像已毁失。
	152	吴家窟		壁画被覆盖	东西 7.2 南北 10	双层坛，上下马蹄形。无台阶,有背屏。	二弟子为唐塑,原塑二菩萨,其余为清塑。

另外,不仅莫高窟开凿了大量中心佛坛窟,瓜州榆林窟也开凿了相当数量的此类洞窟。开窟时代从吐蕃占领敦煌时期开始,一直延续到曹氏归义军时期,数量占榆林窟现存洞窟总数的一半以上。为了方便大家对瓜州榆林窟中心佛坛窟的了解,列表于下。

窟号	时代	洞窟状况	佛坛尺寸(米)	佛坛形状	坛上塑像
2	西夏	保存一般	东西 3 南北 3.8	方形	清塑文殊像一铺七身。
3	西夏	保存较好	边长 12 高 0.58	下方形, 上八角形	清塑一佛四菩萨四金刚一铺九身。
4	元	保存较好	东西 3.03 南北 3.12 高 0.7	下方形, 上八角形	清塑一铺九身。
10	西夏	壁画脱落严重	东西 2.85 南北 2.93 高 0.53	方形	存清塑观音一身,坛上存塑像底座痕迹六处。
14	宋	保存一般，有前甬道、前室	东西 2.83 南北 4.0 高 0.45	方形	坛上宋塑一佛,清修,清塑四菩萨。
15	中唐	底层壁画被宋壁画覆盖,有前室	东西 3.42 南北 3.68 高 0.65	方形	坛上清塑一铺七身。
16	五代	保存较好，有前甬道、前室,后甬道绘曹议金夫妇等画像	东西 3.7 南北 4.5 高 0.5	方形	坛上民国塑佛一身,残存莲花台四座。
19	五代	保存较好，有前甬道、前室,后甬道绘曹元忠等供养人	东西 3.25 南北 3.55 高 0.5	方形	坛上清塑佛一身,残存五代莲花台五座。
20	唐	多为五代壁画,前甬道毁,存前室	东西 2.4 南北 2.46 高 0.35	方形	坛上清塑佛一铺五身。
21	唐	多为宋代壁画,前部分存回鹘时期壁画	东西 3.23 南北 3.54 高 0.58	方形	坛上佛座为唐代,其余清塑。

续表

窟号	时代	洞窟状况	佛坛尺寸(米)	佛坛形状	坛上塑像
25	唐	保存较好，前甬道画曹元忠及夫人等供养人像,有前室	东西 3.55 南北 4 高 0.33	方形	坛上清塑趺坐佛一身。
26	唐	多为宋代壁画,有前甬道和前室	东西 3.38 南北 3.65 高 0.5	方形	坛上趺坐佛一身,清修。
29	西夏	保存较好	东西 2.85 南北:前 3.7、后 3.6 高 0.5	六层, 上圆形	坛上清塑一铺五身。
31	五代	甬道画于阗国王等供养人像	东西 3.9 南北 4.35 高 0.48	方形	坛上残存清修佛一身，原塑一菩萨。
32	五代	主室壁画保存较好,前室、甬道顶毁	东西 3.75 南北 4.7 高 0.65	方形	坛上清修佛一身。
33	五代	壁画保存较好,甬道画曹元忠及夫人等供养人像	东西 3.9 南北 4.6 高 0.63	方形	坛上清塑趺坐佛一身。
34	唐	保存较好,多为五代壁画,甬道画曹元忠及夫人等供养人像	东西 3.3 南北 4 高 0.52	方形	坛上清塑趺坐佛一身,塑像底座四座。
35	唐	保存较好，多为五代壁画，甬道画曹延禄等供养人像	东西 2.65 南北 3.88 高 0.64	方形	坛上清塑道教神像，塑像底座两座。
36	唐	多为五代壁画,甬道绘曹元忠、曹延禄及夫人的供养人像	东西 3.65 南北 4.18 高 0.75	马蹄形	坛上清塑佛一铺七身。
38	唐	保存一般，多为五代壁画	东西 3.15 南北 4.33 高 0.54	马蹄形	坛上清塑佛。

隋代中心佛坛窟只有一窟，即第305窟。此窟较小，有前后室，前室大半已经坍毁，主室平面呈方形，窟顶作覆斗状。洞窟主室宽3.8米、深3.65米、高3.35米，正中设一中心方坛，坛长1.36米、宽1.33米、高0.76米，坛上现存清塑一佛二弟子二菩萨彩塑一铺五身，均立像。主室南、西、北三壁各开一圆券形龛，龛内各存隋塑清修彩塑一铺五身，观者可绕坛观像（图2–39）。主室北壁龛下存有“开皇五年正月（585）”题记，是莫高窟的标志性洞窟之一。

图2–39　莫高窟第305窟洞窟内景

第305窟开设的中心佛坛窟，对后世影响深远。坛上现存塑像虽为清代重塑，但是从坛上的遗迹来看，此为窟坛上原有塑像。这种洞窟中央设佛坛，坛上塑像的形式到了归义军时期大为发展，并成为归义军时期的世家大族修建洞窟的主要形式。

第三章

敦煌十六国至隋石窟彩塑艺术

敦煌石窟是建筑、雕塑、壁画三者结合的综合性佛教艺术，其中彩塑是石窟的主体。现存塑像最早为北凉时期，历经北魏、西魏、北周、隋、唐、五代、宋、西夏、元至清代，历时千余年。现存彩塑三千多身，其中圆雕两千多身，浮塑一千余身。基本完好的原作一千四百余身，其余经过后代重装或重塑，有的已部分或全部失去原作面貌，甚为可惜。敦煌莫高窟是中国唯一一处没有中断的佛教艺术馆，保存的彩塑代表着中国 5 至 13 世纪各个时代高水平的佛教雕塑艺术，其历时之长、技艺之精，使此时期的石窟成为绝无仅有的世界文化遗产。

关于敦煌石窟彩塑艺术的研究，金维诺对敦煌莫高窟的彩塑艺术进行了概括性分析。①常书鸿从民族传统、外来影响和新的创造、题材和创作技术、时代特征和艺术上的成就四个方面对敦煌彩塑进行了研究。②段文杰从早（北魏、西魏、北周）、中（隋、唐）、晚（五代、宋、西夏、元）三个时期对敦煌彩塑艺术的造像类型以及艺术风格等问题进行了分析与研究。③孙纪元从类型、布局、人物动态表现、色彩以及服饰等方面对敦煌北

---

①金维诺《莫高窟的彩塑》，《文物参考资料》1956 年第 2 期；另载金维诺《中国美术史论集》，北京：人民美术出版社，1981 年。

②常书鸿《敦煌彩塑》，原载敦煌文物研究所编《敦煌彩塑》，北京：人民美术出版社，1960 年；另载常书鸿《常书鸿文集》，兰州：甘肃民族出版社，2004 年。

③段文杰《敦煌彩塑艺术》，敦煌文物研究所编《敦煌彩塑》，北京：文物出版社，1978 年；另载段文杰《段文杰敦煌艺术论文集》，兰州：甘肃人民出版社，1994 年。

魏、西魏、北周三个时代的彩塑艺术进行了分析，同时还对敦煌彩塑的制作方法与类型进行了研究。[①]邓健吾对敦煌彩塑的发展演变进行了研究[②]。史苇湘以时代为顺序，从艺术特色、审美特征以及服饰特点几个方面对敦煌彩塑艺术进行了研究。[③]刘玉权还重点对敦煌彩塑的特点与风格进行了分析。[④]樊锦诗对敦煌石窟各个时期的彩塑艺术分类进行了介绍与研究。[⑤]另外，敦煌研究院陆续出版了《敦煌彩塑》[⑥]《中国美术全集·雕塑编·敦煌雕塑》[⑦]《中国石窟雕塑全集·敦煌》[⑧]《敦煌石窟全集·雕塑》[⑨]等有关敦煌彩塑的图版资料，不仅从多方面对敦煌彩塑艺术进行了研究与探讨，而且也公布了大量的图片资料，为今后的研究提供了方便。张景峰对敦煌石窟中的影像、中心佛坛上塑像表达的思想、第85窟塑像表现的

---

①孙纪元《敦煌早期彩塑》，《敦煌研究》试刊第1期，1981年；《谈谈敦煌彩塑的制作》，敦煌文物研究所编《敦煌研究文集》，兰州：甘肃人民出版社，1982年；《略论敦煌彩塑及其制作》，敦煌文物研究所编《中国石窟·敦煌莫高窟》(三)，北京：文物出版社，1987年。

②邓健吾《敦煌莫高窟彩塑的发展》，敦煌文物研究所编《中国石窟·敦煌莫高窟》三，北京：文物出版社，1987年。

③史苇湘《珍贵的敦煌彩塑》，中国美术全集编辑委员会《中国美术全集·雕塑编·敦煌雕塑》，上海：上海人民美术出版社，1987年；另载史苇湘《敦煌历史与莫高窟艺术研究》，兰州：甘肃教育出版社，2002年。

④刘玉权《敦煌彩塑的特点与风格》，中国美术全集编辑委员会《中国美术全集·雕塑编·敦煌雕塑》，上海：上海人民美术出版社，1987年。

⑤季羡林主编《敦煌学大辞典》，上海：上海辞书出版社，1998年，樊锦诗撰写的各窟彩塑词条。

⑥敦煌文物研究所《敦煌彩塑(366—1911)》，中国古典艺术出版社，1957年；敦煌文物研究所《敦煌彩塑》，北京：人民美术出版社，1960年；敦煌文物研究所编《敦煌彩塑》，中国古典艺术出版社，1965年；敦煌文物研究所《敦煌彩塑》，北京：文物出版社，1978年。

⑦中国美术全集编辑委员会《中国美术全集·雕塑编·敦煌雕塑》，上海：上海人民美术出版社，1987年。

⑧中国石窟雕塑全集编辑委员会《中国美术分类全集·中国石窟雕塑全集第一卷·敦煌》，重庆出版社，2001年。

⑨敦煌研究院主编，刘永增编《敦煌石窟全集·8雕塑》，香港：商务印书馆，2003年。

金刚经变说法图及敦煌石窟中的祥瑞白狼塑像等问题进行了研究。①

敦煌北朝时期的彩塑主要是佛和菩萨像。北魏时期佛像一般都有菩萨胁侍左右，组成一佛二菩萨的标准形式，到了北周时期，又出现佛弟子阿难和迦叶，表现一佛二弟子二菩萨一铺五身的造像形式，也有些极个别的洞窟中出现了天王、力士塑像。

常见的佛像为弥勒像，还有释迦、多宝二佛并坐像、说法像、禅定像、思维像以及中心塔柱四面宣扬释迦平时事迹的“四相”或“八相”的苦修和降魔成道等塑像。位置是，佛像一般塑于西壁龛内或中心塔四面的下层龛内。菩萨像作为主尊的只有第275窟，其余为胁侍菩萨、交脚菩萨和思维菩萨。胁侍菩萨一般为立像，分布于主尊两侧，交脚菩萨和思维菩萨一般塑于主室南北两壁上层龛内和中心塔柱南、西、北面的龛内。这一时期的菩萨像出现最多的是思维像，这些菩萨和交脚菩萨一样，高居天阙，半跏坐，右足叠于膝上，右手支颐，俯首下视，沉浸在冥思苦想之中。出现在北周时期的弟子迦叶、阿难像，是一对具有鲜明特征的塑像，阿难类似汉族青年贵族弟子，英俊潇洒；迦叶则似“胡人”，高鼻深目，双眉紧锁，反映了一个饱经风霜的智者形象。

十六国北朝时期敦煌石窟的塑像从人物造型、衣冠服饰到艺术风格，都有比较明显的演变。可以以北魏孝文帝的太和改制作为分界线将这一阶段的塑像分为两个时期。改制以前的塑像，佛像穿右袒式或通肩式袈裟，密集的装饰性衣纹，随身衣纹圆转，给人以薄纱透体之感，这就是所谓的“曹衣出水”的手法；菩萨则高髻，戴宝冠，发披两肩，上身半裸或斜挎天衣，腰束羊肠裙；塑像体态健硕，神情端庄，色彩明快，艺术风格

①张景峰《敦煌莫高窟的影窟及影像——由新发现的第476窟谈起》，《敦煌学辑刊》2006年第3期；《敦煌石窟的中心佛坛窟》，《敦煌研究》2009年第5期；《敦煌莫高窟第85窟与塑绘结合的金刚经变》，《敦煌学辑刊》2007年第4期；《莫高窟祥瑞白狼塑像考察》，《敦煌研究》2013年第5期。

趋向简朴厚重。孝文帝改制后，形成了所谓的“秀骨清像”的艺术风格，佛像内穿交领襦，胸前束带做小结，外套对襟式袈裟；菩萨像中仍有上身半裸、腰围长裙的形象，但是大冠高履、褒衣博带的形象也已经出现。

隋代敦煌石窟彩塑继承并发展了北周时期出现的成铺造像形式，以佛为主尊，两侧侍立二弟子、二菩萨或四菩萨，形成一铺三身、五身或七身的造像组合。佛多为说法像和禅定像，北朝时期那种瘦骨嶙峋、骨瘦如柴的苦修佛像在隋代消失。隋代敦煌石窟彩塑塑造的主要题材为佛、菩萨、弟子、天王、力士、地鬼以及浮塑的龙形龛柱等，现依据塑像的类型对这一时期的塑像艺术分类介绍于下。

一、佛像

敦煌石窟艺术中表现最多的是“佛陀”。“佛陀”也叫“佛”，意思为“觉者”“知者”“觉”。敦煌石窟早期洞窟多为交脚弥勒佛，释迦说法、降魔、苦修、禅定，释迦、多宝二佛并坐和卢舍那佛，三佛，过去七佛以及无量寿佛等佛的形象。隋唐以后又增加了三世佛、三身佛、阿弥陀佛（无量寿佛）、药师佛、倚坐弥勒佛、释迦涅槃等形象。在敦煌石窟的彩塑、壁画中，佛的形象每一窟都有，并居于主要位置，所表现的佛有释迦牟尼佛、卢舍那佛、弥勒佛、阿弥陀（无量寿佛）、药师佛、释迦佛、多宝佛、白衣佛、三世佛、三身佛、七佛、千佛等。以形式来划分，敦煌石窟的佛像可分为立像、结跏趺坐像、半跏趺坐像、交脚坐像、并坐像、倚坐像、涅槃像等几类形式。而十六国至隋代的佛塑像除了没有涅槃像外，其他类型的塑像均有表现。

交脚佛像

交脚佛像多出现在敦煌石窟北凉至北朝时期的洞窟中，一般认为是

弥勒佛像，第268、254等窟存有此类塑像。①

图3-1 莫高窟第268窟西壁交脚佛像

第268窟交脚佛像　北凉塑造，高0.79米，位于西壁龛内。塑像头顶经过重修，交脚坐，头顶有肉髻，发髻为波浪形，面相方圆，广额，高鼻，大眼，薄嘴唇，双耳长垂，肩部宽平圆润，细腰，挺胸收腹，手部残，双膝外张，双脚脚尖着地，内着土红色僧祇支，外披土红色偏右袒式袈裟，衣纹用阴刻线表现，造像形式古拙。龛内两侧画供养菩萨（图3-1）。

第254窟交脚佛像　北魏塑造，高1.9米，位于洞窟北壁上层龛内。塑像头顶有高圆肉髻，波状发髻，面相长圆，金身，面部涂金，残，双耳长垂，内着斑点状花纹僧祇支，外着偏右袒式袈裟，薄衣透体，衣纹为贴方泥条加阴刻线式，半结跏趺坐，交脚，是北朝时期交脚弥勒佛的代表作品（图3-2）。

图3-2 莫高窟第254窟中心塔柱东向面交脚佛像

二佛并坐像

二佛并坐像是释迦、多宝

①贺世哲《敦煌图像研究——十六国北朝卷》，兰州：甘肃教育出版社，2006年。

二佛并坐像的简称，内容依据《妙法莲华经·见宝塔品》。敦煌石窟中二佛并坐像的壁画内容较多，塑像多塑造于主室的正龛内，代表作品有北魏第259窟和唐代第27窟，其中第259窟的二佛并坐像是西壁的主尊。

第259窟二佛并坐像　北魏塑造，位于西壁正龛的圆券形龛内。左侧一身高1.41米，高圆肉髻，波浪形发髻，面相方圆，双眼细长，鼻梁扁平，薄唇大嘴，身穿红色偏右袒式袈裟，内着僧祇支，衣纹线为贴泥条式，游戏坐于佛座上，左小臂以下残，右手上举，手部残；右侧一身高1.43米，头顶为高圆肉髻，波浪形发髻，面相方圆，双耳长垂，眉毛细长，双眼细长，鼻梁扁平，嘴巴较小，内穿僧祇支，外着红色偏右袒式袈裟，衣纹为贴泥条式，游戏坐于佛床上，右臂残，左手置于左膝上。这两尊佛像充分表现了法华会上多宝塔涌现、释迦佛开启塔门、多宝佛于塔内分半座请释迦佛入塔的情景，是北朝时期典型的造像形式。龛外南北两侧各塑菩萨一身(图3–3)。

图3–3　莫高窟第259窟西壁龛内释迦、多宝二佛并坐像

结跏趺坐佛像

敦煌石窟中结跏趺坐像主要是释迦佛，有禅定像、苦修像和说法像三种类型。禅定像和苦修像一般在北朝至隋代的洞窟中多有出现，结跏趺坐的说法像在北朝时期出现较少，而唐代以后的释迦佛塑像均是结跏趺坐像。

禅定佛像

一般指彩塑中修禅入定的坐佛形象。敦煌石窟北朝中心塔柱窟中，多以此像来表现释迦牟尼思维、出家、修行、成道等修行成佛的几个主要经历。此像特征为身穿通肩式或双领下垂式袈裟，结跏趺坐，双手施禅定印，低头做凝神思索状。莫高窟现存禅定塑像共计五十七身，分别位于北魏第259、254、257、251、263、260窟，西魏第437、435、431、248、247、288、246、355窟（宋建第355窟，窟内西魏塑像系由别处移入），北周第432窟，隋代第427、292窟等洞窟。现对这些禅定像详细情况列表于下：

时代	窟号	数量	具体位置	现状
北魏	259	2	北壁下层龛东起第一龛一身，北壁下层龛东起第三龛一身。	东一身保存较好
北魏	254	8	中心塔柱南向面下层龛内一身，西向面上、下层龛内各一身，北向面下层圆券形龛内一身，南壁后部下面四个圆券形龛东起第二、第四龛内各一身，北壁后部下面四个圆券形龛东起第二、第四龛内各一身。	中心塔柱北向面下层一身保存较好
北魏	257	3	中心塔柱西向面上、下层龛内各一身，北向面下层龛内一身。	
北魏	251	4	中心塔柱南向面下层龛内一身，西向面上、下层龛内各一身，北向面下层龛内一身。	

续表

时代	窟号	数量	具体位置	现状
北魏	263	3	南壁前部人字披下圆券形龛内一身,西壁中间圆券形龛内一身,北壁人字披下圆券形龛内一身。	北壁人字披下一身为代表
北魏	260	2	中心塔柱西向面下层龛内一身,北向面下层龛内佛座一身。	
西魏	437	3	中心塔柱西向面上、下层圆券形龛内各一身,北向面下层圆券形龛内一身。	
西魏	435	3	中心塔柱南向面下层龛内一身,西向面上层圆券形龛内一身,北向面下层圆券形龛内一身。	中心塔柱北向面下层一身保存较好
西魏	431	6	中心塔柱南向面上、下层圆券形龛内各一身,西向面上、下层圆券形龛内各一身,北向面上、下层圆券形龛内各一身。	
西魏	248	2	中心塔柱南向面龛内一身,北向面龛内一身。	北向面一身保存较好
西魏	288	4	中心塔柱南向面上层圆券形龛内一身,西向面下层圆券形龛内一身, 北向面上、下层圆券形龛内各一身。	
西魏	246	4	中心塔柱南向面上层圆券形龛、下层盝顶浅龛内各一身, 北向面上层圆券形龛、下层盝顶浅龛内各一身。	
西魏	355	1	西壁盝帐形龛内一身	别处移来,精品
西魏	247	1	西壁圆券形龛内一身。	
北周	432	5	中心塔柱南向面上、下层圆券形龛内各一身,西向面上层龛内一身,北向面上、下层圆券形龛内各一身。	
隋	427	3	中心塔柱南、西、北三向面圆券形龛内各一身。	三身均为佳品
隋	292	3	中心塔柱南、西、北三向面圆券形龛内各一身。	

图 3–4　莫高窟第 259 窟北壁禅定佛像

第 259 窟禅定佛像　北魏塑造，位于该窟北壁下层龛东起第一龛内，坐像高 0.92 米。塑像坐于圆券形小龛内，结跏趺坐于方形佛座上，双手施禅定印，身着土红色袈裟，通肩裹体，身躯端直雄健，造型厚重，颈稍前屈，俯首下视，嘴角微翘，庄重宁静的神情中露出含蓄的微笑。衣纹阴刻线流畅灵活，疏密适度，随身紧裹，给人以薄纱透体之感，即所谓的“曹衣出水”的手法。此像结构严整，手法洗练，像绿、白、赭等色组成的火焰纹佛光，与佛像既和谐统一，又使其更为突出，外在结构的稳定与环境的和谐下，衬托出内在心理的平和与清净。塑像面部表情刻画细致，高耸的长眉，微挑的眼角，稍翕又张的鼻翼，上翘的嘴角形成动人的小窝等，表露佛的内心澄心静虑，纯净怡情，可惜眼睛和左腿已略有破损。这身塑像是敦煌石窟禅定像的代表，也是彩塑艺术中的精品（图 3–4）。

第 254 窟禅定佛像　北魏塑造，位于中心塔柱北向面下层龛内。此像结跏趺坐于扁圆形佛床上，双手结禅定印，头顶肉髻为圆形，双眼略残，嘴角微翘，面带微笑，身躯稍前倾，身穿土红色通肩式袈裟，袈裟随身紧裹，一角贴墙壁，身上衣纹阴刻线疏密有致。由于整个洞窟遭到烟熏，因此此身塑像通体被熏黑，略失原塑艺术魅力（图 3–5）。

图 3-5　莫高窟第 254 窟中心塔柱北向面禅定佛像

图 3-6　莫高窟第 263 窟北壁人字披下龛内禅定佛像

第 263 窟禅定佛像　北魏塑造，位于北壁人字披下圆券形龛内，像高0.9 米。塑像头顶有圆肉髻，头部略微下垂，俯视众生，面部圆润，双眉细长，双眼睁开，鼻梁挺直，嘴角微翘，面带微笑，身穿通肩式袈裟，结跏趺坐，双手结禅定印。整个塑像颜色鲜艳，表现出了佛禅定后愉悦的心情，可惜双腿残损，甚是遗憾(图 3-6)。

第 437 窟禅定佛像　西魏塑造，位于中心塔柱西向面下层龛内。佛像身穿通肩式袈裟，头部微垂，手结禅定印，塑像局部经过后代轻微重妆(图3-7)。

图 3-7　莫高窟第 437 窟塔柱西壁下层龛内禅定佛像

第 248 窟禅定佛像　西魏塑造，位于中心塔柱北向面龛内。这身禅定佛极具特点，佛头顶有扁圆肉髻，头部仰起，面部圆润，可惜被烟熏黑，失去昔日光泽，身穿双领下垂式袈裟，内着僧祇支，双手相叠握住袈裟一角，佛衣形成自然的褶皱。整个塑像

表现出了佛禅定时的淡定，是敦煌石窟西魏禅定佛像的代表作品（图3–8）。

第 355 窟禅定佛像　西魏塑造,位于西壁盝帐形龛内。此像从别处移来,塑像形体高大壮实,头顶有高圆肉髻,头部略微下垂,面部特征明显,面带微笑,可惜眼部略残,内着络腋,外着交领通肩式袈裟,颜色经过后代重妆,手结禅定印,表情沉静,整体造像风格已经属于"瘦骨清像"型。这身塑像是敦煌石窟西魏彩塑的精品(图 3–9)。

图 3–8　莫高窟第 248 窟中心塔柱北向面禅定佛像

图 3–9　莫高窟第 355 窟龛内禅定佛像

第 427 窟中心塔柱南向面佛像　此造像自然流畅，头顶肉髻扁平，额部平阔,面相圆润,眉毛弯曲,双眼俯视下方,鼻梁挺直,嘴巴适中,面带微笑,内着络腋、交领僧祇支,外着广袖半偏右袒式袈裟,袈裟衣带结成蝴蝶结,下方衣襟遮蔽腿脚,紧贴佛床形成褶皱,结跏趺坐于方形佛座上,双手结禅定印,神态自然安详,愉悦之情洋溢于脸上(图 3–10)。

第 427 窟中心塔柱西向面佛像　此造像形体健壮，人体比例适度，

头顶有扁平肉髻，面相圆润，眉毛细长弯曲，双目下视，慈眉善目，和蔼可亲，鼻翼挺直，嘴角自然下陷，形成微笑，肩部平阔，腰部、胯部开始塑出轮廓。塑像内着络腋，斜领，外着双领下垂式田相百衲衣，结跏趺坐于莲花座上，双手结禅定印，袈裟下摆紧裹腿脚，紧贴佛床周围，形成褶皱。整个塑像既塑造出了佛亲和众生的一面，又表达了进入禅定之后的愉快神情（图 3–11）。

图 3–10　莫高窟第 427 窟中心塔柱南向面佛像

图 3–11　莫高窟第 427 窟中心塔柱西向面佛像

第 427 窟中心塔柱北向面佛像　此身佛像具有丰满健壮的体魄，面相方圆，头顶有扁平肉髻，五官明朗，长眉弯曲，眼睛下视，鼻翼坚挺，面带微笑，下巴平整而富态，双肩宽阔，双手结禅定印，手背有贴金痕迹，内着僧祇支，披双领下垂式袈裟，袈裟一角披于右肩上，形成半偏右袒式，袈裟下摆紧裹腿脚，使得双脚塑造简约，同时袈裟衣摆贴于佛座上，形成自然的褶皱（图 3–12）。此像表现出了佛慈悲为怀的品格。

苦修佛像

图 3-12　莫高窟第 427 窟中心塔柱北向面佛像

苦修像是释迦牟尼为寻找解脱人生痛苦的真谛，离家隐居于泥连禅河边丛林苦行修禅，日食一麻一米，经过六年，形体面貌已经是“身肉为消尽，唯其皮骨存”的形象。此类造像的位置、环境、衣服、动态、神情等都有定式。苦修像与出家像、成道像、说法像组成四像，代表释迦牟尼一生修行成佛的四个重要经历，一般都安排在洞窟中心塔柱四面龛内的南向面或西向面，龛形为双树圆券形龛或圆券形龛。佛一般穿双领下垂式袈裟，结跏趺坐，两手相叠腹前，作禅定印，低头沉思，面貌清瘦，胸部肋骨突起，形容枯槁羸弱。现存彩塑共有七身，其中北魏第 257、260 窟两身，西魏、北周第 248、437、435、288、432 窟五身。

时代	窟号	数量	具体位置	现状
北魏	257	1	中心塔柱南向面下层双树龛内	残
北魏	260	1	中心塔柱南向面下层双树龛内	一般
西魏	248	1	中心塔柱西向面圆券形龛内	完好
西魏	437	1	中心塔柱南向面下层双树圆券形浅龛内	一般
西魏	435	1	中心塔柱西向面下层圆券形龛内	残
西魏	288	1	中心塔柱南向面下层圆券形龛内	残
北周	432	1	中心塔柱南向面下层圆券形龛内	一般

图 3-13 莫高窟第 248 窟中心塔柱西向面苦修佛像

第 248 窟苦修佛像 西魏塑造，位于中心塔柱西向面圆券形龛内，高 0.93 米。塑像头顶为高圆肉髻，波浪形发髻，面相方圆，眉骨高挑，眉毛细长，眼窝深陷，鼻梁高直，小嘴薄唇，由于苦修而肉皮松弛，衰老枯瘦，但五官仍端正，眉宇清秀；穿双领下垂式袈裟，袈裟衣摆搭在臂上，衣纹为阴刻线，结跏趺坐，双手相叠于腹前，作禅定印，低头沉思，胸部肋骨突起，形容枯槁羸弱。塑造出了佛思想深沉、坚毅果敢的性格（图 3-13）。这身塑像是敦煌石窟释迦苦修像的代表作品。

说法佛像

说法像是运用塑绘结合的方式来描绘佛说法场景的形式。十六国北朝时期的佛说法像有释迦佛和弥勒佛说法，此期主尊的佛说法像依据造型可分为交脚、倚坐（善跏趺坐）和结跏趺坐三种类型。交脚佛像一般被判定为弥勒佛，结跏趺坐佛像一般被认为是释迦佛，而倚坐佛像争议较大，有学者认为是弥勒像，也有学者认为是释迦像。鉴于敦煌石窟北朝时期中心塔柱窟塔柱龛内南、西、北三面多塑有释迦的苦修、禅定等像，而东壁一般都塑有倚坐像，因此，我们将十六国北朝时期的倚坐佛像暂时归入释迦佛的范围内加以命名。这里只叙述结跏趺坐的佛说法像。

北朝时期的结跏趺坐佛说法像较少，以第 248、428 等窟为代表。

第 248 窟佛说法像 西魏塑造，位于中心塔柱东向面。圆券形龛内塑佛像一身，结跏趺坐，头顶有高圆肉髻，面相方圆，双眼俯视下方，鼻翼较大，嘴小唇薄，着红色通肩式袈裟，衣纹线用阴刻线表现，线条细腻流

图 3–14　莫高窟第 248 窟中心塔柱东向面龛内结跏趺坐佛说法像

畅，整体造型扁平单薄。龛外两侧各塑一身菩萨立像（图 3–14）。

第 428 窟佛说法像　北周塑造，位于中心塔柱东向面龛内。中心塔柱四面均塑一佛二弟子二菩萨一铺五身，主尊均为释迦说法像，结跏趺坐于方形佛座上，头顶有扁圆肉髻，面相方圆，面部经过后代重修，外穿双领下垂式袈裟，内着僧祇支，双手结印，手残，造像虽然高大，但整体扁平，比例不协调，腰部以上较长，双腿较短，既突出了北周雕塑的整体特征，又体现了造像自身的特点（图3–15）。

图 3–15　莫高窟第 428 窟中心塔柱内佛像

结跏趺坐佛像是隋代佛像造像的主要形式。这种佛像主要体现在三类洞窟中：第一类是西壁开一龛的洞窟；第二类是三龛窟中西壁龛内的主尊造像，表现为三世佛；第三类是中心塔柱窟各面龛内塑造的佛像。又表现为两种形式：一种是西壁开龛的主尊结跏趺坐佛；另一种是三世佛或三佛的主尊形式。

敦煌莫高窟隋代洞窟中塑有结跏趺坐佛像的洞窟有：第56、59、206、243、244、253、262、276、278、309、311、314、378、379、380、282、292、302、303、305、383、389、392、396、397、398、399、401、402、403、404、407、408、411、414、434、436、412、418、417、419、420、421、425、427、433等窟，其中三世佛中结跏趺坐像有282、302、303、305、383、392、401、420窟，另外中心塔柱南、西、北三面龛内的主尊均是结跏趺坐佛的洞窟有第427、292、302、303等窟。这一时期的结跏趺坐像，早期的塑像人体比例不协调，被塑造成头大、上肢长、下肢短、身体宽厚的形态，到了中后期，塑像身材比例开始适中。保存较好的塑像有以下几窟。

第412窟佛像　塑像位于西壁龛内，形体特征属于宽肩形，头大，面相丰满，五官较为集中，头顶为尖圆形肉髻，双眼微闭，眉毛高挑，脸颊丰满，鼻梁挺直，嘴唇较厚，下巴扁圆。为了塑造成俯视众生的姿态，脖颈被塑造的较短，身穿圆领通肩式袈裟，袈裟上阴刻线明显，内着网格状僧祇支，结跏趺坐于高大的宝座上，右手施无畏印，左手抚膝，衣摆紧贴于佛座上（图3-16）。

图3-16　莫高窟第412窟西壁龛内趺坐佛像

第 419 窟佛像　塑像位于西壁龛内,此身塑像已经完全摆脱了隋代早期塑像体态粗短的特征。造像比例协调,头顶是扁平肉髻,面部丰满圆润,额头饱满,五官整齐,双眉弯曲,双眼略睁,鼻梁挺拔,嘴巴小巧,嘴唇轻薄,面相平和,神态自然,抿嘴微笑,塑造出了佛慈悲为怀、普度众生的神态。佛像身穿圆领式田相袈裟,内着僧祇支,袈裟一角搭于左肩,右手施无畏印,左手与愿印,左手手指略残,结跏趺坐于佛座上,右脚脚心向上,压在左脚上,脚下及周围袈裟衣摆形成自然的褶皱,褶皱繁多,衣纹仍作阶梯式(图 3–17)。此身佛像堪称隋代结跏趺坐佛像的经典,且保存完好,塑像整体形态丰满圆实,塑像手法概括、洗练并略带夸张。

图 3–17　莫高窟第 419 窟西壁龛内趺坐佛像

第 420 窟佛像　塑像位于西壁龛内,第 420 窟不仅与第 419 窟相邻,而且西壁龛内的佛像造像方式也基本与之相同。此佛像头顶为高尖肉髻,面部特征与第 419 窟相同,面部丰满,五官齐整,弯眉,双眼睁开,鼻梁挺直,嘴巴较小,面相平和,神情自然,身穿双领下垂式田相袈裟,内着交领僧祇支,袈裟衣带结成蝴蝶结,结跏趺坐于佛座之

图3-18 莫高窟第420窟西壁龛内趺坐佛像

上，右手仰掌说法，施无畏印，左手轻置于左膝，身后的头光及背光中都有化佛数身。无论是造像方式、保存情况还是塑像袈裟下摆的衣纹褶皱都与第419窟的主尊坐佛像不相伯仲（图3-18）。

第417窟佛像　洞窟位于第419窟以北，塑像位于西壁龛内。西壁龛内外塑像一铺七身。主尊为结跏趺坐像，塑像头顶有肉髻，面相圆润，一双大耳，耳轮较薄，额头平阔，中间白毫被涂成一个红色的圆点，双眉弯曲，双目呈柳叶形，给人一种半闭半睁之感，面颊丰满光洁，鼻梁笔直，鼻头较小，小嘴薄唇，微撇，形成自然的微笑，双肩平阔，腰肢微束，身穿双领下垂式袈裟，内着交领僧祇支，袈裟衣带结成蝴蝶结，结跏趺坐于方形佛座之上，双手结印，可惜手残，无法判定法印。此像的僧祇支及衣带不像其他塑像那样采用贴塑的方法，而是直接在塑像胸部绘画而成，手法比较独特，造像也因此有一种扁平、简约的感觉(图3-19)。

图3-19 莫高窟第417窟西壁龛内趺坐佛像

第418窟佛像　此窟位于第

419 窟北侧并与之相邻，塑像位于西壁龛内。主室西壁龛内塑像一铺五身，主尊佛头上肉髻扁平，面相方圆，五官塑造合理，双眼细小，鼻梁笔直，嘴巴较小，下巴圆润，外罩双领下垂式田相百衲衣，内着交领僧祇支，僧祇支的纹饰为菱格状，双脚趺坐，右脚脚心向上，叠压在左脚上，袈裟下摆形成褶皱，衣纹作阶梯形，结跏趺坐于须弥座上，右手施无畏印，左手住地印，可惜，右手手指残毁（图 3–20）。

图3–20 莫高窟第 418 窟西壁龛内趺坐佛像

第 425 窟佛像 此窟位于第 420 窟南侧，塑像位于西壁龛内。洞窟西壁龛内外塑像一铺七身。龛内中央塑结跏趺坐佛一身，头顶有扁平肉髻，面相方圆，两叶弯眉，双眼下视，且目光有神，鼻梁挺直，嘴巴小，穿圆领通肩田相袈裟，内着僧祇支，右手施无畏印，左手与愿印。袈裟衣摆紧裹佛座，褶皱繁复，双脚自然叠压，右脚脚心向上，塑造出佛庄严肃穆之态（图 3–21）。

图3–21 莫高窟第 425 窟西壁龛内趺坐佛像

第 244 窟佛像 塑像位于西壁。此窟西壁塑一铺五身，主尊为结跏趺坐像，南北两壁均塑一铺三身，南壁塑立佛造像，北壁主尊塑弥勒菩萨一铺三身，均立像，因此我们可

图 3-22 莫高窟第 244 窟西壁趺坐佛像

以判定第 244 窟西壁主尊为释迦佛。西壁居中的释迦佛，结跏趺坐于须弥座上，背后塑出背光，绘火焰化佛图案，背光中有化佛数身，外围火焰纹遍布；两侧迦叶居左，阿难居右，两菩萨胁侍。此身佛像造像比例较第 412 窟佛像更协调，头顶为尖圆形螺旋纹肉髻，面部丰满圆润，五官比例匀称，宽额，双眼微睁，鼻梁挺直，嘴巴较小，嘴唇比例适中，塑像轮廓线周身圆转，双肩宽厚，身穿双领下垂式袈裟，内着僧祇支，双脚塑造简约，隐于佛座之上(图 3-22)。塑像整体虽然仍给人以高大之感，但是早期那种体态粗短的造像方式在此处已经无法找到。此像造像精美，技艺精湛，只可惜双手残缺，使此像美中不足。

倚坐佛像

倚坐佛像，又称善跏趺坐像。敦煌北凉至隋代的倚坐佛像多为释迦像，到了唐代，倚坐像非常流行，主尊倚坐像一般均为弥勒像。

莫高窟北凉第 272 窟，北魏第 257、251、260 窟，西魏第 437、435、431、249、288、285 窟，北周第 432、438、439、290、294、296、297 等窟，均为倚坐像。

第 272 窟倚坐佛像　北凉塑造，位于洞窟西壁龛内，高 1.39 米。塑像头顶为原作，高肉髻，佛发为阴刻线波浪纹，面方圆，颈部细短，挺胸收腹，肩部宽腰窄，屈双臂，小臂以下残，双腿分开，佛像内穿僧祇支，外穿

土红色偏右袒式袈裟，右臂从领口伸出。佛像身光装饰为火焰纹、忍冬纹，还绘有千佛和飞天，两侧绘侍立菩萨(图 3–23)。

图 3–23　莫高窟第 272 窟西壁龛内倚坐佛像

第 257 窟倚坐佛像　北魏塑像，位于中心塔柱东向面下层龛内，高 1.87 米。塑像头顶有高肉髻，面相浑圆，面部残损，双臂微屈，双腿分开，内着土红色僧祇支，外穿红色偏右袒式袈裟，衣纹用贴泥条加阴刻线加以表现，背后绘有身光和项光，用火焰纹、飞天及化生装饰(图 3–24)。

图 3–24　莫高窟第 257 窟中心塔柱东向面下层龛内倚坐佛像

图 3–25 莫高窟第 251 窟中心塔柱东向面龛内倚坐佛像

第 251 窟倚坐佛像 北魏塑像，佛像位于中心塔柱东向面龛内，高 1.97 米。塑像坐于高大的圆券形龛内，内穿红色僧祇支，外穿红色偏右袒式袈裟，双手置于膝上，衣纹用贴泥条加阴刻线加以表现，背后有头光和背光。此像头部经过清代重塑，手部也经过后代重修，甚为可惜(图 3–25)。

第 260 窟倚坐佛像 北魏塑像，位于洞窟中心塔柱东向面圆券形龛内，高 1.64 米。塑像头部略低，头顶有高圆肉髻，内着僧祇支，外穿红色偏右袒式袈裟，袈裟上致密的衣纹已经不是单纯的阴刻线，而是有层次感的阶梯式。这身塑像面部和双手虽已残毁，但仍不失莫高窟北魏倚坐佛像的造像特征(图 3–26)。

图 3–26 莫高窟第 260 窟中心塔柱东向面龛内倚坐佛像

第 431 窟倚坐佛像 西魏塑造，位于中心塔柱东向面圆券形

图 3-27　莫高窟第 431 窟中心塔柱东向面龛内倚坐佛像

龛内，经后代重修。佛像头顶为高圆肉髻，内穿红色镶边僧祇支，外穿红色偏右袒式袈裟，倚坐于方形佛座上，双臂残（图 3-27）。

第 432 窟倚坐佛像　北周塑造，位于中心塔柱东向面龛内。佛像头部为高肉髻，面相丰满，面部经过重修，大耳垂肩，脖颈细短，内着僧祇支，外穿红色双领下垂式袈裟，袈裟衣摆搭左臂，双手结印，经过后代重修，衣摆层次重叠，整体感觉厚重敦实（图 3-28）。

图 3-28　莫高窟第 432 窟中心塔柱东向面龛内倚坐佛像

图 3-29 莫高窟第 438 窟西壁龛内倚坐佛像

第 438 窟倚坐佛像 北周塑造，位于西壁龛内。塑像头顶为高圆肉髻，面部丰圆，经后代重装，内穿打结的僧祇支，外穿红色双领下垂式袈裟，袈裟衣纹线层次重叠，给人一种厚重之感（图 3-29）。

第 290 窟倚坐佛像 北周塑造，位于中心塔柱东向面龛内。佛像头部高圆肉髻，波浪纹，面部丰满，双眼下垂，面带微笑，双耳垂肩，脖子细短，穿双领下垂式袈裟，内着宽边僧祇支，袈裟衣摆搭左臂，手部均残，衣摆层次重叠，整体感觉头大腿短，褒衣博带，衣服厚重，两侧分别塑一弟子一菩萨，组成一铺五身的造像形式（图 3-30）。

第 297 窟倚坐佛像 北周塑造，位于西壁龛内。佛像头顶为扁圆肉髻，面相方圆，面部经后代重妆，内穿僧祇支，外穿交领田相袈裟，双手结印，手部经后代重修。此像袈裟厚重，

图 3-30 莫高窟第 290 窟中心塔柱东向面龛内倚坐佛像

衣摆重叠，整体感觉头大腿短，与第 290 窟的塑像方式相同（图 3-31）。

图 3-31　莫高窟第 297 窟西壁龛内倚坐佛像

隋代的倚坐佛造像形式继承于北周，早期的倚坐佛像多与北周时期造像方式接近，到了中期和后期，塑像比例开始匀称。隋代的倚坐佛像分布于第 250、266、304、310、315、393、405、406、410、416、422、423 窟西壁龛内和第 305 窟南壁、北壁龛内，其中保存较好且比较完整的倚坐佛像有第 250、304、410、416、422、423 等窟。

图 3-32　莫高窟第 250 窟西壁龛内倚坐佛像

第 250 窟倚坐佛像　位于洞窟主室西壁圆券形龛内。塑像头顶的肉髻为扁圆形，头部方圆，面部丰满、圆润，额部低且额头宽，五官比较集中，眼睛鼓出，鼻梁挺直，嘴巴较小，嘴唇较薄。塑像轮廓线周身圆转，体态粗短浑圆，身穿双领下垂式袈裟，内着僧祇支，袈裟一角搭在左臂上，衣纹线比较繁复，衣服下摆褶皱较多。佛倚坐于方形佛座上，右手结印，左手轻抚膝部（图 3-32）。这尊塑像与北周后期第

图 3-33 莫高窟第 304 窟西壁龛内倚坐佛像

301 窟西壁龛内倚坐塑像有很多相似之处。由此可见，隋代早期佛像，特别是倚坐佛像，在形体塑造方面很大程度地继承了北周时期莫高窟的造像特征。

第 304 窟倚坐佛像　位于洞窟西壁的圆券形龛内。塑像身体比例还是属于肩宽腿短的特征，身着三重袈裟，袈裟为双领下垂式，衣领有稍微的交叉，衣摆重叠并紧贴于佛座两侧，衣角搭在左臂上，衣纹呈浅阶梯式，倚坐于方形佛座上，双手结印，右手施无畏印，左手住地印，腿部较短，双脚踩踏于莲花台上（图 3-33）。这身塑像头部经过清代重修，已经失去原作形态，非常可惜。

第 410 窟倚坐佛像　位于洞窟西壁圆券形龛内。塑像头部、肩部以及胸部造像比例适中，头顶肉髻为扁圆形，额头低平，面部饱满圆润，双眼细长，给人一种由于微笑而使眼睛微闭之感，鼻梁挺直，嘴唇厚实，面带微笑，双肩平阔，腿部变长；身穿双领下垂式袈裟，衣领稍微有交叉，内着僧衹支，袈裟一角搭在左臂上，衣摆下部褶皱较少，衣纹线流畅，倚坐于方形佛座之上，双手作手印，可惜手部已经残毁，双脚踩在莲花之上（图 3-34）。这身塑像已经基本摆脱了北周造像那种衣纹线繁复的现象，但是还没有从北周体态厚重的造像特征中走出来。此像经清代重修。

第 416 窟倚坐佛像　位于洞窟西壁圆券形龛内。塑像形体比例合理，头顶肉髻变高，头部变小，面部由丰满变的稍微尖削，眼睛细小，双眼目光下视，俯视台下的芸芸众生，鼻梁挺直且鼻翼变尖，面部舒展，不像

第 250 窟所塑佛像那样五官集中，肩部平滑，身穿双领下垂式袈裟，内着僧祇支，袈裟一头从右肩露出，另一头搭在左臂上，倚坐于方形佛座之上，双臂张开，双手结印，手指残毁，双膝浑圆，给人以结实有力之感。塑像下部衣纹线简单、衣服褶皱简约，但是整体还没有摆脱北朝造像衣纹线厚重的形式（图 3-35）。

图 3-34　莫高窟第 410 窟西壁龛内倚坐佛像

图 3-35　莫高窟第 416 窟西壁龛内倚坐佛像

第 422 窟倚坐佛像　位于此窟西壁龛内。塑像比例合适，头顶有高肉髻，额头疏朗、宽阔，双眼突出，目光下视，低头俯视芸芸众生，鼻梁挺直，鼻头较大，嘴巴紧闭，嘴唇较薄，脸颊圆润光滑，给人一种亲近之感；身穿双领下垂袈裟，衣领下方略有交叉，下摆紧贴佛座，衣纹线简单明了，内着交叉式僧祇支，倚坐于方形佛座上，双手结印，双脚踩踏于莲花台上，可惜塑像右臂残毁（图 3-36）。

第 423 窟倚坐佛像　位于洞窟西壁龛内中央。佛像背后绘制火焰纹头光与背光，塑像人体比例塑造适中，头顶为扁平肉髻，面形圆中有方，五官棱角较为明显，比例合适，额头宽阔平滑，双眼半睁，鼻梁挺直，鼻翼

匀称，面部圆润，面带微笑，嘴角有两撇胡须，由于微笑而有轻微抖动之感，下巴平滑而不尖削，身躯宽厚而丰满，肩部宽阔，已经注意到人体的曲线。佛像衣饰较为讲究，身着双领下垂式袈裟，袈裟一角搭在左臂上，内着僧祇支，衣纹线简单，下摆贴在佛座前，双手结印，右手施无畏印，左手住地印，手指有稍许残损。塑像胯部较宽，倚坐于方形佛座上，坐姿端正，表现出了佛像的庄严肃穆（图 3-37）。此尊佛像是隋代倚坐佛像保存最好者，同时也是隋代彩塑的精品之作。

图 3-36　莫高窟第 422 窟西壁龛内倚坐佛像

图 3-37　莫高窟第 423 窟西壁龛内倚坐佛像

立佛像

立佛像泛指立姿佛像。莫高窟隋代石窟中现存立佛塑像较多，有第427、292、282、429、280、392、244、430 窟，初唐第 332 窟，吐蕃占领敦煌时期的第 158 窟也出现了立佛像。立佛像多以三佛形式出现，只有第280

窟的立佛像是特例，以单身佛像的形式表现。第 429、430 窟的立佛像为后代移入。第 282、392、244 窟的三佛像中，出现了立像、坐像共存的现象，题材为过去、现在、未来三世佛，其中立佛当是过去佛迦叶。第 427、292 窟的三佛像均做立姿说法状，其题材应是三世佛（三身佛）。其中第 427窟的立像是隋代立像的代表作品，在洞窟中心塔柱前面，人字披顶下方的南、西、北三方均置有一佛三身的大型立像。

图 3–38　莫高窟第 427 窟中心塔柱东向面立佛

第 427 窟中心塔柱东向面立佛　此铺造像为一佛二菩萨造型，位于人字披下。此窟是中心塔柱窟，由于中心塔柱东向面没有开龛，因此这一铺立像既可作为前面三世佛的一组造像，也可作为中心塔柱东向面的塑像来看待。主尊立佛像，正对窟门，使观者一进入洞窟就能看到佛高大伟岸的身形。塑像头顶肉髻扁平，面相略方而结实，眉毛呈半圆形，双眼俯视，鼻翼挺直，嘴小唇薄，着红色宽袖通肩式袈裟，双手结印，手指残。塑像头大体壮，腿稍短，衣饰华美，袈裟上衣纹线采用阴刻线手法，表现出了衣纹的简单，但不失流畅，立于圆形莲台之上，莲台周围莲瓣包裹，左右二菩萨侍立，佛像袈裟和菩萨衣饰上可见贴金的痕迹（图 3–38）。

第 427 窟南壁立佛　此铺塑像也是一铺三身，位于南壁人字披顶下，均为立像。主尊佛像头大微俯，五官比较集中，额宽颐满，双眼下视，鼻梁挺直，嘴小唇薄，两撇胡须弯曲，颈粗体壮，双肩平阔，着红色通肩大

袖袈裟(图 3-39)。菩萨造像基本与东向面相同。

第 427 窟北壁立佛　此铺一佛二菩萨塑像保存最好。主尊佛像头光保存完整,绘塑结合形成火焰纹。塑像体态壮硕,形体厚重敦实,头顶肉髻扁平,面形呈上大下小的梯形,圆中见方,额较宽,鼻梁不高,脸颊红润,肌肤细腻,五官棱角分明,着通肩式袈裟,衣袖宽大,袈裟衣纹线简单,双手结印,右手施无畏印,左手作与愿印,双脚踩踏于圆形莲台之上,佛像衣纹线趋于写实,有了疏密有致的变化,褶皱概括简练(图 3-40)。二胁侍菩萨也保存较好。

图 3-39　莫高窟第 427 窟南壁立佛

图 3-40　莫高窟第 427 窟北壁立佛

第 282 窟立佛　此窟也存有三世佛造像。西壁龛内佛为结跏趺坐,造像形式为一佛二弟子二菩萨,南北两壁均塑一佛二菩萨立像,现各存一佛一菩萨。其中南壁立佛像,身材高大壮硕,头顶肉髻扁平,面相方圆,面形呈上大下小的梯形,双眼略残,鼻梁扁平,嘴巴较小,下巴扁平,肩部比较窄,穿通肩田相袈裟,衣袖做成大袖衫样式,左手施无畏印,手指残,

右手残，立于圆形莲花台上。其侧存一菩萨，侍立（图 3-41）。

第 429 窟立佛　此像可能是从别处移入第 429 窟中，现存于主室西壁。从造像特征来判断，也应该属于隋代塑造。这身立佛像身材粗壮，面形呈梯形，棱角分明，双眼略残，鼻梁扁平，双肩平阔，身着通肩大袖袈裟，袈裟下摆厚重，表现为双层，有简单的褶皱，双手残毁（图 3-42）。

图 3-41　莫高窟第 282 窟南壁立佛

图 3-42　莫高窟第 429 窟立佛

第 244 窟南壁立佛　此立像也属于三世佛造像。西壁塑一铺五身，主尊佛像结跏趺坐；南北两壁各塑一铺三身，南壁塑立佛造像，北壁主尊塑弥勒菩萨一铺三身，均立像。第 244 窟南壁的这身立佛像是隋代南壁立像迦叶佛中保存较好者，也是保存有三世佛塑像较好的洞窟。此尊立像体现了典型的隋代后期造像的特征，佛像身材协调匀称且修长，头顶浮塑头光，头光内画化佛一圈，面部造型饱满圆润，丰腴适中，两眼略残，鼻梁高直，嘴唇较薄，双肩开始变窄，身穿双领下垂田相袈裟，内着僧祇支，右手残，左手握拳，腰部及胯部变细，袈裟紧贴腿部，已经体现出了腿

图 3-43　莫高窟第 244 窟南壁立佛

部的轮廓。塑像衣纹处理手法开始趋于成熟，多采用较圆润的线条，褶皱衣纹疏密有致，有虚有实，表现出了衣服的质感和褶纹的动态（图 3-43）。

敦煌石窟佛像的造像方式在北朝时期最为丰富，从造像形态上来看，有倚坐像、交脚坐像、结跏趺坐像，也有半结跏趺坐像。从造像类型上看，一般表现了说法、苦修、禅定、降魔成道等佛的四相，结合洞窟四壁绘制的佛传、本生、因缘等故事画，体现出了佛在成道时的种种经历。到了隋代，中心塔柱减少，因此塑造释迦四相的洞窟也相对减少，而作为四相之一的说法像增多，不仅塑造了释迦像，而且也塑造了过去佛和未来佛。造像形态有倚坐像、结跏趺坐像和立像三种。从以上三种隋代佛像的造像特征可以得出以下结论：造像方式从早期的头大、腿短的造型向晚期比例适中、匀称的风格转变，但仍不失健硕的特征。

隋代的倚坐佛像，早期继续沿着北周时期的造像风格，在第 250、304、410 窟中的主尊塑像中均有体现，表现出了头大、身长、五官集中、腿短、比例失调、身体粗壮、衣饰厚重繁复的特征；而到了中后期，衣饰厚重的现象明显消失，体态开始苗条，重点突出了面部特征的刻画和腿部轮廓的塑造，第 423、422、416 等窟倚坐佛像均是代表。隋代的结跏趺坐佛像在造像风格上也是经历了由头大、腿短的特征向面相饱满、体态匀称、衣饰塑造简单的形式转变。到了后期，在塑造上还着重加强了对塑像细节如僧祇支纹饰的刻画与绘制，而整体造像还是浑圆粗壮型，与唐代

结跏趺坐佛比例适中、着重表现佛的庄严肃穆和塑像的富丽堂皇形成了鲜明的对比。立佛像整体变化不大，只是后期塑像比前期略苗条，衣纹线由早期的阴刻线手法向以绘画繁复的表现手法转变。在面部处理方面由五官集中向舒展的造型方式上转变。立佛像到了唐代塑造较少，只有第332、158 等窟，造像特征继承了隋代的体态健硕、高大威猛，但造像手法比隋代更加细腻、娴熟。

总体而言，隋代的佛像在注重塑像高大厚实的同时，更注重塑造手法的提高，也为唐代佛像塑造技法高潮的到来奠定了基础。

二、菩萨像

“菩萨”是梵语“菩提萨埵”的简称，华译为觉有情，就是觉悟有情的意思，也就是上求佛道和下化众生的大圣人。菩萨是指修持大乘六度、求无上菩提、利益众生、于未来成佛的修行者。敦煌石窟彩塑中有大量的菩萨形象，多侍立或半结跏趺坐于主尊佛的两侧，多身着印度或西域装。既有大菩萨如观世音、大势至、文殊、普贤等，也有许多无名的小菩萨。由于敦煌石窟中菩萨塑像很多无确切的题名，因此我们经常以其所处的位置、动态以及与佛的关系称作“胁侍菩萨”“交脚菩萨”“供养菩萨”和“思维菩萨”等等。敦煌石窟隋代菩萨塑像多以立像为主，并且均侍立于佛左右两侧，也有少量的思维菩萨和交脚菩萨。另外，这一时期还出现了以弥勒菩萨为主尊的塑像。

敦煌石窟中的菩萨塑像按姿态分为交脚菩萨、思维菩萨、立像菩萨、坐像菩萨以及跪像菩萨几种类型。而十六国北朝时期的菩萨塑像类型相对较少，只有交脚菩萨、思维菩萨、立像菩萨三种类型。

交脚菩萨

交脚菩萨是敦煌石窟北凉至北朝时期彩塑题材的重要内容。现存实物有北凉第275窟，北魏第259、254、251、257、260窟，西魏第437、435、288、246窟，北周第290窟，共11窟二十四身。这种题材内容有学者认为是释迦牟尼佛的前身，一般认为是弥勒菩萨。交脚菩萨像的特征是头戴宝冠，上身袒裸，颈饰项圈，胸挂璎珞，肩挂长巾，腰围长裙，跣足，做交脚端坐状，仅手姿各异。其中第275窟西壁交脚像为主像，第275、259窟的交脚菩萨位于南北两壁的上层龛内。而第254、251、257、260、437、435、288、246等窟的交脚菩萨像则分布于中心塔柱南北向面的上层龛内，第290窟在中心塔柱西向面的龛内。时代较早的第275、259、254、251、257、260、437、435窟在阙形龛内，而时代较晚的第288、246、290窟则在圆券形龛内。

第275窟交脚菩萨像　北凉塑造，位于西壁，是第275窟的主尊塑像。塑像通高3.37米，身高3.13米。菩萨像面形浑圆，额际较宽，眉宇间有白毫，双眉修长，眉头与鼻梁相连，双眼微鼓，鼻梁高直，鼻孔较小，双唇闭合，嘴角深陷且向上微翘，双耳宽大、长垂，颈部较粗，头戴三珠化佛宝冠，头顶束发，头后的垂发披于双肩上，上身略向前倾，裸露，挺胸，胸前浮塑项圈，肩披长巾，下身着羊肠大裙，裙腰翻出垂至腹下，裙上饰方泥条间刻阴线的衣褶，右手残，左手作与愿印置于膝上，交脚坐于双狮座上（图3-44）。此像造型稳定，比例

图3-44　莫高窟第275窟交脚菩萨像

图 3-45 莫高窟第 275 窟北壁上层龛内交脚菩萨像

匀称，色彩明快单纯，手法简朴。其造型风格以及坐具、服饰受到西域佛教艺术的影响。塑像保存基本完好。

第 275 窟交脚菩萨像 北凉塑造，位于洞窟北壁上层西起第一龛内，高 0.81 米。塑像面形浑圆，双眉弯曲，眉梢上挑，眼细长，微启，下视，鼻梁高直，嘴角微微上翘，头戴三珠宝冠，垂发经耳后披至肩上，袒露上身，披巾披于双肩上，披巾边缘及末端尖角作波浪状褶皱，下身着绿色黑边长裙，左手置于左膝上方，仰掌，右手抬起，至右肩前，双腿屈腿外张，交脚坐于方形座上，背后有三角靠背（图 3-45）。塑像保存基本完好，眼部曾经后代重修。

第 275 窟交脚菩萨像 北凉塑造，位于洞窟南壁西起第一龛内，高 0.72 米。塑像面相浑圆，眉梢上挑，双眼微启，下视，鼻梁高直，嘴角微露笑容，上身袒露，颈系项饰，披帛披覆于双肩，下身着红色绿边长裙，裙腰外翻垂于腹前，坐于方形座上，身后有倒三角靠背（图 3-46）。此像保存较好。

第 259 窟交脚菩萨像 位于洞窟北壁上层西起第一、第二龛内，北魏塑造。塑像面相长圆，眉宇开朗，面容舒展，鼻子、嘴巴小巧，眉清目秀，头戴宝冠，赤裸上身，长巾绕臂而下，交脚坐于方形座上，第一身低头俯视下方，双手掌心相握，置于胸前，第二身双臂残毁（图 3-47）。

图 3-46　莫高窟第 275 窟南壁龛内交脚菩萨像

图 3-47　莫高窟第 259 窟北壁交脚菩萨像

第 254 窟交脚菩萨像　北魏塑造，位于洞窟南壁上层龛内，高 1.05 米。塑像面相长圆，眉宇开朗，面容和悦，鼻子嘴巴都很小巧，头戴宝冠，赤裸上身，胸前画双蛇装饰，长巾绕臂而下，头巾、裙摆、巾尾上有装饰性的密褶。整体造型雄健有力，比例匀称，手法简练，贴墙塑造的头部具有

离墙欲出的立体感。塑像局部熏黑，右手残损(图 3–48)。

第 260 窟交脚菩萨像　北魏塑造，位于洞窟中心塔柱北向面上层龛内，高 0.83 米。塑像面相长圆，眉宇开朗，细眉弯曲，面容沉静，头戴宝冠，赤裸上身，双手抬起置于胸前，长巾绕臂而下，裙裤紧贴双腿，形成衣褶，交脚坐于方座上，相貌沉静典雅，给人一种睿智缄默、含蓄的内在美感(图 3–49)。

图 3–48　莫高窟第 254 窟南壁上层龛内交脚菩萨像

图 3–49　莫高窟第 260 窟中心塔柱北向面交脚菩萨像

第 437 窟交脚菩萨像　西魏塑造，位于洞窟中心塔柱北向面上层阙形龛内，高 0.47 米。此像脸型清瘦，头戴宝冠，披巾交叉于胸前，双手相叠于胸前，交脚坐于方座上，衣纹作阶梯式，面部经过烟熏而变黑，整体造型简单，龛形绘塑也是相当简单明快(图 3–50)。

第 435 窟交脚菩萨像　西魏塑造，塑像位于洞窟中心塔柱南向面上层阙形龛内。塑像面相方圆，眉宇开朗，面容和悦，鼻子嘴巴都很小巧，略残，头戴宝冠，赤裸上身，长巾绕臂而下，穿绿色紧身裙，褶皱明显，交脚

坐于方形座上，整体造型简单明快，比例匀称，手法简练，可惜双手均残（图 3-51）。

图 3-50　莫高窟第 437 窟中心柱北向面上层龛内交脚菩萨像

图 3-51　莫高窟第 435 窟中心塔柱南向面交脚菩萨像

第 290 窟交脚菩萨像　北周塑造，位于洞窟中心塔柱西向面龛内，像高 1.47 米。塑像面相浑圆，双眉弯曲，低头俯视下方，头戴宝冠，天衣交叉，交脚坐于方座上，双手、双臂均残（图 3-52）。

图 3-52　莫高窟第 290 窟中心塔柱西向面交脚菩萨像

思维菩萨

思维菩萨是敦煌石窟彩塑菩萨的重要题材，主要出现在北凉至北朝时期的洞窟中，隋代也有少量塑像出现。北

凉第 275 窟，北魏第 259、257，西魏第 437 等窟塑造数量较多，一般绘制于中心塔柱或洞窟壁面的上层龛内。隋代思维菩萨的塑像只出现于莫高窟第 417 窟中，现存的两身思维菩萨位于洞窟西壁龛外南北两侧。这两身塑像造型都比较精美，其中北侧一身保存完好，是敦煌石窟中思维菩萨的代表作品。

第 275 窟思维菩萨像　北凉塑造，位于洞窟南北两壁上层的双树龛内，内容相同，相互对称。此为北壁塑像，高 0.77 米。塑像塑于双菩提树龛内，以浮塑忍冬纹为龛楣，头部微微前倾，面部浑圆，眉棱弯曲，鼻直口小，嘴角微微上翘，头顶束发髻，袒露上身，颈系项饰，披巾披覆于双肩，下着长裙，裙腰翻出垂于体前，半跏趺坐于圆形束腰座上（图 3–53）。此像面部及龛内经宋代重绘。

第 259 窟思维菩萨像　北魏塑造，位于第 259 窟北壁上层西起第三龛内，像高 0.76 米。塑像头部微倾，俯视下方，面相圆润，鼻直口小，袒露上身，颈系项饰，披巾披覆于肩上，下系长裙，半跏趺坐于方形座上（图 3–54）。此像面部及腿部略残损。

图 3–53　莫高窟第 275 窟思维菩萨像

图 3–54　莫高窟第 259 窟北壁思维菩萨像

第 257 窟思维菩萨像　北魏塑造，位于第 257 窟中心塔柱南向面上层龛内，像高 0.92 米。菩萨面相圆润，姿态优雅安逸，头微微前倾，俯首下视，双眉细长，鼻直嘴小，嘴唇紧闭，左手握拳置于右腿下部，右肘着膝，仅以一指支颐，做思维状，半跏趺坐于束腰座上（图 3–55）。塑像表现手法简朴，神情生动，表现出了一位沉浸于遐想中的少女形象。

第 437 窟思维菩萨像　西魏塑造，位于洞窟中心塔柱南向面上层阙形龛内，像高 0.47 米。此像束发高髻，头戴宝冠，身穿敞胸的通肩式袈裟外衣，游戏坐，左手抚足，右手残缺，塑像经烟熏，又经后代重妆（图 3–56）。

图 3–55　莫高窟第 257 窟中心塔柱南向面龛内思维菩萨像

图 3–56　莫高窟第 437 窟中心塔柱南向面龛内思维菩萨像

第 417 窟思维菩萨像　隋代塑造，塑像悬空坐于第 417 窟西壁与北壁的拐角处。塑像体态苗条，头戴宝冠，大耳垂肩，耳轮较厚，面相圆润，眉毛细长，眼睛明亮清澈，睫毛细长，轻轻闪动，富有动感，鼻梁挺直，鼻

翼有少许破损，嘴巴微张，红唇轻薄，面色红润，肌肤细腻光滑，富有弹性，侧头前视，面带笑意，胸部袒露，上身穿无领短袖披巾，戴臂钏，无项饰、璎珞，坐于束腰莲花座上，右腿置于左膝上，右臂上举，右手托腮，做思考状，可惜手指残，左手轻轻搭在右腿上。此像表现了菩萨在听佛说法之后，凝神微笑、略有所思之态（图 3–57）。

图 3–57 莫高窟第 417 窟龛外思维菩萨像

立像菩萨

敦煌石窟中立像菩萨主要有两种类型：一类是主尊弥勒菩萨像；另一类是胁侍于佛两侧的菩萨立像，称之为“胁侍菩萨”。敦煌石窟十六国北朝时期的立像菩萨均为胁侍菩萨。

弥勒菩萨

弥勒菩萨是敦煌石窟彩塑特有的题材。十六国北朝时期，弥勒菩萨就以主尊的形式出现。隋代由于三世佛造像兴起，出现了许多三世佛造像，而有的洞窟将未来佛弥勒佛以菩萨装表现，因此也就出现了以弥勒菩萨为主尊的菩萨像，此类塑像以第 244 窟北壁的主尊弥勒立像为代表。

第 244 窟弥勒菩萨像　此像是洞窟北壁主尊塑像。此像造型伟岸，头顶有浮塑彩绘头光，头光圆圈内绘数身千佛围绕，塑像头戴宝冠，面相方圆，五官比较集中，细眉小眼，鼻直口小，面颊肌肤圆润细腻，表情严肃，颈挂项饰、璎珞，肩披天衣，长巾绕肩下垂，内着斜肩贴身抹胸，腰系紧身长裙。塑像神情安逸，衣服褶皱贴体而流畅，服饰图案细致繁丽，表

现了弥勒菩萨的威严(图 3–58)。

胁侍菩萨

敦煌石窟中立像胁侍菩萨塑像最早出现于北朝时期第 259 窟中。自此以后,北朝时期的洞窟均有塑造,一般塑造于中心塔柱四面龛内外的两侧以及西壁龛内外的两侧。隋代石窟中这种胁侍菩萨继续出现,而且数量有所增加。

第 259 窟胁侍菩萨像　北魏塑造,位于西壁龛外南侧,像高 1.29 米。塑像低头,面相丰圆,面部因晕染而变色,头戴宝冠(略残),长发垂肩,上身半裸,颈挂项饰、璎珞,肩披长巾,下身着绿色长裙,立于塔柱龛外。塑像表情庄重文静,色彩明快,风格简朴,但造型较为厚重,可惜手足已残(图 3–59)。

图 3–58　莫高窟第 244 窟弥勒菩萨像

图 3–59　莫高窟第 259 窟西壁龛外胁侍菩萨像

图 3-60 莫高窟第 248 窟中心塔柱南向面龛外西侧胁侍菩萨像

第 248 窟胁侍菩萨像 西魏塑造，位于中心塔柱南向面龛外西侧，像高 1.05 米。塑像头部略微前倾，面相清瘦，眉清目秀，神情恬淡，姿态端庄，白色的颜面在深色头冠以及头光的映衬下，更加洁白如玉，身体扁平，紧贴墙壁，倚墙而立，一手置胸前，一手自然下垂，胸前斜挂络腋和披巾，用贴制手法紧贴身体，下着红色长裙，阴刻线表现流畅，头部和头光采用模制手法加以表现。整个塑像的塑造已经呈现“秀骨清像”的风格（图 3-60）。

第 432 窟胁侍菩萨像 北周塑造，贴壁立于中心塔柱东向面龛外南侧，高 1.24 米。塑像姿态略有倾斜，面相略方且丰满，五官集中，秀目小口，面带微笑，身材比例匀称，表现少女纯洁稚气的欢悦神情；头戴宝冠，青绿叠染的披巾系结交于腹前，红色长裙，裙腰外翻，裙摆重叠，巾裙用层层错落的阶梯纹表现，略倾的头部和身体和微翻的裙腰形成一种动感。洁白的肌肤，青绿色的长巾，深色火焰纹头光和淳厚的土红色背景的衬映，更使其容貌端丽明快（图 3-61）。此像保存完好，是敦煌石窟北周菩萨塑像的代表作品。

图 3-61 莫高窟第 432 窟中心塔柱东向面龛外南侧胁侍菩萨像

第 438 窟胁侍菩萨像 北周塑造，贴壁立于洞窟西壁龛外南侧，像高1.53 米。

塑像头朝主尊佛像处微侧，低首含嫣，面白唇红，面貌清秀，一手下垂，一手抚胸，赤裸上身，肩披绿巾，下着红裙。塑像造型娟秀雅致，神情和悦恬静，嘴唇微启，刻画出了一位腼腆含羞、天真无邪的少女形象（图3–62）。此像保存完好，是敦煌石窟北周菩萨塑像的代表作品。

图 3–62　莫高窟第 438 窟西壁龛外南侧胁侍菩萨像

第 290 窟胁侍菩萨像　北周塑造，立于洞窟中心塔柱南向面西侧，像高 1.22 米。菩萨头戴宝冠，耳饰长带，面貌洁白，双眼眯缝，小鼻耸起，嘴角上翘含笑，肩披质地厚重的红色大巾，一手贴于胸前，犹如一个纯洁无瑕、天真无邪的少女，在石青色火焰纹项光和红色披巾衬托下，更显得颜面柔嫩可爱（图 3–63）。此像保存完好，是敦煌石窟北周菩萨塑像的代表作品。

图 3–63　莫高窟第 290 窟中心塔柱南向面西侧胁侍菩萨像

第 304 窟胁侍菩萨像　隋代塑造，位于西壁龛外北侧。此像紧贴壁面塑造，体态粗壮，面相方圆，五官造型比较合理，头戴三珠宝冠，额宽颐满，双眼下视，鼻梁扁平，鼻翼较大，嘴巴适中，嘴唇紧闭，面颊肌肤细腻圆润，下巴丰满，为了表现下巴多肉而刻意塑成重层，颈部圆润细腻，系项饰，上身裸露，双肩低平，披巾，右手上举轻抚胸，左手下垂持净瓶，腰系长裙，裙腰外翻，裙子有内外双层，外层裙短小，内层裙下摆形成自然的褶皱，衣纹线紧贴墙体。这身造像

还是继承了北周塑像头大、身长、腿短的造像风格，菩萨的表情较为呆板，没有隋代后期菩萨表情丰富，主要表现出了胁侍菩萨在听法时的庄严肃穆（图 3–64）。

第 416 窟胁侍菩萨像　隋代塑造，位于西壁龛内南侧。此像保存完好，头戴宝冠，面相圆润，削肩细腰，亭亭玉立，身姿微倾，眉清目秀，双眼微闭下视，鼻梁挺直，鼻翼细小，红唇小嘴，薄唇小巧，面颊红润细腻，肌肤凝脂洁白，脖颈白皙细腻，上身披无袖披肩，下身着长裙，右手上举，持拂尘，左手提物（已毁），可能是净瓶，身材比例匀称，造型洗练，作风朴实，衣饰简单贴体，没有衣纹线，塑像敷彩也比较单纯、简约，表现了一位温婉而矜持的少女形象（图 3–65）。这身菩萨像是隋代小型彩塑风格中最具代表的作品。

图 3–64　莫高窟第 304 窟龛外北侧胁侍菩萨像

图 3–65　莫高窟第 416 窟龛内南侧胁侍菩萨像

第 412 窟胁侍菩萨像　隋代塑造，位于洞窟北壁前部。这身菩萨像形体高大，头部稍侧，头颅方圆，俯首下视，额头平直，眉毛细长弯曲，双眼细长，鼻梁挺直，鼻翼挺拔，嘴巴小巧，微撇，口目和悦，神情含蓄，面带些许微笑，下巴尖削，仪容端庄，两肩丰满，体魄健硕，肌肤丰润，造型结实有力，立姿舒展，颈系项饰，上身穿无领披肩，披巾绕身，下身系长裙，衣服下摆衣纹褶皱繁复，衣薄贴体，色彩多已斑驳，但尚可见原来绚丽的纹饰，右臂自然下垂，左臂半举，仰掌托莲，既体现出少女的纯洁无瑕，又体现菩萨的慈祥悲悯(图 3-66)。

第 419 窟胁侍菩萨像　隋代塑造，位于西壁龛内南侧。此像头戴宝冠，造型结实厚重，面相丰颐，双眉高挑，眼睛微睁，双眼明亮清澈，长长的睫毛，眼波闪动，鼻子平直，鼻翼细小，双颊丰满，肌肤圆润光泽，嘴巴适中，给人以似笑非笑之感，肩宽腰细，天衣披肩，颈系项饰，下身穿双层裙，左手抚胸，右手提净瓶，戴臂钏和手镯，表现出了一个少女的娴静与腼腆(图3-67)。此处塑像为了表现菩萨不是女性，又特意在嘴唇上加了两撇胡须，这就有了稍许的滑稽之感。

图 3-66　莫高窟第 412 窟北壁胁侍菩萨像

图 3-67　莫高窟第 419 窟西壁龛内南侧胁侍菩萨像

第 420 窟胁侍菩萨像　隋代塑造，位于主室西

图 3-68 莫高窟第 420 窟西壁内层龛外南侧胁侍菩萨像

壁内层龛外南侧。这身菩萨像头大，肩宽，腰细，头戴三珠宝冠，面相方圆，额广颐秀，轮廓清晰，眉棱显露，双眼微闭，眼波流动，鼻梁挺直，嘴巴适中，面颊白皙丰满，下巴富态圆润，上身微微前倾，下身内收，披巾绕肩下垂，横腹两道，沿体侧贴壁蜿蜒飘垂而下，右手贴胸持杨柳枝，左手下垂提净瓶，戴项圈、臂钏和手镯，腰系锦裙，裙衣贴体，衣纹写实，上饰波斯风格的环形联珠狩猎纹图案，项圈、臂钏、手镯均作金装，既体现了隋代彩塑新的风格，又表现了菩萨专注聆听佛法、略有所思的神态（图 3-68）。此身菩萨像保存完好，是敦煌石窟隋代彩塑的代表作品。

第 420 窟胁侍菩萨像　隋代塑造，位于主室南壁龛内东侧。第 420 窟是一个三龛窟，除西壁开龛之外，南北两壁也均开龛，造像为一佛二菩萨，这身塑像就是南壁东侧的菩萨像。此像造型结实，形体端庄，头戴宝冠，面部造型轮廓分明，眉棱、鼻棱、颐棱转折清晰，眉毛高挑，双眼下视，睫毛闪动，面色白皙圆润，肌肤细腻光滑，富有弹性，鼻子扁平，嘴巴较大，咧嘴微笑，脖颈细腻洁白，与头部连接自然，符合女性形体特征，颈系项圈，紧贴颈部，肩披长巾，缠绕周身，立于莲台之上，造像肩宽腰细，左手持莲花苞，右手提净瓶，下身着双层裙，衣饰塑造手法简练，表现了菩萨慈悲为怀、普度众生之态（图3-69）。

图 3–69　莫高窟第 420 窟南壁龛内东侧胁侍菩萨像

第 422 窟胁侍菩萨像　隋代塑造，位于主室西壁龛内北侧。此像造像手法、色彩搭配等与第 416 窟的菩萨像基本相同。头戴宝冠，面相圆润，削肩细腰，眉清目秀，双眼微闭下视，鼻梁挺直，鼻尖细小，小嘴厚唇，面颊红润，肌肤细腻光洁，颈部细长白皙，戴项饰、臂钏和手镯，上身披无袖披肩，缠绕周身，双手合十，下身着长裙，一副安静闲逸、镇定自若之态（图 3–70）。

第 423 窟胁侍菩萨像　隋代塑造，位于西壁龛内南侧。此像头戴宝冠，面相方圆，体态端庄，额宽颐满，双眼明亮清澈，眼波闪动，富有动感，鼻梁挺直，小嘴红唇，下巴饱满富态，面颊圆润，肌肤沁润透亮，脖颈白皙适中，戴宽沿项圈，肩部秀气，双肩披巾，长巾从前身绕过，左手上举持莲花，右臂下垂，手部残毁，腰系长裙，裙腰外翻，裙摆紧贴双腿。整个造像显得干练洒脱，给人一种既凝神专注听法，又眼望芸芸众生的生动神态（图 3–71）。

图 3–70　莫高窟第 422 窟龛内北侧胁侍菩萨像

图 3–71　莫高窟第 423 窟西壁龛内南侧胁侍菩萨像

第 425 窟胁侍菩萨像　隋代塑造，位于西壁龛内南侧。此像头戴宝冠，面型略显长方，面相圆润，体态端庄，眉高眼明，鼻直嘴小，双颊圆润，肌肤红润，下巴饱满，窄肩窄胯，服装坦露部分略少，上身披肩，披巾周身缠绕，右手上举持莲花，左手下垂，轻握披巾，下着长裙，裙腰外翻，裙带长垂，裙摆两下角微向外撇，裙饰华丽，多是联珠纹，下身裙摆给人一种厚重保守之感。这身彩塑在制作上的表现已初见初唐彩塑之端倪（图 3-72）。

第 427 窟胁侍菩萨像　隋代塑造，位于中心塔柱东向面北侧。此像身材高大，体态丰满，面相方圆，头戴宝冠，高眉杏眼，双目下视，鼻梁挺直，嘴巴小巧，面颊圆润丰满，下巴丰腴，内着菱格纹僧祇支，披巾，右手抚胸，持莲花，左臂下垂，下身着裙，裙腰外翻，裙摆上装饰纹样繁复，立于莲台之上（图3-73）。

图 3-72　莫高窟第 425 窟西壁龛内南侧胁侍菩萨像

图 3-73　莫高窟第 427 窟中心塔柱东向面北侧胁侍菩萨像

第 427 窟胁侍菩萨像　隋代塑造，位于主室南壁西侧。此像造型与东向面菩萨相同，头戴三珠宝冠，面型略方，面相圆润，高眉杏眼，鼻梁高直，嘴巴小巧，双颊红晕，肌肤细腻，富有质感，双肩披巾，内着菱格纹僧祇支，左手下垂，右手抚胸，下身着双层裙，立于莲台之上。菩萨腰肢变细，做微扭状，更增加了几分妩媚之态（图 3-74）。

第 433 窟胁侍菩萨像　隋代塑造，位于主室西壁龛内南侧。此像头大身小，面相略方，头戴宝冠，额丰颐满，双眼残损，面颊下因晕染变色而成为黑色，脸色白皙，肌肉柔嫩光滑富有质感，脖颈细长，窄肩，上身裸露，天衣披肩，右手下垂持净瓶，左手上举持莲花苞，下身着双层裙，裙腰外翻。此像还残存有头大身小的遗风，但是塑像腰肢开始变细，是隋代早期到中期造像类型的过渡（图 3-75）。

图 3-74　莫高窟第 427 窟南壁西侧胁侍菩萨像

图 3-75　莫高窟第 433 窟西壁龛内南侧胁侍菩萨像

第 244 窟胁侍菩萨像　隋代塑造，位于主室北壁弥勒菩萨的东侧。此像是第 244 窟胁侍菩萨中保存最好者，头戴宝冠，面相浑圆饱满，眉毛弯曲，双眼细长，鼻梁稍平，嘴巴紧闭，下巴富态圆润，戴有项饰与璎珞，内着单肩僧祇支，外披双肩天衣，披巾绕身，右臂上举，左臂下垂，可惜双手均残，下身着条纹状花格长裙，裙腰外翻，裙子装饰华丽。整个塑像体态匀称，腰肢变细，已经能够体现出女性动人的身姿，造像色彩柔和淡雅，服饰华丽，堪称隋代晚期菩萨彩塑中的代表作品（图 3–76）。

图 3–76　莫高窟第 244 窟北壁东侧胁侍菩萨像

敦煌石窟隋代的菩萨塑像，除了有个别主尊和思维菩萨外，均是侍立于佛两侧的立像。北朝时期胁侍菩萨的塑造特征千篇一律，模式化现象比较严重，隋代的菩萨塑像开始向多样化的方向发展。隋代早期的菩萨像还具有头大、腿短、体态粗壮的造像特征，不太注重塑像本身形体的塑造，而多用厚重的衣饰、华丽的彩绘来装饰菩萨，突出菩萨的雍容华贵。菩萨身上或贴以金箔，或彩绘厚重艳丽的图案纹样，或施彩并贴金，表示衣着锦绣。到了中后期，菩萨身材开始变得窈窕修长、协调匀称，双肩和胯部开始变窄，腿部轮廓线开始明显，面部造型圆润饱满、富有光泽。菩萨像进一步女性化，

面目清秀,动态轻盈,肌肤洁白细腻、润滑而有光泽。造型上有的一手提净瓶,一手拈花或持柳枝,有的微曲一膝,重心放在另一条腿上,形成自然斜倚的姿态,表现出了女性的秀美与婀娜。衣饰趋于复杂,头戴火焰三珠宝冠,上身穿一件双肩或单肩系带的僧祇支,下身穿两层长裙,裙摆覆于脚面,腰带长垂,一般均戴有项圈、臂钏和手镯,项圈宽大,有厚重感,胸前至两腿垂挂长瓔珞,项饰和璎珞都浮塑出珠光宝气之感。衣纹处理手法更加成熟,不仅表现了衣服的质感和褶皱的动态,还能透过衣服看出人体肌肉的起伏,既写实逼真,又有装饰效果。

三、弟子像

弟子是指释迦牟尼所收的门徒。据传有五百人，其中最有名者为十人，号称“十大弟子”，他们是：舍利弗智慧第一、目犍连神通第一、须菩提解空第一、阿难陀多闻第一、优波离持戒第一、阿那律天眼第一、大迦叶头陀第一、富楼那说法第一、迦旃延论议第一、罗睺罗密行第一。十大弟子在敦煌石窟的壁画、彩塑中经常出现，特别是阿难和迦叶，从北周时期开始多见塑于释迦牟尼佛的两侧，几乎成为后来敦煌石窟彩塑组合的定式。到了唐代，在洞窟主室西壁龛内，一般塑阿难和迦叶弟子像，其他弟子像则是在龛内画出，用塑绘结合的形式表现佛的十大弟子。北朝时期的弟子塑像在北周出现，敦煌隋代石窟中的弟子像一般也是两身，均位于佛的左右两侧。有的洞窟两身弟子塑像年龄差别不大，有的则被刻意塑造成一老一少，阿难像被塑造成年轻的小沙弥形象，而迦叶则被塑造成年老比丘的形象。第 412 窟非常特殊，将佛的十大弟子均以彩塑的形式塑出，堪称洞窟塑造弟子像的代表。可惜此窟的弟子像大多经过后代重修，失去了原作塑像的意义。下面依据彩塑的特征对弟子像进行介绍。

迦叶像

迦叶全称“摩诃迦叶”,居释迦牟尼佛十大弟子之首。相传释迦涅槃后,他是第一位被付法藏的弟子,也是佛弟子第一次集结、辑录口传佛经为文字经藏的召集人。敦煌石窟中现存最早的迦叶塑像始于北周,为一个侍立于佛左侧的老者形象,具有西域梵僧特点,代表性的作品如第439窟的迦叶像。到了隋代,迦叶或为清瘦、枯槁、老态龙钟而又乐观、豁达的梵僧形象;或为面丰脸圆、虔诚坚毅的汉僧形象,具有饱经世故、寡欲苦修、豁然通达的内在气质。唐以后则多为低头沉思、略含笑意,虽嶙峋瘦骨,但仍康健神奕的老人形象,体现了阅历丰富、世故圆通、老成持重、哲思深沉的精神内涵。以初唐第220窟,盛唐第45窟,中唐第159窟的迦叶像为代表。

第439窟迦叶像 北周塑造,塑像位于洞窟西壁龛内北侧。此像是敦煌石窟中现存最早的迦叶塑像。塑像采用浮塑和圆塑结合的方式,紧贴墙壁。造像体态修长,瘦骨嶙峋,满面皱纹,额头高耸,双眉相连,双眼圆睁,嘴角塌陷,牙齿脱落,下颌突出,咧嘴微笑,身穿双领下垂式袈裟,身上肋骨暴露,袈裟衣纹采用阴刻线手法,双手紧贴胸部,左手稍上举,手指弯曲,手掌枯干,青筋历历可见。用刻画的划痕来表现肋骨和袈裟的衣纹,体现了造像手法的简单、直接,深刻地塑造出了守戒苦行而又达观可亲的胡僧形象(图3-77)。

图3-77 莫高窟第439窟西壁龛内北侧迦叶像

第304窟迦叶像 塑像位于洞窟西壁龛内北侧。这身塑像继承了北周造

像的头大、肩宽、下肢短的特点。迦叶面朝观众，头略向上仰起，面部表情特征明显，头颅隆起，双眉相连，紧皱眉头，在额头形成两块隆起的疙瘩，眉骨高起，眼窝塌陷，双眼细小，鼻梁扁平，鼻头粗大，嘴巴大张，牙齿脱落，脸皮松弛，颈部青筋暴露，喉结明显，身穿双领下垂式袈裟，一角搭在左臂上，袈裟厚重，衣纹线明显，侍立于一个圆形莲花台之上，将一个老成世故、饱经风霜的老年比丘形象塑造的生动有趣（图 3–78）。

第 418 窟迦叶像　塑像位于西壁龛内北侧。此像头大、颈细、双肩略窄，面部表情丰富，眉骨较高，双眼塌陷，眼球鼓出，鼻梁高直，鼻头大，嘴小，两腮下陷，面带微笑，脸皮松弛，脖颈细长，青筋暴露，喉结明显，右手上举，一手指伸出，左手托钵，身穿偏右袒式田相袈裟，胸膛露出，瘦骨嶙峋，胸前肋骨根根可见，这身塑像既表现出了弟子迦叶的年迈老成，也表现出了他深悟佛法之后的喜悦之情（图 3–79）。

图 3–78　莫高窟第 304 窟西壁龛内北侧迦叶像

图 3–79　莫高窟第 418 窟西壁龛内北侧迦叶像

第 419 窟迦叶像　此像位于洞窟西壁龛内北侧。塑像脸盘方正，额头皱纹如刀刻一般，眼眶塌陷，眼球突出，眼角布满皱纹，鼻梁高挺，鼻翼两侧肌肉松弛，嘴巴张开，嘴唇干瘪，牙齿稀疏，嘴角塌陷，满面皱纹，颈部喉结粗大，青筋暴露，两肩锁骨突出，胸前肋骨可见，身穿偏右袒式袈裟，一手托钵，一手握拳，手臂瘦小枯干，置于瘦骨嶙峋的胸前，表现出了一个饱尝风霜、历经苦修，虽然消瘦衰老但依然坚毅沉着、爽朗达观的老年高僧形象(图 3-80)。此像造型夸张，面部表情逼真自然，动感十足，且保存完整，是敦煌石窟彩塑弟子像中少有的传神之作，也是敦煌石窟彩塑的经典作品。

第 423 窟迦叶像　塑像位于洞窟西壁龛内北侧。这身塑像面部有稍许残毁，口内牙齿脱落，脖颈青筋显露，身穿双领下垂式袈裟，内着僧袛支，双手合十，既体现出了对佛的虔诚，也表现出了弟子仔细聆听佛法的专注神态(图 3-81)。

图 3-80　莫高窟第 419 窟西壁龛内北侧迦叶像

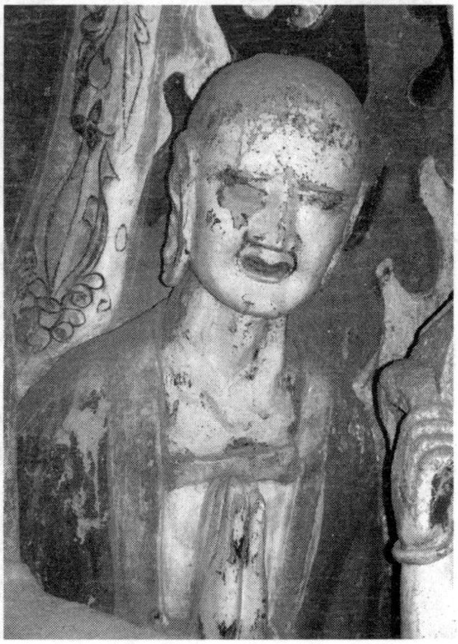
图 3-81　莫高窟第 423 窟西壁龛内北侧迦叶像

第 425 窟迦叶像　塑像位于洞窟西壁龛内北侧。此像为胡僧形象，脸盘棱角分明，眉骨高耸，眼眶下陷，鼻梁挺直，鼻头较尖，颧骨高直，脸部塌陷，下颌尖削，两侧大耳垂肩，颈部喉结粗大，青筋暴露，双肩瘦小，身穿半偏右袒式袈裟，内着僧祇支，表现出了年老弟子在领悟佛法之时老成持重、低头沉思之态，可惜手部残毁（图 3–82）。

第 427 窟迦叶像　塑像位于中心塔柱南向面龛内。这身塑像造型别具风格，颇有个性特点。为了突出棱角分明，迦叶头部被塑成棱形，额头皱纹纵横交错，眉骨高挺，眼眶塌陷，眼睛肿胀，眼袋明显，鼻梁挺直，鼻翼较小，面部肌肉松弛，脖颈细长，喉结突出，青筋暴露，双肩瘦小，身穿半偏右袒式袈裟，双手合十，恭敬站立，右臂露出，骨瘦如柴，表现出了一个年迈体弱、瘦小枯干、饱经风霜，但目光有神、精力充沛、笑容可掬的苦行僧形象（图 3–83）。这身塑像是敦煌石窟中老弟子迦叶像极具代表性的作品，成为敦煌彩塑不朽的经典。

图 3–82　莫高窟第 425 窟西壁龛内北侧迦叶像

图 3–83　莫高窟第 427 窟中心塔柱南向面迦叶像

第 427 窟迦叶像　塑像位于中心塔柱西向面龛内。此龛内胁侍弟子塑像与其他洞窟不同，两身塑像几乎没有年龄的差别，皆为青壮年的形象。这身弟子像头颅硕大，天庭饱满，两叶弯眉，眼帘下垂，鼻梁挺直，嘴唇紧闭，颈部圆滑、光洁，双肩比较宽阔，身穿通肩式袈裟，双手合十，表现出了迦叶听法时严肃认真、不苟言笑的神态（图 3–84）。

第 427 窟迦叶像　塑像位于中心塔柱北向面龛内。此身塑像个性十分鲜明，迦叶头大且圆，面相清癯，额头饱满，双眉弯曲，眼眶下陷，双眼圆睁，眼睛有神采，脸部颧骨高起，脸颊塌陷，嘴巴紧闭，嘴唇较厚，下巴尖削，颈部喉结突出，两侧青筋暴露，双肩瘦削，身穿通肩大袖袈裟，双手合十，脚蹬僧鞋，表情严肃，不苟言笑，既表现出了迦叶聆听佛法时的专注，也表现出了他的老成持重、城府颇深、深悟佛理、心境豁达（图 3–85）。

图 3–84　莫高窟第 427 窟中心塔柱西向面龛内迦叶像

图 3–85　莫高窟第 427 窟中心塔柱北向面龛内迦叶像

第 244 窟迦叶像　塑像位于第 244 窟西壁北侧。此窟迦叶像也是极具特色，塑像满面皱纹，眼袋突出，鼻子塌陷，嘴巴微张，牙齿脱落，面带微笑，身穿双领下垂式田相袈裟，表现出了高僧领悟佛法后的愉悦之情，可惜此像手部残毁（图 3–86）。

图 3–86　莫高窟第 244 窟迦叶像

阿难像

阿难全称“阿难陀”，是释迦牟尼的堂弟，侍佛二十五年，多闻佛法，长于记忆，因此称“多闻第一”。敦煌石窟中现存阿难像始塑于北周，多塑成侍立于佛右侧之少年或青年形象。北周的阿难为青年沙弥形象，到了隋代则多被塑成头大身小、眼圆嘴细，温顺虔敬地聆听佛法的孩童或少年形象，代表作有第 427、419、244 等窟造像。唐以后，阿难像多表现为略含笑意、双手抄腹、腰身微扭、面相清秀、神情或闲适潇洒或聪颖诚笃的青年形象，代表作有第 328、45 等窟造像。相比较而言，隋代的阿难造像没有唐代的阿难形象丰富，形态也不逼真自然，虽然表现出了阿难的年龄，但对塑像动态的表现则明显不足。同时，就隋代两个弟子塑造的情况而言，阿难像也没有老弟子迦叶塑造的形象丰富逼真。但是作为一个时代重要的雕塑题材，隋代的阿难塑像也为我们留下了许多不朽的经典。

第 304 窟阿难像　塑像位于西壁龛内南侧。塑像具有典型的头大、肩宽、腿短、衣服厚重的北周风格。阿难眉毛细长，眼睛细小，鼻梁扁平，嘴巴较大，下巴尖削，身着双领下垂式袈裟，袈裟衣纹线采用阴刻线的方式，下摆简单，右手上举，左手置于腹前，表现了一个活泼好动的小沙弥

形象(图 3–87)。

第 419 窟阿难像　位于西壁龛内南侧。此像头大身小,脑袋圆又亮,面部圆润,皮肤洁白细腻,眉毛修长,眼睛明亮清澈,睫毛细长、似有闪动,鼻梁细小但挺直,鼻翼较小,双唇紧闭,上唇两撇胡须具有动感,下巴圆润,颈部细腻光滑,双肩宽阔,身穿双领下垂式袈裟,内着僧祇支,袈裟衣带打结,双手捧莲花,脚踏麻鞋,就像一个孩童得到了心爱之物小心护持,专心玩味(图 3–88)。此像既表现出了小孩天真烂漫、稚气未退的神态,又表现出了作为佛的弟子正在仔细聆听佛法的逼真形态。

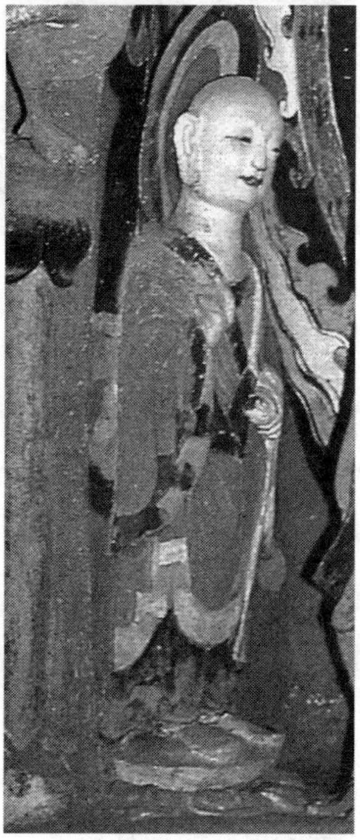

图 3–87　莫高窟第 304 窟西壁龛内南侧阿难像

图 3–88　莫高窟第 419 窟西壁龛内南侧阿难像

第 420 窟阿难像　位于主室西壁龛内南侧。此像圆脸大耳,面相圆润,双目下视,眼睛有神,由于变色而脸色为棕红色,但仍然可以看到面部晕染的痕迹,身穿双领下垂式袈裟,双手上举做拍手状,表现了阿难在

专注聆听佛法，彻底领悟之后愉悦的神情（图 3–89）。

第 423 窟阿难像　位于西壁龛内南侧。此像圆头圆脑，额头饱满，眉毛高挑，双眼下视，鼻子扁平，鼻翼较小，嘴巴小巧，面部虽因变色而黝黑，但仍显示出面颊红润、肌肤细腻白皙之色，下巴扁圆，很具富态，身穿双领下垂式袈裟，内着僧祇支，右手握拳，左手置于胸前站立，手部肌肤细嫩，表现出阿难在领悟佛法之后，加油鼓励、喜形于色的神态（图 3–90）。

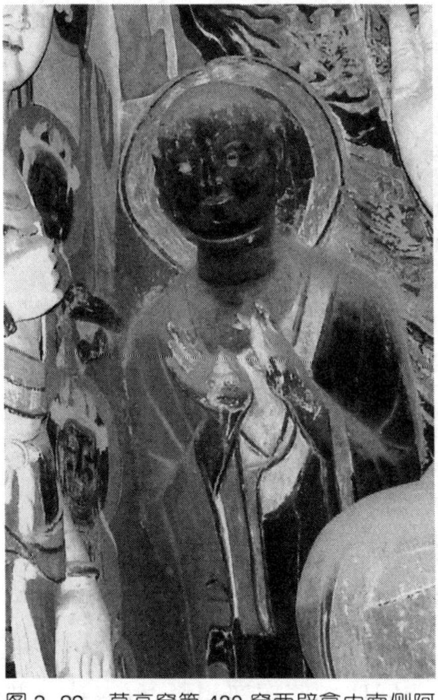

图 3–89　莫高窟第 420 窟西壁龛内南侧阿难像

图 3–90　莫高窟第 423 窟西壁龛内南侧阿难像

第 425 窟阿难像　位于洞窟西壁龛内南侧。此像面相方圆，额宽颐满，双目前视，鼻梁挺直，鼻翼细小，面颊光滑圆润，嘴巴紧闭，下巴扁圆，具有富态，表情严肃，凝神静气，身穿半偏右袒式袈裟，袈裟一角搭左臂，双手合十，表现出了一个凝神沉思、专注听讲的弟子形象（图 3–91）。

第 427 窟阿难像　位于中心塔柱南向面龛内。此像脑颅硕大，头顶尖圆，额头饱满，双眉弯曲相连，眼眶微陷，眼光凝神专注，面颊红润，肌肤细腻有光泽，鼻梁高挺，鼻翼较大，嘴巴适中，嘴唇微撇，两撇小胡须紧贴上唇，稍微弯曲，富有动感，颈部细腻光滑，身着圆领通肩式袈裟，双手合十，做听法状，表现了一个青年弟子在听法之后，略有所思的专注神态（图 3–92）。

图 3–91　莫高窟第 425 窟西壁龛内南侧阿难像

图 3–92　莫高窟第 427 窟中心塔柱南向面阿难像

第 427 窟阿难像　位于中心塔柱西向面。此像面相略方，大耳造型夸张，天庭饱满，双眉弯曲，眼睛细长，眼眸明亮清澈，鼻梁高直，嘴巴小巧，紧闭双唇，朱唇轻薄，面颊圆润丰满，肌肤洁白、细腻、光滑而富有质感，双肩结实，身穿通肩式袈裟，双手合十，神情庄重，略有所思，表现了一个聪慧俊秀的少年弟子在聆听佛说法时的专注与谦恭（图 3–93）。这身弟子像是敦煌石窟彩塑艺术中弟子塑像的代表作品，也是隋代彩塑中

的经典之作。

第 427 窟阿难像　位于中心塔柱北向面浅龛内。此像面相圆润，头颅硕大，额头饱满，眉清目秀，双眉相连，眼睛清澈明亮，鼻梁挺直，嘴巴适中，嘴角微翘做微笑状，双肩较为瘦削，身着通肩式袈裟，双手合十，跣足站于莲台之上，表现出了弟子阿难认真聆听佛法的专注神情（图 3-94）。

图 3-93　莫高窟第 427 窟中心塔柱西向面阿难像

图 3-94　莫高窟第 427 窟中心塔柱北向面阿难像

第 244 窟阿难像　位于洞窟西壁坛上。此像头顶尖圆，额头宽阔，面相圆润，眉毛细长，大眼明亮，可惜眼部及鼻部有少许残毁，但不失原塑风采，双颊红润，肌肤细腻，具有肉感，下巴饱满，脖颈粗短光滑，肩部宽阔而厚重，身穿双领下垂式袈裟，双手已残，表现出了一个稚气未脱、身体健壮结实、面带微笑、童心未泯、喜爱玩耍笑闹的少年形象（图 3-95）。

图 3-95 莫高窟第 244 窟阿难像

十大弟子像

敦煌石窟中大多数洞窟在表现弟子时只在佛左右两侧用塑像的形式表现出了两弟子，一老一少，即迦叶像和阿难像。唐代在塑像之余，在西壁龛内以绘画的形式表现了其他弟子。而隋代第412窟，西壁龛内塑一佛十弟子，南北两壁还塑二菩萨。这十大弟子的彩塑，虽然经后代重修，已失去隋塑原貌，但这种全部以塑像的形式表现十大弟子的造像手法在敦煌石窟中是绝无仅有的，因此有必要对这些塑像进行介绍。第412窟造像组合为一佛十弟子二菩萨，主尊佛为结跏趺坐，西壁龛内南北两侧各塑四弟子，西壁龛外南北两侧各塑一弟子，洞窟南北两壁各塑一菩萨。弟子与菩萨均为立像，佛南侧的阿难像面相方圆，双眼下垂，脸颊丰满圆润，身穿双领下垂式袈裟，右手置于胸口；迦叶像身材瘦小，双耳招风，额头皱纹遍布，双眼圆睁，颧骨高起，面颊塌陷，面部肌肉松弛，颈部青筋暴露，胸前肋骨根根可见，身穿偏右袒式袈裟，左手上举，侍立于圆形莲花台之上。龛内南壁三身弟子像均贴南壁站立，双手合十，身穿双领下垂式袈裟，可惜经后代重修；龛内北壁三身弟子像也紧贴北壁，毕恭毕敬站立，身穿双领下垂式袈裟，此三身塑像造型稍微丰富，最外一身左手握拳置于胸前，右手抚胸，经后代重修，表现了弟子们专心听法之态。西壁龛外南北两侧的二弟子均毕恭毕敬站立(图3-96)。这十身弟子像，表现出了佛说法，众弟子专心听法的情景，完全以塑像形式向我们展现了佛说法时宏大而壮观的场面。

从造像特征来看，隋代的弟子像具有明显的时代特征和探索性，弟子像的塑造也不断增多，更加丰富了敦煌石窟的造像内容。北朝时期，造像类型主要表现释迦牟尼佛的说法、苦修、禅定、降魔成道四相，在表现四相的同时，有的洞窟在龛内外两侧也塑造了胁侍菩萨侍立左右，这些胁侍菩萨塑像，造像姿态、着装等均相同，没有突出塑像本身的个性；同

图 3-96　莫高窟第 412 窟十大弟子像

时，一般在上层龛内塑有思维、交脚等菩萨像，这些思维、交脚菩萨像塑造精美，技艺精湛，体现出了北朝塑像的艺术水平。在北朝晚期，佛的侍众中出现了弟子像，大都以写意的形式表现出了弟子形象的基本特征，如迦叶的老年持重，阿难的年轻稚气。到了隋代，佛两侧弟子侍立的现象已非常普遍，并逐渐固定，造型上有了年龄的差别，一般年老的弟子为迦叶，年轻的弟子为阿难。这一时期的弟子像更加注重同一塑像题材向多样化的个性方式上发展，尤其是以年老弟子迦叶像的造型最为丰富。与阿难相比不仅是年龄上的差别，而且有了方脸、圆脸、笑像、愁像等多种形态。迦叶像或为西域番僧，或为中原比丘；或为老态龙钟的年老弟子，或为神采奕奕的中年比丘；或慈眉善目、胸怀坦荡，或相貌丑陋、饱经风霜；或满面愁容，或开怀大笑；或身材瘦小枯干，或身强体壮，塑造出了各式各样、不同年龄阶段、不同阅历与经历的老年比丘形象。相比之下，阿难的形象就不是那么丰富了，一般被塑造成年轻俊秀、英俊潇洒的青少

年比丘形象，从造像特征来看，也是经历了头大、腿短、身体丰满到后来的比例协调阶段。

从造像手法来看，隋代早期的弟子像注重衣纹线的处理，而塑像面部的表情不是很丰富，到了中后期在衣饰的处理方面开始简单化，更加注重以面部以及形体特征来塑造人物，并刻画人物的内心世界。这种造像手法，唐代加以继承，莫高窟第 45 窟的迦叶像和阿难像不仅注重衣饰的处理，更注重面部以及肢体的刻画，使造像水平与技法更加成熟、细腻，造像风格更加自然流畅。这都是在总结隋代造像技术与水平的基础上形成的成就。

四、天王像

天王是欲界六天之最下天。在须弥山半山腰的四方有天主四人，称作四大天王，他们是：东方持国天王、南方增长天王、西方广目天王和北方多闻天王。四大天王是佛国镇守四方的护法神。敦煌石窟中十六国北朝时期的天王塑像只保存于北魏开凿第 257 窟中，是敦煌石窟最早的天王塑像。隋代，天王像大量出现，多以壁画的形式出现于洞窟主室东壁门南北两侧，也在洞窟前室以塑像的形式出现，迄今保存的只有第 427 窟前室的四身天王像和两身力士像。这四身天王像，头大，腿短，面部圆中见方，挺胸凸腹，两眼圆睁，或叉腰举拳，或握拳托物，或嘴唇紧闭，或张口欲吼，塑像色彩虽经后代重妆，但保存基本完好，是敦煌石窟彩塑中少有的精品。

第 257 窟天王像　北魏塑造，现只保存有中心塔柱东向面龛外北侧一身，像高 0.94 米。此像直立，身躯粗壮，面相丰圆，双目圆睁，鼻梁扁平，嘴巴微笑，面型饱满，神情和善，上身着甲胄，绘制的甲片依稀可见，胸前左右两片胸甲为石青色，肩覆护膊，臂裹护臂，腰系绿色膝裙，下露绿色长裙，肩挂披巾绕臂而下，跣足，衣饰集武士和菩萨装于一身，色彩

单纯，造型古拙，手法简朴，是莫高窟北朝唯一一身彩塑天王像，只可惜左臂大臂以下残，右臂手残，非常遗憾(图 3–97)。

第 427 窟天王像　位于洞窟前室南壁西侧。这身天王像头戴花冠，背后有圆形头光，脑袋硕大，身躯较长，双腿较短，面相方圆，眉毛竖起，双眼圆睁，鼻梁高直，嘴巴紧闭，做怒哼状，面有红晕，挺胸凸腹，右手上举握拳，左手可能拖着兵器的柄部，身上穿武士的铠甲，十字甲带束在胸前，左右有胸甲，肩覆护膊，腰围膝裙，下露战裙，扎裹吊腿，脚蹬毡靴，外表勇猛威武，由于整体结构适度地夸张，使塑像显得硕大魁梧（图 3–98）。

图 3–97　莫高窟第 257 窟天王像

图 3–98　莫高窟第 427 窟前室南壁西侧天王像

第 427 窟天王像 这是第 427 窟前室北壁的两身天王像。西侧一身天王头戴宝冠，面相方圆，双眼圆睁，俯视下方，鼻直口方，嘴巴紧闭，面颊红润，富有棱角，挺胸直腰，右手上举，左手贴于腹前，身穿盔甲，十字甲带束在胸前，左右有胸甲，肩覆护膊，下身系战裙，双脚踩踏于地鬼之上；东侧一身，装束与西侧一身相同，此像嘴巴大张，做怒吼状，左手做托举状，右手做持物状（图 3-99）。这两身塑像保存完好，造型夸张，姿态各异，表现出了天王的威猛，但又不使人产生畏惧。

图 3-99 莫高窟第 427 窟前室北壁二天王

五、金刚力士像

力士又称末罗，梵语 malla 意译为力士。有两种意思：一是指力气大的男子；二是指力气大的一个种族。与天王一样是佛教的护法神。

敦煌石窟十六国北朝时期的力士塑像只存在西魏第 435 窟中，是敦煌石窟现存最早的力士塑像。到了隋代，力士像有了一定的发展，在造型上不再狰狞，而是力图表现其孔武有力，第 427 窟的两身力士像就是代表。

第 435 窟力士像　西魏塑造，现存中心塔柱东向面南北两侧各一身。这身塑像是北侧一身，像高 0.94 米。此像棱角分明，眉骨高挑，眼睛上斜，眼球鼓出，大蒜鼻，鼻孔粗大，嘴巴张开，牙齿稀松，有的已经脱落，脸部两颊塌陷，下巴尖削，脖颈粗壮，喉结粗大，青筋暴露，整个面相较为丑陋，甚至有些狰狞恐怖，双肩披巾，在胸前形成交叉状，左臂残，右臂上举，露出发达的肌肉，非常结实，腰系长裙，裙子衣纹线明显，整个造像以狰狞恐怖的手法表现出力士鲁莽暴躁的性格（图 3–100）。

第 427 窟力士像　位于前室西壁北侧。此像头大，体壮，腿短，面相棱角分明，头戴花冠，额窄眉高，耳饰长垂，两眼圆睁，眼球鼓出，嘴巴大

张，龇牙咧嘴，挥臂怒吼，动态威猛，头部造型比例特别大，躯体结构既写实又夸张，以此来突出力士雄壮威猛的特点，上身坦露，肩挂长巾，腰束短裙，昂首抬肘，脚的姿势与面部表情及头的动作同样重要，并且遥相呼应。此身力士的双脚五趾分开，舒展地踏在须弥山上，趾关节粗大，稳健有力，筋脉突显，大有跺地山倾之势，尤其力士叉趾而立，两脚向外呈“八”字形，使下身形成塔形结构，抵消了力士头大和上身比重过极所造成的视觉上的不适之感，使得通体造型重心稳定，增加了雕塑形象的艺术性。作者以块面表现骨骼和肌肉用力时的起伏转折，再加上脸部表情，充分体现了力士凶猛强暴、放纵不羁的特质（图 3–101）。此身塑像左手略残，色彩为后代重妆，保存基本完好，是隋代力士像的精品。

图 3–100 莫高窟第 435 窟中心塔柱东向面北侧力士像

图 3–101 莫高窟第 427 窟前室西壁北侧力士像

第 427 窟力士像　位于前室西壁南侧。此像头戴花冠,面相棱角分明,双目圆睁,鼻梁挺直,鼻孔粗大,牙齿紧咬,俯视地面,上身裸露,披巾贴身,腰间的战裙紧贴双腿,突出了腿部肌肉的轮廓,右手握拳,左手置于胸前,在写实的基础上对力士手的比例及骨骼肌腱做了适当的夸张,使力士的手既符合解剖常规,又具备一种超人的力度感。这只紧握的拳头是力士正处于搏斗时即将出拳前的瞬间状态,生动地表现出了力士雄壮威猛的特点(图 3-102)。

图 3-102　莫高窟第 427 窟前室西壁南侧力士像

六、羽人像

图 3-103 莫高窟第 297 窟西壁龛外北侧羽人像

敦煌石窟中羽人壁画常见于北朝、隋代的洞窟之中，但以塑像形式表现的则较少，只存在于北周第 297 窟中。

第 297 窟羽人像　北周塑造，位于洞窟西壁龛外北侧，高 0.59 米。塑像以浮塑的形式加以表现，羽人头顶生犄角，人面兽爪，颈系项圈，臂长羽翼，身材短小粗壮，四肢佩戴臂钏，周身是淡赭色，突出部位用赭红晕染，以增强立体感（图 3-103）。

七、禅僧像

北凉至北朝时期十分重视禅修，在敦煌石窟中不仅出现了许多禅窟，而且还绘塑出了许多比丘禅修的内容，其中西魏第285窟就是典型的例子。此窟窟顶四披下方不仅绘制了一圈禅僧在山林中禅修的画面，而且在洞窟西壁两侧的小龛内各塑一身禅僧形象。另外，第273窟内也存有禅僧塑像一身。

第285窟禅僧像　西魏塑造，位于洞窟西壁南北两侧的小龛内，像高0.67米。现存两身，其中北侧一身头部已残，南侧龛内一身保存完好。塑像面部刻画细致，天庭饱满，肤色红润，眉清目秀，鼻直口方，头俯视，双目凝视前方，双唇轻轻闭合，身着田相袈裟，裹头缠身，双手做禅定状，造型单纯整洁，清秀俊逸，神情坦然，表现出僧人内心平静如水、专心修禅之态（图3-104）。

图3-104　莫高窟第285窟西壁南侧龛内禅僧像

八、地鬼塑像

敦煌石窟隋代洞窟中出现了被天王踩踏的地鬼形象，这种现象在隋代造像方式中成为定式，非常普遍。到了唐代，天王踏鬼的造像方式非常流行，不管是塑像还是壁画，在天王的脚下都出现了姿态各异的地鬼形象，这种造像方式在敦煌石窟中一直延续下来。敦煌隋代的洞窟中，绘制、塑造四大天王的造像非常普遍，因此，天王脚下踩踏的地鬼形象也非常流行，其中第427窟前室四大天王脚下的地鬼塑像姿态各异，堪称地鬼彩塑的代表作品。

第427窟地鬼　位于洞窟前室南壁西侧天王脚下。此地鬼造型敦实，用头部和四肢作支撑点，天王双脚踩踏地鬼背上，塑像头顶着地，面部向外，眼睛鼓出，嘴巴张开，右臂及右腿撑地，左臂及左腿压在地上，臀部向上翘起，塑造出了地鬼想奋力挣脱天王踩踏，做向上奋力抬举的精彩瞬间（图3-105）。

图3-105　莫高窟第427窟前室南壁西侧地鬼

图 3-106　莫高窟第 427 窟前室南壁东侧地鬼

第 427 窟地鬼　位于前室南壁东侧天王脚下。此像造型独特，由于被天王踩踏，地鬼全身趴伏在地，眼睛微闭，嘴巴张开，下巴着地，两手支撑地面，肘部向上支撑着天王双脚的前部，双腿跪爬在地，膝盖以下着地，臀部上翘支撑天王双脚的后部，恰似一只蹲地的青蛙在不停地叫唤。这身塑像塑造出了地鬼被天王踩踏想反抗却无力回天的绝望之情(图3-106)。

第 427 窟地鬼　位于前室北壁西侧天王脚下。此地鬼造型敦实，肌体健壮，在巨大的天王脚下仰身挣扎，面部夸张做痛苦状，眼睛圆睁，眼球鼓出，嘴巴大张，做奋力呐喊状，右手挡在天王右脚侧，做用力推挡和拍打状，似要推开天王踩踏的双脚，塑像仅用左臂和左腿支撑，头部与墙面相连，短小的身躯蕴有熊罴之力(图 3-107)。作者对支撑的臂膀和受力之处做了解剖上的极限强调，而将其余部位相对放松，松紧相宜。使浑身气力至右臂，由于支点极限，巧妙地利用了因激怒而直竖的头发分散于壁面，作为辅助支点，从而使地鬼身躯获得了稳定感，并富有一定的装饰趣味。

图 3-107　莫高窟第 427 窟前室北壁西侧地鬼

第 427 窟地鬼　位于前室北壁东侧天王脚下。此像造型别致，头部、右手及

双腿撑地，头顶着地，头发披散一地，右手支撑地面，右臂由于用力而显得肌肉紧绷，很有力感，左臂向后伸，触到天王一脚，左脚着地，右脚及右腿跪地，同时左手向后，想将天王的脚从自己的背上退下，整个造像表现出了地鬼奋力挣扎既焦急又无奈之情（图 3-108）。

图 3-108 莫高窟第 427 窟前室北壁东侧地鬼

九、龙首塑像

龙首一般作为窟龛左右两侧龛梁尾部的装饰，多采用浮塑的形式，因此，也属于敦煌彩塑的素材之一。敦煌石窟中的龙首塑像始于北朝时期，到了隋代这种龙首龛极为普遍，其中第304、417、419、423等窟是此期龙首图案的杰出代表。

第304窟龙首　位于龛外左右两侧。此像为龛外北侧，此龙一爪抓住柱头，一爪着空，张嘴露出牙齿，脖颈细长，身躯扭曲，给人一种张牙舞爪的感觉，体现出了龙的凶狠威猛（图3-109）。

第417窟龙首　位于西壁龛外南侧。造型、姿态与第304窟龙首基本

图3-109　莫高窟第304窟龛外龙首

相同，只是这条龙的身躯更为扭曲，如蛇状盘绕于柱头之上，一爪支撑，另一爪置于头下，嘴巴大张，獠牙暴露，样子非常凶猛（图 3-110）。

第 419 窟龙首　位于西壁龛外南侧。此像造型别致，一爪抓着柱头，一爪拖住下颌，身躯几乎弯成“U”字形，脖颈细长，嘴巴张开，非常恰当地塑造出了龙作为装饰的动感姿态（图 3-111）。

图 3-110　莫高窟第 417 窟西壁龛外龙首

图 3-111　莫高窟第 419 窟西壁龛外龙首

第 423 窟龙首　位于西壁龛外南侧。此像双爪着于柱头上，颈部向龛内扭曲，以示张望，躯体盘曲，张牙舞爪，形状凶猛，以示护法（图 3-112）。

敦煌石窟中的天王、力士塑像虽在北朝时期已经出现，但只是零星

的几个，不能完全体现北朝天王、力士造像的特点。隋代天王像大量出现，一般被绘制于洞窟东壁门南北两侧，第427窟则是以巨型塑像的形式将天王、力士像表现于前室西壁的南北两侧以及南北两壁，其他一些洞窟还发现塑有天王、力士塑像的痕迹，说明天王、力士造像在隋代不断增多。天王、力士造像的增多，可能与他们肩负着护法、护教的使命有关。隋代的天王像，面貌基本相似，神情雷同，外表庄严威武，但缺乏内在的力量；在塑造力士像上，古代工匠倾注了大量的热情，用块面表现了骨骼和肌肉用力时的起伏转折，加上咬牙切齿、怒目而视的表情，力士鲁莽暴躁的性格被表露无遗。最让人为之惊叹的应该是这几身天王脚下踩着的地鬼塑像，他们虽然外形丑陋，却姿态各异，栩栩如生，生动地表现了身处重压之下却拼命挣扎而又无法摆脱的既反抗又无奈的情感。

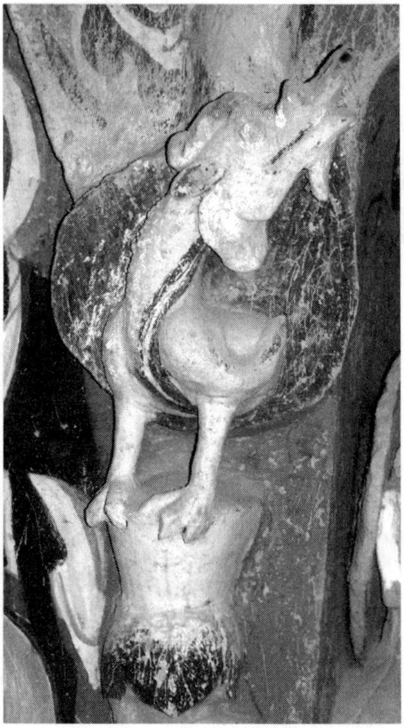
图3-112　莫高窟第423窟西壁龛外龙首

第四章

敦煌十六国至隋石窟壁画艺术

壁画是指在石窟前室四壁、甬道、主室四壁及窟顶上绘制的佛画。敦煌石窟壁画是敦煌石窟艺术的重要组成部分，现存壁画约45000平方米，最大画幅40余平方米。自十六国晚期的北凉开始，直到蒙元时代，历时千年之久而经久不衰。敦煌石窟的壁画从内容上可分为尊像画、故事画、经变画、佛教史迹画、供养人画像、服饰画、装饰图案画等几种类型。

尊像画，指描绘佛教崇拜的各种神像，有佛像、菩萨像、天龙八部等。另外，由于中国传统题材中的东王公(帝释天)、西王母(帝释天妃)等图像被绘制于洞窟较为显眼的位置，作为佛的部众出现，共同为佛教服务，因此我们将其也归入尊像画的范围。

故事画，指以佛经为依据而绘制的独立连环画。由于情节曲折生动，因此对观众有较强的吸引力。

经变画，也称“变”或“变相”，是指按照一部佛经绘制而成的壁画。经变画是敦煌石窟壁画的主要部分，是用图画的形式将佛经经文表现出来，以便在更广的范围内宣传佛教和宣扬佛经。

佛教史迹画，指描绘佛教传播中的历史人物、事件、佛教圣迹、遗迹和灵异感应事迹以及各种瑞像的图画，多取材于对各个高僧、圣迹的记载和《法显传》《大唐西域记》《西域传》等。可分为：1. 佛教历史画，表现佛教传播历史的画面。如初唐第323窟的“张骞出使西域画”“昙延法师祈雨故事画”“阿育王拜乾尼子塔画”等。2. 感通故事画，以神异、灵变和

感应的事迹来宣传佛教,确立信徒对佛教信仰的信心。如第323窟“释迦洗衣池”“释迦晒衣石”“吴淞江石佛浮江”“东晋杨都金像”“康僧会感应故事”等画。3. 瑞像图,表现天竺、中原、河西等地传说的“圣迹”“灵异”,数量很多,多绘于中唐、晚唐、五代、宋初窟内,位置在佛龛盝顶或窟甬道顶部,形式多为单幅、单身的小型图像。4. 高僧事迹画,以某些“事迹”“灵异”“神变”,附会于某些高僧以宣扬佛法。5. 佛教图经,以佛教传播的地志为题材,绘制佛教“圣地”。如中唐第159窟“五台山图”,五代第61窟“五台山图”等。

供养人画像,即出资造窟、绘塑佛画佛像的功德主、窟主及其眷属的画像。供养人身份包括敦煌地方统治者、高官将军、世家大族、士庶百姓、寺院僧尼、在家居士、行人社众、画师塑匠、奴婢车夫、各少数民族国王、王子以及平民,另外还有粟特等少数民族商旅等。早期的供养人画像多为单身且较小,到了中晚唐特别是归义军时期,供养人逐渐变大,不仅是窟主本人,而且其家族成员不管是在世的还是去世的一律入绘洞窟。不仅如此,窟主家中的仆从奴婢等也被绘入。供养人大小几乎与真人等高,有的甚至高过真人。归义军时期还出现了一种特殊的供养人画像,即在第156、100窟中出现的大型归义军节度使出行图,成为世俗供养人画像最具代表性的作品。

服饰画,指敦煌石窟中塑像、壁画中人物所着衣裳、冠履、发髻、妆饰物的总称。敦煌石窟壁画、塑像、故事画、人物形象、供养人画像、佛像、部众、僧侣塑像中所反映的服饰资料,从十六国到元代,上下千年,延续不断。时代变迁,改朝换代,统治民族的更迭,蕃汉族服饰,各少数民族的服饰,以及汉胡交融的装扮,都在壁画、塑像的人物穿着中反映出它们的影响。

装饰图案画,指绘于窟顶的平棋、藻井,佛龛的龛楣、龛柱、龛沿以及佛像的头光、身光,人物服饰,供桌,地毯,壁画边饰等。纹样有花草、莲

荷、枝叶、蔓藤、果实、飞天、化生童子、狮虎、飞马、盘龙、鸟禽、狩猎、火焰、星辰、云气、回纹、矩纹、联珠、菱格等图案。由于敦煌石窟壁画延续绘制千年不断，其艺术和内容对研究中国绘画史及古代社会历史，尤其是西北地区历史具有极高的价值。敦煌石窟中的装饰图案包括三部分：1. 石窟建筑装饰，其中有窟顶“平棋”“人字披”“藻井”，佛龛“皇楣”，佛床的“壸门”，窟檐屋架，铺地花砖等装饰。2. 窟内壁画装饰，有连接各部分壁画的边饰、人物服饰、经变画中的建筑和器物装饰等。3. 塑像服饰及佛背光装饰等。

一、尊像画

尊像是指佛、菩萨等的形象，尊像画就是画有佛、菩萨等部众的壁画。敦煌石窟中的尊像画有释迦牟尼佛、弥勒佛、阿弥陀佛、七世佛、三世佛、三身佛、五方佛、十方诸佛、贤劫千佛、观音菩萨、大势至菩萨、文殊菩萨、普贤菩萨、地藏菩萨、迦叶、阿难、舍利弗、四天王、力士、药叉、天龙八部、罗汉、婆薮仙、梵天、帝释、维摩诘、高僧以及汉密、藏密内容中的千手千眼观音、千手千钵文殊、不空绢索观音、如意轮观音等单幅画像。这类画像在敦煌石窟各代洞窟中均有大量描绘。

尊像画的另一种特殊的形式就是说法图。说法图就是用壁画的形式表现佛说法的场面。敦煌各个时期壁画中均出现有说法图，内容以佛说法为主体，左右有胁侍菩萨、弟子、天龙八部护法围绕听法，背景通常只有简单的宝盖和双树，间或有莲花水池。因为从画面上无法判断是什么佛，在什么时间、地点，为何说法，所以笼统地称这类壁画题材为说法图。北朝时期同一窟内存有数幅说法图，一般绘于主室西壁或南北两壁中间，周围遍布千佛，是窟内的重要内容，这些说法图画面大小不一。到了隋代说法图数量增加，有的洞窟内有数幅、十几幅，乃至几十幅、百余幅，

有的做通壁布局，有的甚至布满四壁，如第244、390窟。人物组成中增加了弟子像，同一画面或二身或十身。唐代由于经变画的兴盛发展，说法图数量相对趋于减少。

佛画像

敦煌十六国北朝时期的佛画像主要表现为说法图中的佛像和千佛像。佛像有释迦佛，涅槃佛，白衣佛，释迦、多宝二佛并坐，三佛，七佛，卢舍那佛，无量寿佛以及千佛等。

释迦佛画像

第272窟佛画像　北凉绘，位于第272窟北壁说法图中央。释迦佛高鼻深目，大耳垂肩，面部因晕染而变色，有头光和背光，头顶有华盖，穿偏右袒式袈裟，右手当胸施无畏印，左手握袈裟一角，结跏趺坐于金刚宝座上，佛两侧有弟子、菩萨胁侍，飞天围绕华盖飞翔（图4–1）。

第251窟佛画像　北魏绘，位于第251窟北壁前部说法图中央。此为一佛二菩萨四供养菩萨四飞天说法图。中央佛头顶有高圆肉髻，高鼻深目，嘴巴小巧，大耳垂肩，内着土红色加白边的僧祇支，外穿红色偏右袒式袈裟，右手施无畏印，左手握袈裟一角，结跏趺坐于莲花座上说法，背后有火焰纹背光，头

图4–1　莫高窟第272窟北壁佛说法图

图 4–2　莫高窟第 251 窟北壁前部说法图

顶有华盖，二菩萨胁侍左右，低头聆听佛法（图 4–2）。

第 251 窟佛画像　北魏绘，位于第 251 窟南壁前部说法图中央。此为一佛一弟子一天王二飞天说法图。中央佛头顶有高圆肉髻，高鼻深目，面部有晕染，大耳垂肩，内穿红色僧祇支，外穿偏右袒式袈裟，右手施无畏印，左手握袈裟一角，结跏趺坐于莲花座上，背后有火焰纹头光和背光，佛两侧绘一弟子一天王侍立左右(图 4–3)。

图 4–3　莫高窟第 251 窟南壁前部说法图

第 257 窟佛画像　北魏绘，位于第 257 窟南壁西侧说法图中央。此为一佛二菩萨说法图，中央佛头顶有高圆肉髻，深目高鼻，面部有晕染，大耳垂肩，外穿通肩袈裟，双手结说法印，站立于莲台上，背后有头光和背光。此说法图被表现于阙形寺庙内，形式不同一般(图 4–4)。

第 263 窟佛画像　北魏绘，位于第 263 窟北壁

图 4-4　莫高窟第 257 窟南壁西侧说法图

图 4-5 莫高窟第 263 窟北壁西侧说法图

西侧说法图中央。此为一佛一弟子一天王四飞天说法图。中央佛头顶有高圆肉髻，面目模糊，大耳垂肩，内穿镶边斜肩僧祇支，外穿偏右袒式袈裟，双手结印，结跏趺坐于莲台上，背后有头光和火焰纹背光，一弟子、一天王力士侍立左右(图4-5)。

第 248 窟佛画像 西魏绘，位于第 248 窟北壁东侧说法图中央。此为一佛十九菩萨说法图。中央佛头顶有高圆肉髻，高鼻深目，眼睛与鼻子均较小，眉间有白毫，一双大耳，内穿蓝点白色僧祇支，外穿红色偏右袒式袈裟，右手结印，手掌向外，手指间生缦网。这是佛三十二像之一的缦网像。佛左手握袈裟一角，结跏趺坐于莲台上，左右两侧共绘菩萨十九身(图4-6)。

图 4-6 莫高窟第 248 窟北壁东侧佛说法图

第 249 窟佛画像 西魏绘，位于第 249 窟南壁说法图中央。此说法图为一佛

四菩萨四飞天说法图。中央佛像身体修长，头顶有高圆肉髻，眉毛细长，眼睛较大，鼻子挺直，大耳垂肩，穿通肩式袈裟，双手结转法轮印，立于莲台上，四菩萨侍立左右（图4–7）。

图 4–7　莫高窟第 249 窟南壁说法图

第 249 窟佛画像　西魏绘，位于第 249 窟北壁说法图中央。此说法图为一佛四菩萨四飞天说法图。中央佛像身体修长，头顶有高圆肉髻，面相方圆，眉毛细长，双眼较圆，嘴巴紧闭，一双大耳，内穿白底僧祇支，外穿偏右袒式袈裟，立于莲台上，四菩萨侍立左右，佛与菩萨均立于莲池中(图4–8)。

图 4–8　莫高窟第 249 窟北壁说法图

第 288 窟佛画像　西魏绘，位于第 288 窟南壁东侧说法图中央。此为一佛十菩萨说法图，左侧菩萨八身，右侧两身。中央佛头顶有高圆肉髻，高鼻深目，大耳垂肩，内穿黑边白色斜肩僧祇支，外穿偏右袒式袈裟，右手施

图 4–9　莫高窟第 288 窟南壁说法图

无畏印，左手握袈裟一角，结跏趺坐于金刚宝座上，背后有火焰纹头光和背光(图 4–9)。

第 428 窟佛画像　北周绘，位于第 428 窟北壁前部东侧。此为一佛十四菩萨说法图。中央佛像头顶有高圆肉髻，眼睛较小，鼻梁挺直，内穿宽边僧祇支，外穿偏右袒式袈裟，右手施无畏印，左手握袈裟一角，结跏趺坐于佛座上，背后有头光和背光(图 4–10)。

白衣佛

关于白衣佛的研究，贺世哲认为白衣佛为穿白色袈裟的佛像，与北朝时期流行的禅观观佛有关。[①]王惠民先生认为，白衣佛是弥勒，应是表现弥勒瑞像。[②]赖鹏举先生认为，白衣是丧服，与佛涅槃有关。[③]日本学者滨田瑞美认为，白衣佛为"那乾诃罗的佛影"，与北朝时期的观佛有关。[④]敦

①贺世哲《敦煌莫高窟北朝石窟与禅观》，敦煌文物研究所编《敦煌研究文集》，兰州：甘肃人民出版社，1982 年。

②王惠民《白衣佛小考》，《敦煌研究》2001 年第 4 期。

③赖鹏举《以敦煌造像看北朝佛教由涅槃"白衣佛"到华严"卢舍那佛"的转变》，载同著者《丝路佛教的图像与禅法》，台湾：圆光佛学研究所，2002 年。

④[日]滨田瑞美《关于敦煌莫高窟的白衣佛》，《敦煌研究》，2004 年。

图 4-10　莫高窟第 428 窟北壁东侧说法图

煌石窟的白衣佛像位于北朝第 254、263、431、435、288 窟。

第 254 窟白衣佛　北魏绘，画面位于第 254 窟西壁中部。佛像头顶有高圆肉髻，高鼻深目，大耳垂肩，身穿白色通肩式袈裟，右手施无畏印，左手握袈裟一角，结跏趺坐于佛座上，左右二菩萨侍立。此画保存完好，晕染犹在，有立体感，保留着犍陀罗佛像衣纹的影响（图 4-11）。

图 4-11　莫高窟第 254 窟西壁白衣佛

第 435 窟白衣佛　西魏绘，画面位于洞窟西壁中部。佛像头顶有高圆肉髻，因为是红色而褪色，面相浑圆，鼻梁挺直，双眼微闭，眉毛粗短，眉间有白毫，大耳

图 4-12 莫高窟第 435 窟西壁白衣佛

垂肩，身穿白色通肩式袈裟，右手施无畏印，左手住地印，结跏趺坐于佛座之上，有背光和头光(图 4-12)。

二佛并坐像

存在于北朝石窟的第 285、428、461 窟以及西千佛洞第 8 窟等窟中。

第 285 窟二佛并坐像 西魏绘，位于洞窟南壁西侧。中央释迦、多宝二佛像，头顶均有圆肉髻，身穿偏右袒式袈裟，结跏趺坐，左手各握袈裟一角，右手上举胸前，上半身微微向对方倾斜，四目相对，坐于须弥宝座上，二佛中间有一朵大莲花，两侧各侍立一弟子，佛头顶的华盖两侧二飞天飞舞(图 4-13)。此画面人物面容清瘦，身材修长，是典型的“秀骨清像”式风格。

图 4-13 莫高窟第 285 窟南壁二佛并坐像

第 285 窟北壁也存一铺二佛并坐说法像，但考虑到其与北壁其他说法图的关系，因此将其纳入七佛说法图的范围加以介绍。

第 461 窟二佛并

图 4-14 莫高窟第 461 窟西壁二佛并坐像

坐像 北周绘，位于洞窟西壁中央。中央绘宝塔，释迦、多宝二佛并坐，头顶有高圆肉髻，一佛穿红色通肩式袈裟，一佛穿双领下垂式袈裟，内着僧祇支，上半身微微向对方倾斜，四目相对，结跏趺坐于须弥座上，中间画面有几处残毁，左右有菩萨、弟子胁侍(图 4-14)。

三佛像

此类佛像较少，只存在于第 263 窟中。

第 263 窟三佛像 北魏绘，位于第 263 窟南壁西侧。画面为三身立佛像，佛像头顶有高圆肉髻，外穿偏右袒式袈裟，内着僧祇支，右手上举，左手握袈裟一角，立于莲台上，中间一身佛像为正面，两侧佛像头向中间靠拢，中间佛头顶有树形和帷幔，两侧佛像头顶有华盖。三佛两侧二胁侍菩萨，头戴宝冠，上身半裸着天衣，腰系长裙(图 4-15)。

图 4-15 莫高窟第 263 窟南壁西侧三佛像

七佛说法图

北朝时期的七佛说法图数量较少，只存在于第 285 窟北壁中部。

第 285 窟七佛

说法图[1] 西魏绘，位于洞窟北壁中部。现存说法图七铺。自西向东第一铺为释迦、多宝二佛并坐像，左侧佛趺坐莲座，穿双领下垂式袈裟，内着僧衹支，右手施无畏印，左手握袈裟角，右侧佛趺坐须弥座上，穿红色双领下垂式袈裟，右手施无畏印，左手握袈裟角；二佛两侧各画一菩萨，左侧菩萨左手拈花，右手托花盘，侧身向佛侍立莲台上，右侧菩萨手持净瓶，侧身向佛侍立莲台上。第二铺佛穿红色双领下垂式袈裟，内着僧衹支，右手施无畏印，左手结印，肌肤外露处涂金，趺坐莲花座上，头部右侧存榜题一方，题名漫漶；佛左右各绘一菩萨，菩萨侧身侍立，双手捧花盆供养，菩萨头光的右侧均存有榜题一方，题名漫漶。第三铺佛外穿黑色双领下垂式袈裟，内着僧衹支，右手施无畏印，左手下垂结印，趺坐须弥座上，佛背光右侧有一方榜题，题名漫漶。第四铺中央佛外穿红色双领下垂式袈裟，右手施无畏印，左手结印，趺坐须弥座上，佛背光左侧存一方榜题。第五铺佛外穿红色双领下垂式袈裟，内着僧衹支，右手施无畏印，左手

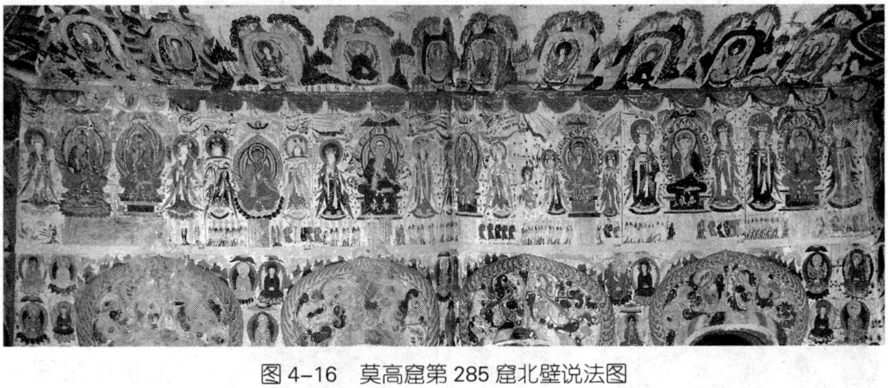
图 4-16　莫高窟第 285 窟北壁说法图

①贺世哲《莫高窟第 285 窟北壁八佛考释》，敦煌研究院编《1990 年敦煌学国际讨论会文集·石窟考古编》，沈阳：辽宁美术出版社，1995 年；《石室札记——重新解读莫高窟第 285 窟北壁八佛》，《敦煌研究》2003 年第 1 期。张元林《〈法华经〉佛身观的形象阐示——莫高窟第 285 窟北壁说法图新解》，敦煌研究院编《2004 年石窟研究国际学术会议论文集》（上），上海：上海古籍出版社，2006 年。

结印，跌坐须弥座，背光左侧存榜题一方，题记漫漶；两侧菩萨三身。第六铺佛外穿黑色袈裟，右手半举，结说法印，左手握袈裟一角，趺坐须弥座，背光左侧存榜题一方，题记漫漶；两侧二菩萨。第七铺中央佛穿红色双领下垂式袈裟，右手施无畏印，左手握袈裟一角，趺坐须弥座上，背光左侧存榜题一方，题记漫漶；左右各绘菩萨一身（图 4–16）。

卢舍那佛①

北朝时期的此类绘画较少，只存于北周第 428 窟中。

第 428 窟卢舍那佛像　北周绘，位于洞窟南壁前部。卢舍那佛穿红色通肩式袈裟，右手施无畏印，左手握袈裟一角。胸前画须弥山，表现六道。山顶五所宫殿内各坐一人，两侧有龙围绕，为天道；肩部画坐佛、飞天，为佛道；山前阿修罗，赤裸上身，下着红色短裤，双臂上举，手托日月，为阿修罗道；袖及腹部画山峦，山间有许多房舍和人物，人物有的坐于房内，有的立于房外，有的在爱林间修行、拥抱，有的在奏乐跳舞，为人道；膝部画牛、马、猴、鹿、鸟等，为畜生道；内裙下摆画刀山，内有六人，裸体，举手拔足，似在挣扎，为恶鬼道（图 4–17）。

图 4–17　莫高窟第 428 窟南壁卢舍那佛像

①此图像的研究，参考殷光明《敦煌卢舍那佛法界图像研究之一》，《敦煌研究》2001 年第 4 期；《敦煌卢舍那佛法界图像研究之二》，《敦煌研究》2002 年第 1 期。

图 4-18 莫高窟第 285 窟东壁门北说法图及供养人

无量寿佛

存在于西魏第 285 窟说法图中，并且有明确的题记为无量寿佛。

第 285 窟无量寿佛像 西魏绘，位于东壁门南北两侧。北侧说法图中央无量寿佛头顶有高圆肉髻，脸型瘦长，双手作说法印，穿红色双领下垂式袈裟，结跏趺坐于须弥座上，四菩萨侍立于两侧，四弟子手持香花、经卷跪地供养(图 4-18)。南侧说法图布局与北侧相同(图 4-19)。

菩萨画像

第 272 窟菩萨画像 北凉绘，位于洞窟西壁龛内南北两侧。南侧胁侍菩萨头戴三珠宝冠，项饰璎珞，双眼紧闭，低头思索，面部及双颊因晕染变色而变成黑紫色，上身裸露，胸部及腹部分别用三个不规则的

图 4-19 莫高窟第 285 窟东壁门南说法图及供养人

圆形表示，肩披彩色长巾，下着白色长裙，右手上举，左臂下垂至膝部，双脚踩踏于莲花上（图 4–20）。北侧菩萨绘画形式基本与南侧相同。

图 4–20　莫高窟第 272 窟西壁龛内南侧胁侍菩萨画像

第 275 窟菩萨画像 北凉绘，位于洞窟南壁上层二阙形龛之间。菩萨为立像，头戴宝冠，面部因晕染而变成黑色，一双大耳，略微低头俯视，背后有头光，赤裸上身，胸部及腹部用不规则的圆圈表现，肩披长巾，缠绕臂部，下着长裙，已变色（图 4–21）。

图 4–21 莫高窟第 275 窟南壁菩萨画像

图 4-22　莫高窟第 263 窟南壁后部菩萨画像

图 4-23　莫高窟第 435 窟南壁前部菩萨画像

第 263 窟菩萨画像　北魏绘，位于洞窟南壁后部中层三身佛的两侧，此为西侧菩萨。菩萨头戴宝冠，冠上饰凤鸟衔流苏，面部略残，双耳戴巨大的耳环，低头侧身侍立，上身半裸，着天衣，肩披长巾，下着蓝色长裙，右手下垂，左手握拳置腰上，身体细长白皙，画像整体给人一种华贵之美(图 4-22)。

第 435 窟菩萨画像　西魏绘，位于洞窟南壁前部。此窟受到隋代小龛的破坏，南壁说法图只存这身菩萨画像。此像头戴宝冠，脸型消瘦，面对佛而立于莲花上，上身半裸，天衣交叉于胸前，四肢肢体纤细，下着层层叠叠的裙子，衣饰厚重，西魏“秀骨清像”的风格已经显露出来(图 4-23)。

图 4-24　莫高窟第 263 窟西壁侍者

供养菩萨画像

第 263 窟侍者　北魏绘，位于第 263 窟西壁中央白衣佛左膝下。侍者又名邬波斯迦，是侍奉释迦佛起居的人，多执拂、持扇，画于佛两侧。此画像侍者头梳发髻，赤裸上身，着绿裙，原来持物已经漫漶，从两手的姿态还可以看出在做扇、拂状（图 4-24）。

第 431 窟供养菩萨画像　西魏绘，位于洞窟南壁前部。此画面表现供养菩萨四身，菩萨均头戴宝冠，面部因晕染而变成黑紫色，上身裸露，肩披长巾，下身着白色或黑色的长裙，立于莲台上。从左至右，第一身右手上举，左手持物于腹前；第二身双手捧物供养；第三身侧身面向观众，右手提净瓶，左手持物；第四身双手上举，头朝后（图 4-25）。

图 4-25　莫高窟第 431 窟南壁供养菩萨画像

第 248 窟供养菩萨画像　西魏绘，位于洞窟前部人字披顶东披北段。供养菩萨除了裙子的颜色不同外，姿态、手中持物等均相同。菩萨戴宝冠，背后有

桃形头光，颈戴项饰，上身裸露，肩披长巾，下着长裙，双手持巨大的花枝供养。第一身着绿裙，第二身着红裙，第三身着白裙（图 4-26）。

图 4-26　莫高窟第 248 窟人字披顶供养菩萨画像

第 249 窟供养菩萨画像　西魏绘，位于洞窟西壁龛内北侧。此画有供养菩萨三身，均头戴宝冠，面部消瘦，身体细长，但姿态各不相同。第一身外罩黑色偏右袒式衣服，下着绿色长裙，一手举过头顶，一手举于胸前，扭头与中间菩萨相对；中间菩萨，略微低头，一手抚头，一手下垂握着长巾，手指指向下方，赤裸上身，下身着黑色长裙；第三身扭头向外，身穿红色双领下垂式衣服，双手合十于胸前（图 4-27）。这三身菩萨肢体修长，体现了西魏时期“秀骨清像”的艺术风格。

图 4-27　莫高窟第 249 窟西壁龛内北侧供养菩萨画像

第 285 窟供养菩萨画像　西魏绘，位于洞窟西壁正龛内南侧。洞窟西壁正龛内共画供养菩萨二十身，此画面为南侧供养菩萨。菩萨头戴宝冠，眉清目秀，面型细长，侍立佛一侧，姿态各异，有的裸体披巾，有的着通肩

图 4-28 莫高窟第 285 窟西壁正龛内南侧供养菩萨画像

大衣，有的披右袒式袈裟，有的斜披罗巾，有的手捧供盘，面部和肢体的晕染尚未完全变色，可以看到细致的线描和当时的设计效果（图 4-28）。

第 285 窟供养菩萨画像　西魏绘，位于洞窟北壁东侧下方。此画面上方画佛像三身，结跏趺坐，下方供养菩萨两身，菩萨头戴花冠，眉毛、双眼细长，身穿交领长袍大袖褥，左侧一身是红衫，右侧一身是蓝衫，外披风巾，手捧鲜花，相对而望，面带微笑，立于莲花上（图 4-29）。

弟子画像

敦煌石窟十六国北朝洞窟的弟子画像较少，只存在个别说法图中。

第 251 窟弟子画像　北魏绘，位于洞窟南壁前部佛说法图的东侧。此像为光头，背后有头光，表情严肃，面部因晕染而变色，身穿黑色偏右袒式袈裟，一手上举，一手下垂，胁侍于佛一侧，其前有一长条形榜题（图 4-30）。

图 4-29 莫高窟第 285 窟北壁东侧下方供养菩萨画像

图 4–30　莫高窟第 251 窟南壁前部说法图东侧弟子画像

第 263 窟弟子画像　北魏绘，位于洞窟北壁说法图东侧。此像面目模糊，背后有头光，身穿偏右袒式田相格袈裟，右手上举，左手下垂，侍立于佛侧的莲花上（图 4–31）。

图 4–31　莫高窟第 263 窟北壁说法图东侧弟子画像

天王画像

所谓天王是镇守四方的护法神。敦煌石窟十六国北朝洞窟中的天王画像保存较少，只存在于个别说法图中。

第 251 窟天王画像　北魏绘，位于洞窟南壁前部说法图的西侧。此像头戴宝冠，颈戴项圈，穿十字交叉天衣或软甲，长巾披肩，一手握一柄插地的长剑，一手上举，下着厚重长裙，裙子褶皱繁复，足蹬靴，站于莲花上（图 4–32）。

第 263 窟天王画像　北魏绘，位于洞窟北壁说法图西侧。此画像头戴宝冠，面目清秀，身披贴身软甲，肩披长巾，缠绕双臂，下着蓝色长裙，左手置于肩上，右手叉腰，扭腰提胯站于莲花上（图 4–33）。

图 4–32　莫高窟第 251 窟南壁前部说法图西侧天王画像

图 4–33　莫高窟第 263 窟北壁说法图西侧天王画像

图 4-34 莫高窟第 285 窟西壁主龛外南侧二天王画像

第 285 窟天王画像　西魏绘，位于洞窟西壁主龛外南北两侧，共画天王四身。

主龛外南侧两身天王像均头戴宝冠，身披金甲，腰系战裙，肩披大巾，手持武器，站立于莲花上。左侧一身，仰头，双眼圆睁，怒目上视，一双大耳，一手上举，一手置胸前；右侧一身，低头，双眼圆睁，怒目下视，一双大耳，一手上举握拳，一手置于前方，五指摊开做拒绝状（图 4-34）。

主龛外北侧两身天王像均头戴宝冠，身披金甲，腰系战裙，肩披大巾，手持武器，站立于莲花上。左侧一身，抬头挺胸，目视前方，一双大耳，一手上举至空中，一手托物（武器）至肩上；右侧一身，扭头向外，一手持物至肩上，一手下垂，手握布袋类物品（图 4-35）。

婆薮仙、鹿头梵志画像

关于这一组图像，最早日本学者松本荣一先生进行过研究，之后贺世哲先生在研究莫高窟的三世佛和三佛造像时对这一组图像进行过研究。[①]王惠民先生重点对敦煌地区从北魏到初唐时期的婆薮仙、鹿头梵志图像进行了考察，考证了其依据的经典及体现的佛教教义。[②]张元林先生

①贺世哲《关于敦煌莫高窟的三世佛与三佛造像》，《敦煌研究》1994 年第 2 期。

②王惠民《婆薮仙与鹿头梵志》，《敦煌研究》2002 年第 2 期。

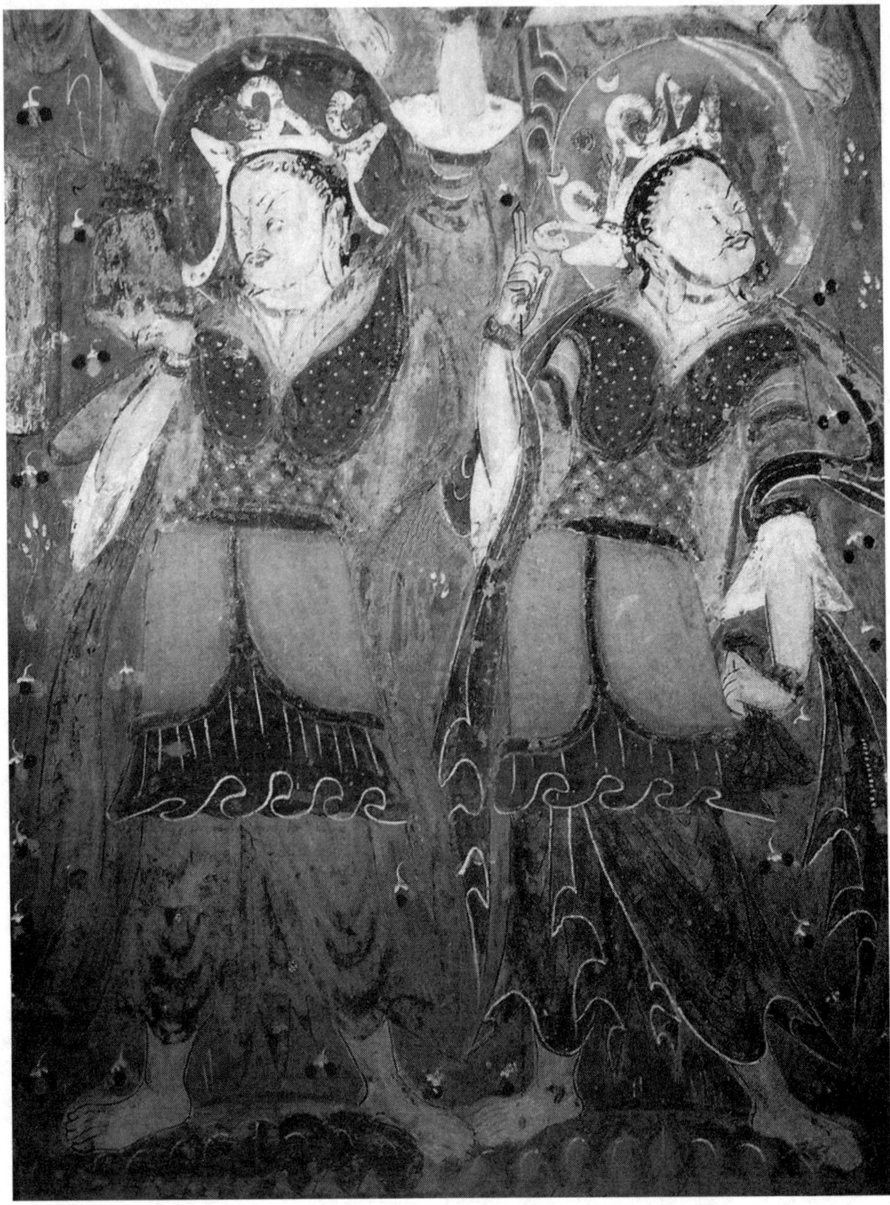

图 4-35　莫高窟第 285 窟西壁主龛外北侧二天王画像

图 4-36 莫高窟第 254 窟婆薮仙

对北朝八组婆薮仙和鹿头梵志图像所依据的经典进行了分析，并认为不能将这组图像的存在作为判断主尊为释迦佛的依据。[①]王惠民先生后来对敦煌壁画中的"执雀外道"形象进行了重新考察，认为此形象并非"婆薮仙"，而是"尼乾子"。[②]现对这一组图像梳理于下。

第 254 窟婆薮仙 北魏绘，位于第 254 窟中心塔柱东向面龛内南侧。婆薮仙属于外道仙人，原是一个厌世出家的国王，被人利用，曾说祀天时可以杀生啖肉，因而受堕地狱之苦，后来由菩萨之力方得解脱，于是皈依。此画面的婆薮仙，身体裸露，肩披花纹状长巾，下着短裙，弯腰站立，扭头回望佛处，一手持一只鸟，表示有杀生之罪过（图 4-36）。

第 254 窟鹿头梵志 北魏绘，位于洞窟中心塔柱东向面龛内北侧。鹿头梵志也是外道仙人，擅长医术，能听叩打骷髅的声音辨别男女和死亡原因。佛取罗汉头骨让他辨认，梵志竟然不识，于是拜服，成为佛的弟子。佛教将他作为被降服的外道画在佛像一侧，与婆薮仙相对。手中持有骷髅是其主要特征。此身鹿头梵志像，身体裸露，下着短裙，肩披黑色条

---

①张元林《莫高窟北朝窟中的婆薮仙和鹿头梵志形象再识》，《敦煌研究》2002 年第 2 期。

②王惠民《执雀外道非婆薮仙辨》，《敦煌研究》2010 年第 1 期。

纹状长巾，屈腿弯腰，一手上举，面朝佛处，手持骷髅，抬头仰望手中的骷髅(图 4–37)。

第 249 窟婆薮仙　西魏绘，位于洞窟西壁龛内南侧。此像屈腿弯腰，满脸胡须，上身裸露，瘦骨嶙峋，下着一条有绿色边饰的短裙，一手上举过头，一手置于胸前，手握一只鸟(图 4–38)。

第 249 窟鹿头梵志　西魏绘，位于洞窟西壁龛内北侧。此像头发胡须凌乱，额上皱纹明显，屈腿弯腰，上身裸露，瘦骨嶙峋，肩披长巾，满脸胡须，面带微笑，下着蓝色边饰的白裙，一手上举至肩，手托一个骷

图 4–37　莫高窟第 254 窟鹿头梵志

图 4–38　莫高窟第 249 窟婆薮仙

图 4–39 莫高窟第 249 窟鹿头梵志

髅（图4–39）。

第 285 窟婆薮仙　西魏绘，位于洞窟西壁龛外南侧下方，此窟只画出了婆薮仙而未画出鹿头梵志。此像被画成一个白须白发的老者形象，弯腰屈腿，赤裸上身，肩披长巾，斜披天衣，下着短裙，双手上举，一手持鸟，一手抚胸（图 4–40）。

帝释天（东王公）、帝释天妃（西王母）

这一类图像比较特殊，目前的定名学术界还存在很大的争议，有东王公、西王母之说，[①]帝释天、帝释天妃之说[②]，也有将其称为上士升仙等观点[③]，还有帝释天与梵天的观点。[④]鉴于称呼不统一，这里还是采用《敦煌石窟内容总录》的称呼，称为帝释天（东王公）、帝释天妃（西王母）。这类壁画最早出现于西魏第 249 窟窟顶的南

---

①孙作云《敦煌画中的神怪画》，《考古》1960 年第 6 期。段文杰《道教题材是如何进入佛教石窟中的——莫高窟 249 窟窟顶壁画内容探讨》，敦煌文物研究所编《1983 年全国敦煌学术讨论会文集·石窟艺术编上》，兰州：甘肃人民出版社，1985 年。

②史苇湘《敦煌佛教艺术产生的历史依据》，《敦煌研究》1981 年试刊第 1 期。

③宁强《上士登仙图与维摩诘经变——莫高窟第 249 窟窟顶壁画再探》，《敦煌研究》1990 年第 1 期。

④贺世哲《敦煌图像研究——十六国北朝卷》，兰州：甘肃教育出版社，2006 年。

北两披，之后北周第294、296窟，隋代第419、423窟西壁龛外南北两侧，第305窟窟顶南北两披及第401窟西壁龛顶均有绘制。为了对此类图像有一个系统、全面地认识，我们全部加以介绍。

图4-40 莫高窟第285窟婆数仙

第249窟帝释天(东王公)、帝释天妃(西王母) 位于洞窟南北两披，位置对称。帝释天(东王公)图位于北披，画面帝释天部分已残，仅存下部的四龙车、大鲵等。龙车前后有乌获、羽人，乘龙持节的方士和禺强、开明等；在龙车的下方有生动的狩猎场面(图4-41)。帝释天妃(西王母)图像位于南披，画面中部有凤车，西王母着汉装袖手而坐，御者立其前方一侧，四只凤凰拉车飞驰，车顶高悬华盖，车后旌旗飘扬，车前有乌获、羽人、乘莺仙姬、持节仙人等在前扬幡引导；车的右侧有文鳐、白虎护卫，最后还有神兽开明簇拥随行；天空中天花旋转，彩云飘荡，展现出一个广阔的仙灵活动的天域；下部山峦、树林中，黄羊、野猪、野牛和灰狼等觅

图4-41 莫高窟第249窟帝释天(东王公)

图 4-42 莫高窟第 249 窟帝释天妃(西王母)

食作乐(图 4-42)。

第 296 窟帝释天(东王公)、帝释天妃(西王母) 位于洞窟西壁龛外南北两侧。此画面人物要比第 249 窟简单。帝释天(东王公)图位于北侧,画面中帝释天居中坐于云车之上,头戴笼冠,身穿大袖衫,右手上举,手持麈尾,前面站御者,车上华盖高悬,车侧有大鲵护卫,车后旌旗招展,车前四龙拉车,上面羽人、飞天等前面引路,后面有飞天弹奏、抛洒香花(图 4-43)。帝释天妃(西王母)图位于南侧,图中帝释天妃坐于云车中央,左手上举,持团扇,前方站一御者,左臂上举,车上华盖高悬,车后旌旗飘扬,车前四凤拉车;前面空中羽人、飞天引路,后面飞天空中起舞奏乐(图 4-44)。

第 294 窟帝释天(东王公)、帝释天妃(西王母) 图像位置、画面人物布局基本与第 296 窟相同,不再赘述。

第 305 窟帝释天(东王公)、帝释天妃(西王母) 位于洞窟窟顶南北

图 4-43　莫高窟第 296 窟帝释天(东王公)

图 4-44　莫高窟第 296 窟帝释天妃(西王母)

图 4-45　莫高窟第 305 窟帝释天(东王公)

两披。帝释天(东王公)位于北披,居中坐于云车上,身穿大袖衣,车顶旌旗翻转,前面四龙拉车,龙前飞天、羽人引导,后面飞天起舞奏乐(图4-45)。帝释天妃(西王母)图像布局与之相同,身穿大袖衣,一手持麈尾,一手持巾,端坐于云车中央,头顶有华盖,后面旌旗招展,四凤拉车在空中腾飞,前后飞天簇拥(图 4-46)。此图像其他人物都继承了西魏第 249 窟的样式,所不同的是以羽人为御者立于车前,并出现了飞行比丘,用来代替持节的驭者引导。隋代表现相同题材的其他洞窟,以此窟画幅最大。

第 401 窟帝释天(东王公)、帝释天妃(西王母)　位于洞窟西壁龛顶南北两侧。帝释天(东王公)位于北侧,乘四龙驾车,头戴笼冠,身穿大袖衣,手持麈尾,头顶有双层华盖,车两侧旌旗飘飘,驭车夫系白色头巾,身着长袍,站在车的右前方,飞天、羽人等前呼后拥(图 4-47)。帝释天妃(西王母)乘

图 4-46　莫高窟第 305 窟帝释天妃(西王母)

四凤驾车，车形、华盖、旗帜等均与对面相同，只是驭者是一个双耳突出，头部、背部均生羽毛的形象，与第305窟的两个驭者在造型上有些相似（图4-48）。

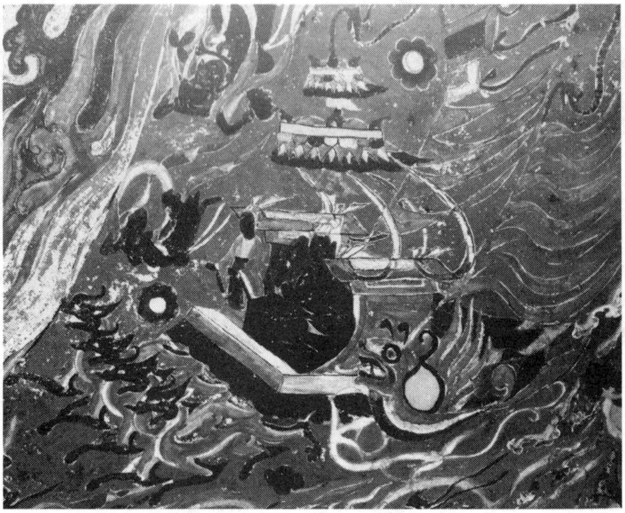

图4-47　莫高窟第401窟帝释天（东王公）

第419窟帝释天（东王公）、帝释天妃（西王母）　位于洞窟窟顶后部，构图方式是中间隔“弥勒经变”相对式。南侧为帝释天妃（西王母），北侧为帝释天（东王公）。帝释天（东王公）乘坐四龙云车，头戴高冠，身穿大袖衣，手举麈尾，头顶有华盖，车两侧旌旗招展，其前面的驭者也身穿长袍，站在车前一侧，飞天、乌获、羽人等前呼后拥，将车包围；对面的帝释天妃（西王母）乘坐四凤云车，身穿大袖衣，手举

图4-48　莫高窟第401窟帝释天妃（西王母）

图 4-49 莫高窟第 419 窟帝释天(东王公)、帝释天妃(西王母)

麈尾,头顶有华盖,两侧旌旗招展,前面驭者穿紧身衣,立在车一侧,与对面形成鲜明的对比,周围飞天、羽人、乌获布局与对面相同(图 4-49)。

第 423 窟帝释天(东王公)、帝释天妃(西王母) 位于洞窟窟顶后部,构图属中间隔“维摩诘”相对式。帝释天妃(西王母)位于南侧,乘坐四凤驾着的云车,身穿大袖衫,前面置一个小案,一手持麈尾,头顶有华盖,左右两侧旌旗招展,车前一个穿长衫的驭者驾车,车侧有一条大鲵,周围有飞天飞舞,抛撒香花(图 4-50)。帝释天(东王公)位于北侧,乘坐在四龙驾车的云车上,身穿红色大袖衣,手持麈尾,头顶有华盖,车前一个身穿长衫的驭者双手握着四龙的缰绳正在小心驾车, 车一侧一条大鲵,周围有飞天飞舞,抛撒香花和甘露(图 4-51)。

药叉画像

药叉是佛教的护法神,据说勇猛健硕,行动轻捷,能够啖鬼。敦煌石窟中多画在中心塔柱和四壁的下层,以示护法。

第 254 窟药叉画像 北魏绘,位于洞窟中心塔柱东向面龛座下。此画面为南侧的两身,第一身老者形象,与鹿头梵志或婆薮仙的造型相似,瘦骨嶙峋,面相苍老,胡跪在地,双手合十,一副磕头求饶的姿态;第二身通体原为红色,上身因变色而发黑,身体壮硕,双眼似铜铃,鼻子粗大,嘴巴

图 4-50　莫高窟第 423 窟帝释天妃(西王母)

图 4-51　莫高窟第 423 窟帝释天(东王公)

图 4–52 莫高窟第 254 窟中心塔柱东向面龛座下药叉局部

大张，上身裸露，颈戴项圈，只穿兜鼻裤，蹲伏在地（图 4–52）。

第 251 窟药叉画像 北魏绘，位于洞窟南壁下方。此画面表现药叉三身，画在山岳之间，第一身身体通红，一手握拳向上举，另一臂向下挥动，表现出挥拳击打山川的姿态；第二身通身白色，肩披长巾，蹲伏于两山之间；第三身通体黝黑，赤裸上身，肩披长巾，似在山间跳跃（图 4–53）。

第 249 窟药叉画像 西魏绘，位于洞窟北壁下方。此画面表现药叉三身，绘于山岳之间，均上身裸露，穿兜鼻裤，第一身弹琵琶，第二身吹筚篥，第三身身体通红，兽首，击打腰鼓（图 4–54）。

图 4–53 莫高窟第 251 窟南壁下方药叉局部

第 288 窟药叉画像 西魏绘，位于中心塔柱西向面龛座下。此画面有药叉两身，均头圆体壮，曲发垂肩，

图 4-54　莫高窟第 249 窟北壁下方药叉局部

第一身通体白色，面目凶恶，肩披长巾，上身裸露，蹲伏在地；第二身通体肉红色，双眼圆睁，赤裸上身，肩披长巾，做跨步姿势，显得身体壮硕，肌肉发达（图 4-55）。

图 4-55　莫高窟第 288 窟中心塔柱西向面龛座下药叉局部

第 296 窟药叉画像　北周绘，位于洞窟南壁下方。此画面有药叉两身，均上身裸露，肩披长巾，第一身通体红色，做逃跑状；第二身通体紫色，做追赶状，非常富有动感（图 4-56）。

图 4-56　莫高窟第 296 窟南壁下方药叉局部

飞天

关于飞天的研究有段文杰[①]、赵声良[②]等先生的。飞天又名乾闼婆、紧那罗，是飞行于佛国天空中的天人，是天龙八部之一。作为佛的卫士，天龙八部中的紧那罗在隋代洞窟里已经从天宫楼阁中腾飞起来，与乾闼婆汇合在一起，形成了自由的飞天群和绕窟一周的飞天行列。她们千娇百媚，自由活泼，有的倚坐在彩云上空，有的仰卧于天光中，有的反臂擎箜篌，有的反手倒扣花盆，与天花流云浑然一体。飞天的形象和身材发生了变化，进入了新的境界。首先飞天的职能从为佛撑伞、抬花环、捧天盖的侍从转变为天国中的欢乐天使，同时又从天国下降到人间，进入宫廷侍奉帝王，飞天的神性被冲淡，增添了几分生活的情趣。下面对十六国至隋代的飞天进行介绍。

---

①段文杰《飞天——乾闼婆与紧那罗——再谈敦煌飞天》，《敦煌研究》1987 年第 1 期。

②赵声良《飞天新论》，《敦煌研究》2007 年第 3 期。

图 4–57　莫高窟第 272 窟北壁上层飞天

第 272 窟飞天　北凉绘，位于第 272 窟北壁上层。飞天面相丰圆，身体短壮，戴花蔓，披大巾，双翼飘扬如鼓，腰裹长裙，姿态大方而略显生硬，因晕染而面部变色，与印度、西域晕染不同，具有敦煌本土特色（图 4–57）。

图 4–58　莫高窟第 251 窟南壁说法图西侧飞天

第 251 窟飞天　北魏绘，位于洞窟南壁说法图上方西侧。飞天面相长而丰润，头戴波斯风新月冠，赤裸上身，腰系长裙，身体略呈“V”字形，四肢修长，动作豪放潇洒，披巾动势对称如双翼（图 4–58）。这是西域飞天接受了汉

图 4–59 莫高窟第 260 窟北壁后部说法图中的飞天

晋绘画影响后形成的敦煌本土风格。

第 260 窟飞天 北魏绘，位于洞窟北壁后部说法图中。此画面是宝盖和佛光西侧的散花飞天像，飞天上身裸露，披长巾，腰系长裙，身体呈“V”字形，披巾动势对称如双翼，肉体与飘带虽然变色，但大裙裾晕染清晰，醒目的白色线描突出了翱翔自如的动势（图 4–59）。

第 249 窟飞天 西魏绘，位于洞窟西壁龛顶北侧。飞天头戴宝冠，赤裸上身，腰系长裙，长巾飞舞，衣带飘飘，双腿修长，一身吹笛，一身拍打腰鼓。作者在狭小的空间里处理人物动作的技巧相当熟练，线描（条）有力生动（图 4–60）。

第 428 窟飞天 北周绘，位于洞窟窟顶北侧。这两身飞天身体修长，裸露上身，腰系长裙，披巾随风飘舞，面部及身部因晕染而变色，线条流畅自然（图 4–61）。

图 4–60 莫高窟第 249 窟西壁龛顶北侧飞天

第 290 窟飞天 北周绘，位于洞窟中心塔柱东向面上

图 4-61　莫高窟第 428 窟窟顶北侧飞天

方。这一组飞天色彩艳丽，结构明快，姿态多样，富有动感，有的捧盘抛撒香花，有的双手拍掌，均表现了飞天凌空飞舞的动势，是北周飞天艺术中的代表作品（图4-62）。

第 301 窟飞天　位于洞窟西壁火焰背光与弧形龛梁之间的壁画上。上面一身双手捧笙，正在吹奏，体态继承了北朝时期的“V”字形样式，从空中飘下；下面一身长裙和披巾高高飘起，不再形成“V”字形姿势，身躯开始舒展，弹奏

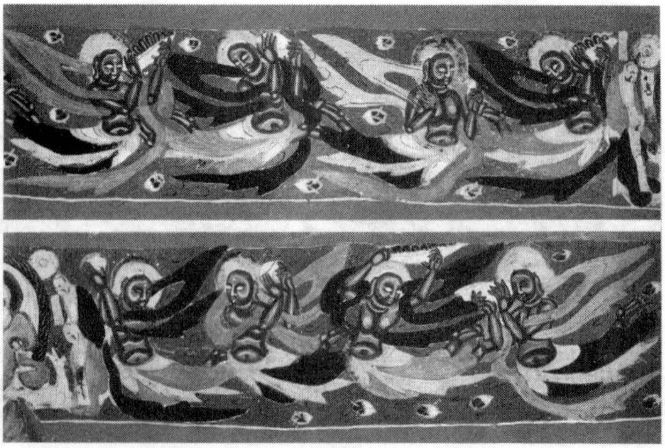

图 4-62　莫高窟第 290 窟中心塔柱东向面上方飞天

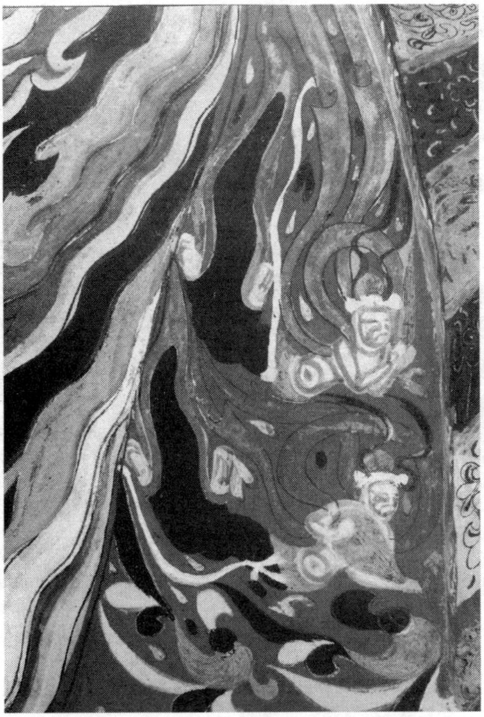

图 4-63　莫高窟第 301 窟飞天

琵琶，从空中飘下，正适合于这一特定空间(图 4-63)。

第 305 窟飞天　位于窟顶西披。这两身散花飞天是东王公飞行行列的前导。飞天的手、腕、臂、肩、腰、腿自然地曲折相连，形成优美的姿态。飞天的头巾、披巾以及长裙被风吹起，突出了飞行的速度感，一个倾倒甘露，一个抛撒香花，姿态优美，造像夸张，迎风飞舞，衣带飘扬。飞天的上部为飞行着的比丘形象（图 4-64）。

第 404 窟飞天　位于洞窟西壁龛顶北侧。这身飞天头戴花冠，项饰为金色，左手托花盘，右手散花，从空中俯身缓缓飘下，飘带在上空飞舞，姿态优美动人，浓重艳丽的色彩增强了欢快的气氛(图 4-65)。

图 4-64　莫高窟第 305 窟飞天

第 423 窟飞天　位于洞窟西壁龛顶北侧。这身飞天身躯自然扭曲，双手捧花盘，头巾、披带和长裙随风后飘，恰好填补了剩余的空间，飞

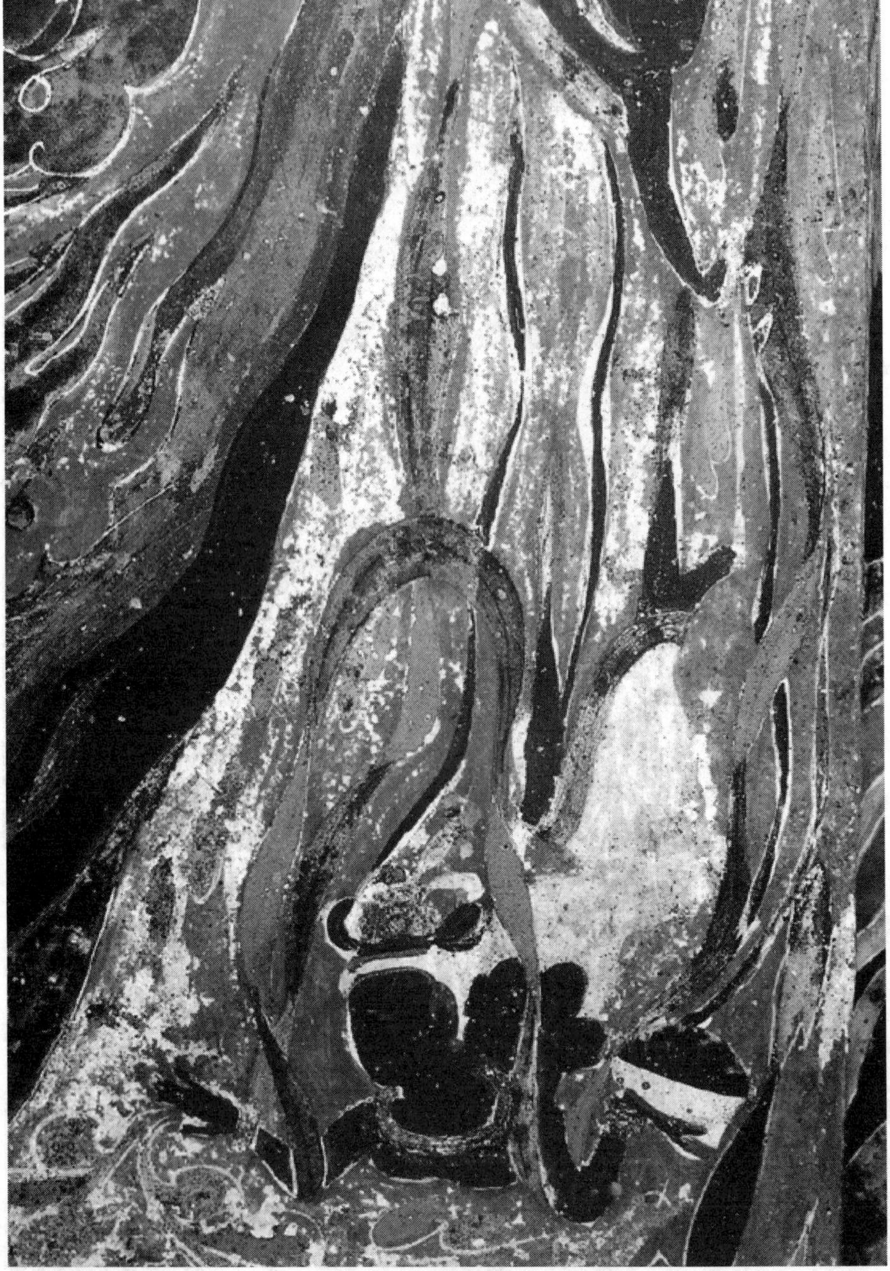

图 4-65　莫高窟第 404 窟飞天

天形象不大，但所配瓔珞、臂钏和手镯都是精心描绘，在已经变黑的裸体上闪烁着迷人的蓝光（图 4-66）。

第 427 窟飞天　位于洞窟南壁上部。此窟四壁上部绘有一条飞天带，图中的这两身，一身弹琵琶，一身一手托盘、一手撒鲜花，身躯扭曲自然，体态轻盈，自由洒脱，漂亮自由地飞行在蓝色的天空中，头巾、飘带、长巾随风起舞，像一个个精灵畅游在蓝色的海洋之中（图 4-67）。

图 4-66　莫高窟第 423 窟飞天

图 4-67　莫高窟第 427 窟飞天

图 4-68　莫高窟第 278 窟飞天

第 278 窟飞天　位于洞窟西壁龛顶北侧。这身飞天飘飞在龛顶上，身材扭曲，手持花朵，土红的底色与飞天裸露在外的上身形成鲜明的对比，反衬出飞天的肌肤更加粉白细腻，身姿苗条妙曼，回首俯视的动作与向后飘浮的绸带相呼应（图 4-68）。

第 313 窟飞天　位于洞窟北壁说法图内。这两个飞天，面相方圆，在淡色背景的衬托下，显得肌肤更加润泽，弯眉细目，双颊红晕，姿态优雅自然，从空中飘下，一个弹琵琶，一个撒鲜花，已经有了唐代人物画法的形态（图 4-69）。

图 4-69　莫高窟第 313 窟飞天

第 390 窟飞天　位于洞窟南壁上部。第 390 窟四壁上部都绘有飞天，这身飞天与其他不同，其他飞天多是姿态优雅舒展，从空中飘下，而这身飞天缓缓飘浮在浅蓝色的天空中，不

图 4–70　莫高窟第 390 窟飞天

是飘向人间，而是在空中敲击方响，演奏天乐，仿佛她演奏的美妙的音乐就在天空中回响激荡（图 4–70）。

天宫伎乐

莫高窟早期的天宫伎乐多画在洞窟四壁上沿绕窟一周的楼阁建筑内。天宫楼阁的形象，由西域式的穹隆建筑和汉式斗拱构建的阁台栏墙组合而成。楼阁内表现姿态各异的乐舞天人。

第 251 窟天宫伎乐　北魏绘，位于洞窟南壁大型说法图以西的上层一段。伎乐均赤裸上身，腰系长裙，站在圆券形龛门前，第一身弹曲颈琵琶，其余四身载歌载舞，造像活泼优美（图 4–71）。

图 4–71　莫高窟第 251 窟南壁上部天宫伎乐

第 435 窟天

宫伎乐　西魏绘，位于洞窟西壁上部。西壁南端上部画天宫伎乐五身，做各种舞蹈动作。此期的天宫出现了汉式的楼阁和西域圆券形建筑相间的组合形式。

图 4-72　莫高窟第 435 窟西壁上部天宫伎乐

汉式楼阁内的伎乐大都穿通肩式或右袒式衣服(袈裟)，而圆券形建筑内的伎乐大都赤裸上身，腰系长裙(图 4-72)。

第 248 窟天宫伎乐　西魏绘，位于洞窟南壁上部。此画面最西端圆券形建筑中为一大人头，貌似婆罗门。这种形象由于是在伎乐行列中出现，有人认为是传自西域的舞蹈面具，也有人认为是“大头仙人”。其余伎乐则是载歌载舞，姿态活泼(图 4-73)。

第 249 窟天宫伎乐　西魏绘，位于洞窟南壁。此画面为南壁上部东

图 4-73　莫高窟第 248 窟南壁上部天宫伎乐

端的天宫伎乐，他们或奏乐，或舞蹈，动作有张有合，富有节奏感。最东端一大人头，高鼻深目，貌似婆罗门，疑为西域式的舞蹈面具或“大头仙人”（图4–74）。

图 4–74 莫高窟第 249 窟南壁上部天宫伎乐

隋代说法图

隋代洞窟中的尊像画除了千佛之外，主要表现在说法图中，因此，对隋代的尊像画以说法图的形式总体进行介绍，而不再进行详细分类。

第 302 窟说法图　位于北壁中央。佛结跏趺坐于中央，脸型方圆，体态丰满，保留了北周人物造型的主要特征，身着双领下垂式袈裟，坐于金刚座上，菩萨侍立于左右，左侧菩萨左手上举抚胸，右手下垂，蓝色的披巾周身缠绕，站在莲台上；右侧菩萨右手持物，左手下垂握飘带，红色的披巾周身缠绕，站于莲台上。佛说法的背景为双树和飘落的鲜花，佛面部、颈部、双手、双脚以及菩萨的璎珞、手镯等均残留有涂金的痕迹，由此可见，这铺说法图是何等的金碧辉煌（图 4–75）。

第 303 窟释迦、多宝说法图　位于北壁东侧。这幅说法图是《法华经》中见宝塔品的情节。在法华会上，有多宝塔涌现，释迦佛依照众人之

请，开启塔门，塔内多宝佛分半座给释迦佛，请他入塔，二佛并坐说法。这幅图中的多宝塔被绘成圆券形龛，释迦、多宝二佛并坐，一佛身穿通肩式袈裟，另一佛身穿偏右袒式袈裟，袈裟衣领稍有交叉，二佛双手结印，相对并坐，中间有一座佛塔，龛内外各有二菩萨，龛内二菩萨均捧钵供养，龛外左侧菩萨手持莲花，右侧菩萨手提净瓶，立于莲台上，佛座前蹲立双狮，起着护卫作用，佛座下三力士做举塔状（图 4–76）。

图 4–75　莫高窟第 302 窟说法图

第 311 窟说法图　位于洞窟北壁中央。此窟南北两壁中央各画一说法图，这是北壁一幅。图中为一佛二弟子二菩萨组合，主尊佛像庄严，坐于金刚宝座上，头顶有华盖，身穿半偏右袒式袈裟，双手结印；两侧空中飞天散花飞舞，衣带飘飘；

图 4–76　莫高窟第 303 窟释迦、多宝说法图

图 4–77 莫高窟第 311 窟说法图

左右两菩萨胁侍立于莲台上，左侧菩萨手持莲花，右侧菩萨手提净瓶；佛后二弟子侍立，由于变为黑色，画面的人物面目不清，背景画有装饰性很强的双树，树身苍劲有力，树枝繁茂（图4–77）。

第 298 窟说法图　位于洞窟西壁中央。此窟为一米见方的小窟，四壁不开龛，也不塑像，西壁画说法图一铺，组合为一佛十弟子二菩萨，主尊佛结跏趺坐于金刚座上，身穿双领下垂式袈裟，内着交领僧祇支，双手结印，头顶有华盖，背后为双树，顶部左右两侧二飞天正在散花飞舞，两侧各有五弟子，躬身站立，最前面两身弟子，左侧一身穿双领下垂式袈裟，左手提净瓶，右手托钵，右侧一身穿双领下垂式袈裟，袈裟一角搭在左臂上，右手上举，左手提净瓶，两边二菩萨胁侍，均立于莲台上。画面结构严整，布局合理，是较为标准的说法图样板（图 4–78）。

图 4–78 莫高窟第 298 窟说法图

第 407 窟说法图　位于洞窟东壁门上。这种东壁

图 4-79　莫高窟第 407 窟说法图

门上画说法图的形式最初见于北魏，隋代被广泛采用。此图为一佛二弟子二菩萨组合，佛内穿交领僧祇支，外披双领下垂式袈裟，双手结印，结跏趺坐于须弥座上；弟子为标准的一老一少造型，与洞窟雕塑中的同类造型相同，右侧的迦叶像为一年老番僧形象，长鼻小眼，嘴唇上的胡须和眉毛皆花白，双手合十，内着交领僧祇支，外披白色袈裟，颇具特色，左侧弟子为一年轻的比丘形象，外披白色袈裟，双手合十，立于佛座一侧，专注听佛说法；二菩萨头戴宝冠，上身裸露，佩戴项圈、璎珞、手镯，长巾飘飘，侍立于仰叶莲花上，左侧一身左手上举，作手姿，右手自然下垂，右侧一身，双手供宝；顶部两侧，二飞天在空中起舞，抛撒香花（图 4-79）。

第 420 窟说法图　位于洞窟东壁门上。这铺说法图为一佛十弟子二菩萨的组合。佛结跏趺坐于莲花座上，头顶为宝盖，身穿交领僧祇支，外罩圆领僧衣，座下是金刚座，座身下有两龛，龛内坐二金刚守卫，两龛之间有摩尼宝珠，佛龛两侧还有金属支架，非常具有特色；佛左右两侧各有五弟子一菩萨，弟子形态各异，姿态自然逼真，有的满脸胡须，有的年轻俊秀，有的体态肥胖，有的瘦骨嶙峋，有的认真聆听佛法，有的手持香炉供养，有的则轻声相互交谈；菩萨侍立于前方左右两侧，头戴宝冠，双肩

披巾，下着长裙，项饰、瓔珞、臂钏、手镯均为金色，其中左侧菩萨手提净瓶，右侧菩萨供宝(图 4-80)。

第 390 窟说法图　位于北壁中央。第 390 窟南北两壁做对称的布局，均以说法图为主题。北壁中央这幅为弥勒菩萨说法图。弥勒菩萨倚坐于画面中央，头戴化佛冠，佩戴瓔珞，右手上举施无畏印，左臂轻轻搭在左腿上，双脚踩踏莲花上，身后为华龙双树，头顶为伞盖，左右两侧各有一个飞天腾空而下，抛洒香花，左右两侧各一胁侍菩萨，左侧一身一手上举，手中持物模糊，右侧菩萨一手上举拿莲花，一手提净瓶，均立于莲台之上(图 4-81)。

第 244 窟说法图　位于洞窟东壁北侧。此铺说法图比较特殊，佛结跏趺坐于须弥座上，头顶有宝盖，身穿双领下垂式袈裟，双手结印，面部、

图 4-80　莫高窟第 420 窟说法图

手部肌肤以及佛座的上面露出的地方涂金，左右两侧菩萨侍立，左侧菩萨左手举一烛台，右手下垂，手握飘带；右侧菩萨一手持莲花，一手上举；菩萨外左侧画阿修罗王，披巾，着短裙，左手举一宝珠（周围放射光芒），右手下垂，提净瓶，双龙缠身一直到头顶盘绕，右侧画毗那夜迦，象头人身，服饰与阿修罗一致，画面背景为两棵巨大的菩提树，枝繁叶茂，郁郁参天（图4–82）。从此幅说法图来看，当是艺术探索过程中，一种新的说法图或经变画正在酝酿或产生。

图 4–81　莫高窟第 390 窟说法图

图 4–82　莫高窟第 244 窟说法图

二、故事画

故事画是敦煌北凉至北朝时期壁画的重要内容，在洞窟中起着表达洞窟主题思想的作用。敦煌石窟中的故事画可分为佛传、本生、因缘故事画三种类型。

佛传故事画

佛传就是记述佛祖释迦牟尼生平事迹的故事，佛传故事画就是用画面来表现佛一生传记的故事画。佛传故事画画面一般从佛降生的乘象入胎开始，到涅槃结束。用连环画表现了佛入胎（乘象入胎）、降生（树下诞生）、成长、出游四门、出家（夜半逾城）、苦修、悟道、降魔（降魔成道）、成佛（鹿野苑初转法轮）及涅槃等种种场面。依据的佛经有东汉昙果、康孟祥、竺大力译《修行本起经》，三国吴支谦译《佛说太子瑞应本起经》，西晋竺法护译《普曜经》，南朝宋求那跋陀罗译《过去现在因果经》，马鸣撰、南朝宋释宝云译《佛本行经》，马鸣撰、失译《佛所行赞》，南朝梁僧佑译《释迦谱》等。敦煌石窟中最早的佛传故事画绘于北凉第275窟中，之后北魏第254、260、261、263窟，西魏第431窟，北周第428、290、294窟，隋代第

278、280、383、397 窟，唐代第 57、209、283、322、329、375、386、112 窟，五代第 61 窟，宋代第 454 窟等均有不同程度的绘制，其中第 290 窟以横卷式连环画的形式，第 61、454 窟以屏风画的形式表现了释迦牟尼平生的事迹。这些故事画的构图方式一般采用单幅或连环画的形式表现。

十六国北朝时期的佛传故事画多表现佛乘象入胎、出游四门、夜半逾城、降魔成道、鹿野苑初转法轮、涅槃等情节，较为完整的佛传故事画则表现在北周第 290、294 窟中，其中第 290 窟画面清晰，情节曲折动人，是佛传故事画的代表作品。

隋代的佛传故事画内容没有北周时期那么多，位置多在主室西壁龛的左右两侧，情节也较为简单，多是乘象入胎和夜半逾城两个情节。另外，个别洞窟中也出现了降伏毒龙、迦叶集结以及涅槃等故事情节。

出游四门

出游四门是讲乔达摩·悉达多太子思念出家，国王十分担忧，命令太子出游散心，而太子在城门口分别见到生、老、病、死及僧人的故事。除了第 290 窟有完整的故事情节外，北凉第 275 窟也有表现。

第 275 窟出游四门　北凉绘，位于洞窟南壁中部。画面横卷式构图，自西向东绘出四个画面，可惜东侧两个画面残毁，只有西侧的太子见老人、僧人两个情节。画面表现太子骑马穿越东门出城，遇见一位白发苍苍、身体佝偻的老人。左侧太子骑马站在城门口，双目下视，双手前伸询问，一旁的侍者指向老人，对面一老人白发白须，弓背弯腰，一手上举，周围是伎乐天人弹琴奏乐。下一个画面，构图布局与上面相同，左侧的太子画面残，右侧画一身穿袈裟的僧人，中间表现飞天在空中散花，伎乐在弹琴奏乐（图 4-83）。

图 4-83 莫高窟第 275 窟南壁出游四门

乘象入胎

乘象入胎与夜半逾城均是佛传故事画中最流行的题材。佛母摩耶夫人夜晚梦到有菩萨乘白象前来投胎，于是怀孕，后生乔达摩·悉达多，即后来的佛祖释迦牟尼。这类故事画是表现菩萨乘白象投入夫人胎中，依据《修行本起经》《佛说太子瑞应本起经》等经典绘制而成。敦煌北朝石窟中单幅表现此内容的画面较少，除了第 290 窟之外，只出现于西魏第 431 窟中。隋代有第 278、280、383、397 窟，到了唐代继续出现，或作为整个佛传故事的一个画面，或以单独画面出现，一般与夜半逾城相对，绘于洞窟龛内外左右两侧。此故事画构图情节简单，与夜半逾城等画面对称出现时通常表现为一个情节。

第 431 窟乘象入胎　西魏绘，位于中心塔柱南向面上层龛外东侧。上方菩萨身上的天衣和华盖上长幡迎风飘扬，华盖两侧双龙伴随，下方菩萨上身裸露，下着黑色长裙，坐在大白象驮着的莲花上，一手上举，一手提净瓶，白象奔驰的姿态、周围飞舞的香花以及迎风飘扬的长巾，表现出了菩萨急于投胎的迫切心情（图 4-84）。细节刻画细腻，生动活泼。

第 278 窟乘象入胎　位于洞窟西壁龛外北侧。此画面构图简洁，以土红色为底色，一头大象足踏莲花，菩萨结跏趺坐于象背部的莲花座上，一手上举，一手置于膝部，上身裸露，双肩披巾，飘带绕身，前面两个伎乐

图 4-84　莫高窟第 431 窟乘象入胎

图 4-85　莫高窟第 278 窟乘象入胎

演奏箜篌、笛子引导，后面两菩萨随行，一个演奏箜篌，一个弹奏琵琶(图 4-85)。

第 280 窟乘象入胎　位于洞窟西壁北侧。这幅画面与前一幅不同，以白色为底色，菩萨游戏坐于大白象上，上身裸露，衣带飘飘，大象四足不是足踩莲花，而是由力士托举前行，四力士上身裸露，穿兜鼻裤，均高举象足向前飞奔，大象前面有伎乐弹奏琵琶，上空有力士、飞天在前面引路(图 4-86)。

第 397 窟乘象入胎　位于洞窟西壁龛顶北侧。这幅画面人物形象更为丰富，菩萨游戏坐于白象上(由于变色而变黑)，右手上举，左手置于膝上，头戴宝冠，后有桃形头光，下面大象四蹄腾空，足踩莲花，做向前奔跑状；菩萨上空，三身飞天空中飞舞，遍撒鲜花，飞天姿态优雅，最前面一飞

图 4-86　莫高窟第 280 窟乘象入胎

天双手举净瓶，遍洒香露，在前面引路；菩萨前方，两身伎乐，脚踩莲花，弹奏乐器，菩萨身后，两个伎乐高举长幡随行（图 4–87）。

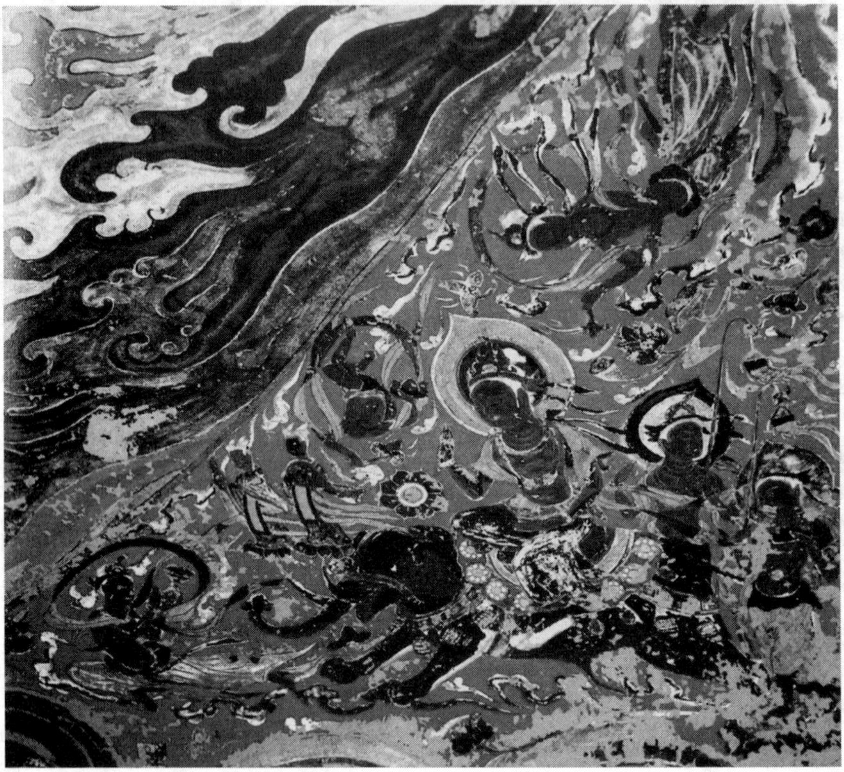

图 4–87　莫高窟第 397 窟乘象入胎

夜半逾城

故事是讲太子在出游后便准备出家。半夜，国中人均昏睡不醒，在诸天的帮助下城门无声开启，太子骑马逾城而出，开始了漫长的苦行生活。依据《修行本起经》《佛说太子瑞应本起经》等佛经绘制而成。敦煌石窟中此故事画最早出现于西魏第 431 窟，北周第 290、294 窟，隋代第 278、383、397 窟也有绘制，唐代继续流行，五代第 61 窟、宋代的第 454 窟也有出现。此故事画或作为佛传的一个画面情节，或以单独的画面加以表现。隋代均以单独画面出现，并与乘象入胎相对。

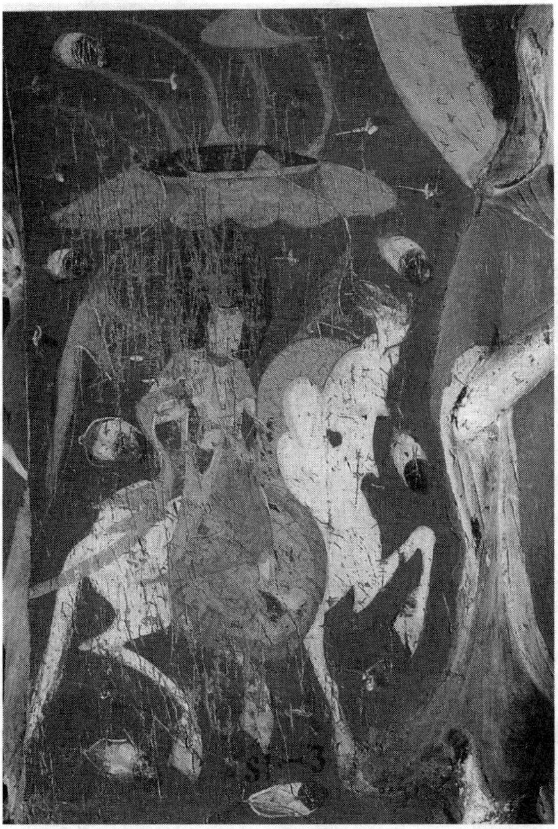

图 4-88　莫高窟第 431 窟夜半逾城

第 431 窟夜半逾城　西魏绘，位于中心塔柱南向面上层龛西侧。画面中央，菩萨头戴王冠，头顶有华盖，身披交叉的天衣，下着红裙，坐于白马上，座下白马一蹄抬起，疾驰飞奔，画面突出表现了白马疾奔时的力量和轻快，也衬托出了太子出家时的坚定决心。这幅画面是莫高窟最早的逾城出家图，构图简约，与敦煌隋代以后出现的逾城出家图中四个天人托着马蹄腾空而起的画面形成鲜明的对比(图 4-88)。

第 278 窟夜半逾城　隋朝绘，位于洞窟西壁南侧。此画面表现悉达多太子骑马飞越城墙，准备进山苦修的情节。太子身穿大袖衫，骑一匹白马，双手抓住缰绳，蓝色的飘带在空中形成一个圆弧形，给人一种自然清新的感觉，白马被四个活泼的小天神各托一足，高高举起，向前飞行，太子身后一小天神乘云跟随(图 4-89)。

第 397 窟夜半逾城　隋朝绘，位于洞窟西壁龛顶北侧。此画面与对面的乘象入胎情节相呼应。画面中太子身着大袖衣，左手上举，头后有桃形头光，身下坐骑腾空而起，四蹄各被一个小天神托起，向前飞行；前面

画两身飞天，前一身倒着飞行，抛洒香花，后一身侧面飞舞，一手持花盘，一手抛撒香花，后面两身伎乐弹奏琵琶和箜篌，其后均有桃形头光；太子头顶一身飞天身体下倾飞行，一手持花盘，一手向下抛撒鲜花，后方有一个羊头的怪兽跟随（图 4-90）。

图 4-89　莫高窟第 278 窟夜半逾城

降魔成道

这是表现太子在菩提树下发誓成道，欲界魔王波旬带领魔军及其眷属用武力进攻、美色引诱等各种方法进行干扰和破坏，企图破坏释迦牟尼成佛的画面。敦煌石窟北朝时期的降魔成道图有北魏第 254、261、263 窟，北周第 428 窟。

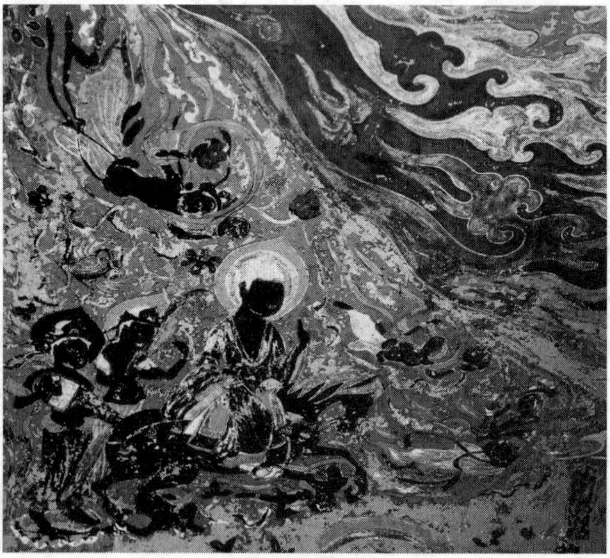

图 4-90　莫高窟第 397 窟夜半逾城

第 254 窟降魔变　北魏绘，位于洞窟南壁前部。正中释迦牟尼结跏趺坐于菩提树下，深入禅定，即将成道。周围表现魔王率领

魔女、魔军干扰佛法的场面。左下角是三个妩媚的魔女俯首弄姿，进行色诱，右下角显示在释迦牟尼的法力下，魔女变成三个丑陋的老妪。画面上部描绘因诱惑不成，魔军大举进攻，各种各样的怪兽手持不同武器向佛进攻，怪兽有的长着长鼻子，有的长着鳄鱼嘴巴，有的头上长角，有的持弓箭，有的持长矛，有的持毒蛇，面目狰狞，凶猛异常。释迦牟尼不离座位，降服魔军。惨败的魔王与魔军无奈的只得向释迦牟尼下跪求饶。作者用动静对比的手法，通过魔王与魔军的惊慌失措、丑态百出，衬托出释迦牟尼的镇定自若和佛定降魔之理。画面以丰富的想象力和夸张的艺术表现手法对魔军进行了奇形怪状、丑陋狞恶的刻画，形成美与丑的鲜明对比(图 4–91)。此铺降魔变是敦煌石窟同类题材中的代表作品。

第 261 窟降魔变　北魏绘，位于洞窟南壁前部。此降魔变与第 263 窟的降魔变形式相近，中央佛结跏趺坐于金刚座上，双手结印，身穿偏右袒式袈裟，内着僧祇支，下方左侧三个魔女模糊，右侧三个老妪清晰，上方及周围魔众，只有东侧魔军的身体鲜艳如新(图 4–92)。

图 4–91　莫高窟第 254 窟降魔变

图 4–92　莫高窟第 261 窟降魔变

第 263 窟降魔变　北魏绘，位于洞窟南壁前部。画面中央佛结跏趺坐于金刚座上，身穿偏右袒式袈裟，内着僧祇支，双手结降魔印。下方左侧为三个漂亮的魔女，俯首弄姿，右侧为三个头发花白的老妪；上方及周围魔众手持各种武器向佛进攻。此画面与第 254 窟降魔变布局相似，但人物安排比较疏朗，气氛也不是很紧张。画面曾被西夏壁画覆盖，后被剥出，因此色彩鲜亮，绘画细腻（图 4–93）。此铺降魔图是敦煌石窟北朝同类题材壁画中的精品。

图 4–93　莫高窟第 263 窟降魔变

第 428 窟降魔变　北周绘，位于洞窟北壁。画面中央佛结跏趺坐于金刚座上，右手抚膝，左手上举，持袈裟一角，身穿偏右袒式袈裟，内着僧祇支，下方一人趴伏在地，下方左侧画魔女两人，靠

图 4–94　莫高窟第 428 窟降魔变

近佛的位置绘出了魔王与侍从，右侧表现两身老妪，靠近佛处表现魔王；上方左右两侧画魔众手持武器向佛进攻，此画面气势宏大，艺术效果强烈，是北朝降魔变的代表作品（图 4–94）。

涅槃图

涅槃经变主要依据《大般涅槃经》绘制而成，是宣说如来常住、涅槃常乐我净、众生悉有佛性乃至阐提成佛等义的经典。主要表现释迦牟尼佛涅槃，诸菩萨、弟子以及世俗信徒等哀悼的情景。敦煌石窟现存 17 铺涅槃图，最早见于北周时期，现存 2 铺，第 428 窟西壁和西千佛洞第 8 窟西壁。隋代 4 铺，绘于第 295、280 窟人字披顶西披以及第 427 窟前室西壁顶部；另外，第 420 窟出现了与法华经变结合的涅槃经变。初唐、盛唐 7 铺，绘塑于第 332、120、130、39、46、225、148 窟，构图已经发展成连环画形式，规模空前宏伟，艺术水平也很高。中唐 4 铺，绘塑于第 44、185、92、158 窟。晚唐自张议潮收复瓜、沙以后，莫高窟涅槃经变突然绝迹。北朝时期的涅槃经变是作为佛传的一个重要部分加以表现的。

第 428 窟涅槃图　北周绘，画面位于洞窟西壁。释迦牟尼佛躺在树下佛床上累足而卧，涅槃，众弟子与部众围绕哭泣，大弟子迦叶抱足痛哭，众人身后的双树绽开白花（图 4–95）。

图 4-95　莫高窟第 428 窟涅槃图

西千佛洞第 8 窟涅槃图　北周绘，画面绘出了佛涅槃、弟子与部众举哀、迦叶抚足等内容，两侧各绘一棵树。①

第 290 窟佛传故事画　北周绘，位于洞窟窟顶人字披两披。依据《修行本起经》绘制，画面总长 27.5 米，从释迦入梦受胎开始到降魔成道结束，表现出了 80 多个画面情节。

洞窟东西两披均画壁画三栏。东披从上栏南端开始，至北端转入中栏，至南端中栏结束，右侧从南端下栏开始，至北段下栏结束。绘出了入梦受胎、摩耶说梦、出游观花、树下诞生、步步生莲、九龙灌顶、母子还宫、国王出迎、宝物悉现、经商得利、取名悉达、王礼太子、礼拜神庙、还宫占

①敦煌涅槃经变的研究可参考贺世哲《敦煌壁画中的涅槃经变》，《敦煌研究文集·敦煌石窟经变篇》，兰州：甘肃民族出版社，2000 年。

相、天降三十二祥瑞、青莲生狮、阿夷观相、阿夷礼太子、修四时殿、命太子学书、太子赴学、太子回宫、思念出家等情节(图 4-96)。西披从上栏南端开始,与东披走向相同,至西披下栏南端结束,绘出了两国议亲、献计试艺、裘夷观艺、太子赴戏场、象塞城门、掷象相扑、比试射艺、得胜回宫、掷樱娶妃、复议聘嫁、聘娶二妃、裘夷回禀、使太子出游、出游四门、树下观耕、王礼太子、裘夷说梦、天神劝请、决心出家、逾城出家、车匿还宫、举国悲恸、追寻太子、五人礼释迦、五人皈依、释迦成道、鹿野苑初转法轮等情节(图 4-97)。①

此铺佛传故事画较为完整地表现了从投胎到鹿野苑初转法轮的故事情节,其中树下诞生、步步生莲、九龙灌顶、出游四门、夜半逾城、鹿野苑初转法轮等许多画面成为佛传故事画的经典情节,后代在表现同类情节的时候,均采用了与第 290 窟相同的表现方式。此画是敦煌石窟中佛传故事画的代表作品。

图 4-96　莫高窟第 290 窟人字披东披佛传 1

图 4-97　莫高窟第 290 窟人字披西披佛传 2

①樊锦诗、马世长《莫高窟第 290 窟的佛传故事画》,《敦煌研究》创刊号(总第 3 期),1983 年。

释迦降伏毒龙

此故事画绘于莫高窟第305窟，是以佛说法的形式表现出佛降伏毒龙的故事，画面位于洞窟西壁南侧。故事是说释迦成道后教化迦叶三兄弟，此时正直毒龙肆虐，危害生灵，迦叶祭火神而不能降服。释迦到来，禅定后，毒龙喷吐火焰来袭，草堂大火燃烧，唯有释迦佛坐的地方没有火，毒龙看到此情景，便进入释迦钵中，毒火立即熄灭。于是迦叶三兄弟皈依，后来迦叶成为佛最著名的十大弟子之一。此说法图为一佛四菩萨的常见组合，佛身穿圆领通肩式袈裟，结跏趺坐于金刚座上，右手托钵，左手上举罩向钵口，钵中盘卧一条小龙，龙头伸出钵外，两侧各绘二菩萨，左侧两身均右手上举，右侧两身右手持花朵，侍立莲花上，菩萨姿态各异，衣巾飘动（图4–98）。这幅说法图人物造像组合简单，色彩单纯，画法虽然简练，但整体感觉非常浑厚，以抽象的手法既表现了佛说法的场面，同时又向我们讲述了佛传中降伏毒龙的故事。

图4–98　莫高窟第305窟降龙说法图

迦叶结集

迦叶结集是佛涅槃后大弟子迦叶召集五百罗汉集会，阿难通过迦叶的多重考验后，升坐须弥高台，背诵释迦所说佛法，众罗汉听问讨论，最后集成经文的故事。左侧八位比丘分两排跪地，中间一个高大的须弥座上，阿难身穿双领下垂式袈裟，手持经卷做宣读状，头后有圆形头光，右

侧几只莲花枯萎，老弟子迦叶坐于莲花台上，正在浇灌这些即将枯萎的莲花（图 4–99）。暗示佛涅槃后佛法不兴，需要进行结集，此幅故事画作为单独画面出现在隋代第 280 窟。

图 4–99　莫高窟第 280 窟迦叶集结说法图

本生故事画

本生画就是表现释迦牟尼佛过去若干世中为菩萨时教化众生、普行六度、忍辱牺牲、救世救人的种种事迹的故事画。敦煌石窟中本生故事画在北朝时期非常流行，有毗楞竭梨王本生、虔阇尼婆梨王本生、尸毗王本生、月光王本生、快目王本生、九色鹿王本生、摩诃萨埵太子本生、雪山大士本生、须达拏太子本生、独角仙人本生、须阇提太子本生、善事太子本

生、睒子本生等。

这些故事画所据佛经有《六度集经》《大智度论》《贤愚经》《菩萨本缘经》《菩萨本鬘经》《菩萨本行经》《大般涅槃经》《九色鹿经》《太子须达拏经》《佛说睒子经》《大方便佛报恩经》等。在北凉第275窟，北魏第254、257窟，西魏第285窟，北周第461、428、294、296、299、301窟，中唐第231、237、238窟，晚唐第9窟，宋代第454窟等窟中均有表现。敦煌北朝石窟的本生故事画最为丰富，是北朝石窟壁画艺术的重要内容。故事画构图形式多样，有主体式单幅构图、主体式多幅构图、连环画等构图方式。

隋代的本生故事画有十一种十六幅，内容有毗楞竭梨王身钉千钉本生、虔阇尼婆梨王身燃千灯本生、尸毗王割肉贸鸽本生、月光王施头本生、快目王施眼本生、萨埵太子舍身饲虎本生、须达拏太子本生以及睒子孝养双亲本生等。除了萨埵太子舍身饲虎本生、须达拏太子本生、睒子孝养双亲本生为多幅、多情节的故事画之外，其余故事画面情节均较简单，多为一幅一个故事，最多三幅表现一个故事。

毗楞竭梨王身钉千钉本生故事画

内容依据《贤愚经·梵天请法六事品》。故事梗概为：毗楞竭梨王喜欢佛法，有一个婆罗门名叫劳度叉，他说如果有人愿意千钉钉身，他就为其说法。毗楞竭梨王听到后非常高兴，听法后不悔誓言，让劳度叉用千钉钉其身。敦煌石窟中现存此故事画的有北凉第275窟和隋代第302窟，均以单幅的故事画形式表现。

第275窟毗楞竭梨王本生故事画　北凉绘，位于洞窟北壁。画面中央国王着菩萨装，单腿跷起，坐于方座上，上身裸露，头顶有头光，肩披长巾，左侧婆罗门一手持钉，一手挥锤向国王胸部钉钉，地上一眷属跪地，仰头，托腮，因不忍国王身钉千钉表现出痛苦悲伤的神情。画面突出钉钉这一主题，着重渲染了毗楞竭梨王以超人的忍耐力承受着肉体上的极大

图 4-100　莫高窟第 275 窟北壁毗楞竭梨王本生故事画

痛苦，突出国王泰然自若、安详大度的精神。整个画面构图简单、完整（图 4-100）。[①]

第 302 窟毗楞竭梨王本生故事画　此画仅用一个情节来表现。双树下，毗楞竭梨王身穿菩萨装，上身裸露，坐于宝座之上，双手交叉抚胸，做发愿状，对面一人右手举一铁钉对准其身，左手高举一个巨大的榔头，奋力砸向钉子（图 4-101）。

虔阇尼婆梨王身燃千灯本生

虔阇尼婆梨王本生故事画是依据《贤愚经·梵天请法六事品》绘制而成。故事梗概为：虔阇尼婆梨王为了寻求真正妙法，公告天下，这时有劳

---

①马世长《敦煌莫高窟北朝本生、因缘故事画》，载同著者《中国佛教石窟考古文集》，新竹：台湾觉风佛教艺术文化基金会，2002 年。顾淑彦《敦煌石窟贤愚经变研究——以莫高窟第 146 窟为中心》，兰州大学 2009 年硕士学位论文。

图 4-101　莫高窟第 302 窟东披毗楞竭梨王本生故事画

度叉来到王宫，声称如果大王能够身燃千灯作供养，就愿意说法。国王欣然答应，闻毕偈语，即任劳度叉在自己身上剜燃千灯。敦煌石窟中现存此故事画的有北凉第 275 窟和隋代第 302 窟，且均是以单幅故事画的形式表现。

第 275 窟虔阇尼婆梨王本生故事画　北凉绘，画面位于北壁。画面中央一菩萨装国王坐于坐墩上，身部画面残，旁边立一位婆罗门，左手伸向国王，可能做剜肉状，右手持一支灯芯，国王腿旁靠着一位女子，做悲伤状。此画面虽残，但构图简单，表现出了国王闻法不惜身燃千灯忍受痛

苦的精神(图 4-102)。①

第 302 窟虔阇尼婆梨王本生故事画 此画只有一个情节。画面中间虔阇尼婆梨王头戴王冠坐在方凳之上,上身裸露,左侧站着一个婆罗门,右手上举与虔阇尼婆梨王对话,右侧一个人一只手持一灯芯,正准备插在国王身上(图 4-103)。

尸毗王割肉贸鸽本生

内容依据《贤愚经·梵天请法六事品》《六度集经·菩萨本生》等绘制而成。故事梗概为:尸毗王心好佛法,并发誓普度众生。帝释天与毗首羯摩分别变成老鹰和鸽子,对尸毗王进行试探。老鹰追逐鸽子,鸽子逃到尸毗王处寻求保护,老鹰飞到尸毗王处索要鸽子,称如果不归还鸽子,自己也将会饿死,尸毗王于是割下自己的肉挽救鸽子。老鹰要求肉与鸽子等重,尸毗王将身上的肉割尽也不抵鸽子重,为实现自己的誓愿,举身坐入称中。尸毗王的行为感动了天地,天人赞叹,大地震动,帝释天恢复了原形,以神力使尸毗王身体恢复原状。

图 4-102 莫高窟第 275 窟北壁虔阇尼婆梨王本生故事画

①马世长《敦煌莫高窟北朝本生、因缘故事画》,载同著者《中国佛教石窟考古文集》,新竹:台湾觉风佛教艺术文化基金会,2002 年。

敦煌石窟中绘有此故事画的有北凉第 275 窟、北魏第 254 窟、隋代第 302 窟。

图 4-103　莫高窟第 302 窟虔阇尼婆梨王本生故事画

第 275 窟尸毗王本生故事画　北凉绘，画面位于洞窟北壁。由两幅画组成，左侧图中间尸毗王坐于坐墩上，右手持鸽子揽入怀中，左腿舒展向外倾斜，旁边一人正在用刀割他腿上的肉；右侧画面中央一人站立，手持一杆秤，秤两端各有一盘，一侧尸毗王坐于盘中，另一侧一只鸽子卧伏盘上（图 4-104）。画面结构明了，用了两个画面表现了割肉和过称这两个连续的情节。

第 254 窟尸毗王本生故事画　北魏绘，画面位于洞窟北壁。画面为横长方形，人物众多，分三排分布。中间坐一菩萨装人物，形体高大，为尸毗王，其面目祥和安静，头戴宝冠，裸露上身，肩披长巾。尸毗王右手持一只鸽子揽入

图 4-104　莫高窟第 275 窟尸毗王本生故事画

图 4-105 莫高窟第 254 窟尸毗王本生故事画

怀中；尸毗王左上方一只老鹰追逐鸽子而下，左下方站一只老鹰，与尸毗王对话；尸毗王左腿旁跪一人，正用刀割尸毗王腿上的肉；画面右下角站一人，手持一杆秤，称左右各有一盘，一个盘中坐着菩萨装尸毗王，另一个盘中卧着鸽子；尸毗王右腿旁依靠着一位盛装的妇女；尸毗王上方飞天环绕，尸毗王左右簇拥着眷属、臣民等（图 4-105）。此画表现出了尸毗王护鸽、老鹰与尸毗王对话、割肉、称肉、眷属阻拦等情节，人物众多，构图均衡，人物造型、衣饰绘画技法等受到西域风格的影响。①

第 302 窟尸毗王本生故事画　隋代此故事画只存在于第 302 窟之中，而且只有一个情节。双树下，尸毗王坐于方座之上，头戴王冠，双手可能捧一只鸽子（模糊），一条腿伸出，对面一个行刑者持刀正在割尸毗王腿上的肉，他的后面一个侍从站在一旁观看（图 4-106）。

月光王施头本生

内容依据《贤愚经·月光王施头缘品》绘制而成。故事梗概为：月光王仁慈恩惠，救济黎民苍生的贫困，毗摩斯那王心生妒忌，悬赏募人索取月光王的头。有外道劳度叉亲来应募，他冲破重重阻碍，向月光王乞头。月

①马世长《敦煌莫高窟北朝本生、因缘故事画》，载同著者《中国佛教石窟考古文集》，新竹：台湾觉风佛教艺术文化基金会，2002 年。

光王不顾眷属、臣民劝阻，慷慨答应，说过去已布施九百九十九颗头，施此一头即满一千，遂将头发系在大树上，让劳度叉将头砍去。敦煌石窟绘此故事画的有北凉第275窟和隋代第302窟。

图4-106　莫高窟第302窟东披尸毗王割肉贸鸽

第275窟月光王本生故事画　北凉绘，位于洞窟北壁。画面由两个情节组成，左侧一菩萨装人物坐于束腰圆墩上，头戴宝冠，有头光，头部画面略残，上身裸露，肩披长巾，下着绿色短裤，此为月光王，前方一人胡跪，双手捧盘，盘中有三颗人头；右侧月光王以头发系在大树上，旁边有一婆罗门举刀做砍头状，上方有飞天在空中飞舞（图4-107）。①画面表现了月光王沉着镇静的神情和慈悲为怀的气度，构图简练，一目了然。

图4-107　莫高窟第275窟月光王本生故事画

第302窟月光王本生故事画　隋代月光王施头故事画只表现了月光王施头的情节。这幅画面画菩萨装的月光王将头发绑在树上，对面婆罗门

①马世长《敦煌莫高窟北朝本生、因缘故事画》，载同著者《中国佛教石窟考古文集》，新竹：台湾觉风佛教艺术文化基金会，2002年。

双手合十，躬身行礼，做祈求状，画面有稍许残毁（图 4–108）。

快目王施眼本生

依据《贤愚经·快目王施眼缘品》绘制而成。故事梗概为：富迦罗拔城国王名快目，其目明净，清妙无比，乐善好施，恩慈广被。有一小国，国王名叫波罗陀跋弥，态度傲慢，不遵王命，快目王欲起兵讨伐。波罗陀跋弥为了逃避惩罚，派遣一盲婆罗门上门去求快目王双目，快目王欣然以双眼布施。敦煌石窟中绘有此故事画的有北凉第 275 窟和隋代第 302 窟。

第 275 窟快目王本生故事画　北凉绘，位于洞窟北壁。此为单幅画面，中间一菩萨装人物盘腿而坐，为快目王，其前一人手持一针状物刺向快目王双眼。此画面被宋代壁画覆盖，仅露出一部分，图像不清晰。[1]

图 4–108　莫高窟第 302 窟东披月光王本生故事画

①樊锦诗、马世长《莫高窟北朝洞窟本生因缘故事画补考》，《敦煌研究》1986 年第 1 期。

第302窟快目王本生故事画　此窟画面只有三个情节：第一个画面表现了快目王布施，画面下方站两人，一人双手叉腰，对面一人手中拿着一件衣服递给此人，此人身后画一座建筑，画面上方左侧，得到衣服的人穿上衣服远去。第二个画面表现劳陀达逃走，投奔快目王及小国王波罗陀跋弥让盲婆罗门祈求眼睛的情节，一个人准备离开，扭头看着对面建筑内正在谈话的两人，同一座建筑的另一端，两人也在谈话。第三个画面表现快目王施眼，一个着菩萨装的人坐于金刚座之上，双手合十，头朝右与右边的人对话，对面一人右手举着一个铁钎子，正扎入快目王眼中，左手持铁锤，做将要击打状，这是表现剜眼的情节(图4–109)。

图4–109　莫高窟第302窟东披快目王本生故事画

萨埵太子舍身饲虎本生

内容依据《贤愚经·萨埵太子舍身施虎品》《金光明经·舍身品》等佛经绘制而成。故事梗概为：宝典国国王大车有三个太子，一日他们进入山中狩猎，看见一只母虎带领几只幼虎，饥饿逼迫，欲食其子。太子摩诃萨埵欲以自己的生命救助饿虎，他行至山间，卧在了虎前，饿虎无力啖食，萨埵又爬上山冈，以利木刺自己喉管出血并跳下山崖，饿虎添血后啖食其肉。其余两兄弟久不见萨埵，沿路寻找，终于找见他的尸骨，惊慌回宫报告，国王和夫人赶至山林，抱骨痛哭，随后收拾遗骨，起塔供养。敦煌石窟中现存萨埵太子舍身饲虎故事画最早是绘于北魏第254窟南壁，随

后，北周第428、299、301窟，隋代第302、419、417窟，还有唐代第231、237、85、9窟，五代、宋时期第98、72、108、146、55等窟均有绘制。晚唐、五代、宋时期第85、98、108、146、55窟的萨埵太子本生故事画以屏风画的形式出现，内容依据《贤愚经·摩诃萨埵舍身饲虎品》，是作为晚期贤愚经变的一品而被绘入洞窟之中的。

第254窟萨埵太子本生故事画　北魏绘，位于洞窟南壁。单幅画面中不同情节交错出现，共绘有10个情节：1. 入山见饿虎；2. 投身跳崖；3. 以身饲虎；4. 利木刺身；5. 再次投身跳崖；6. 再次饲虎；7. 虎啖太子；8. 寻找残骸；9. 抱尸痛哭；10. 起塔供养（图4–110）。图中上段中部为三个太子看见饿虎，上段西部为萨埵刺颈和投崖，下段西部为饲虎，下段东部为二兄见残骸并告知父母，上段东部画父母抱尸痛哭和起塔供养。此画构图别致，造型生动，具有悲剧气息，在单幅画内把不同时间和空间的许

图4–110　莫高窟第254窟南壁萨埵太子本生故事画

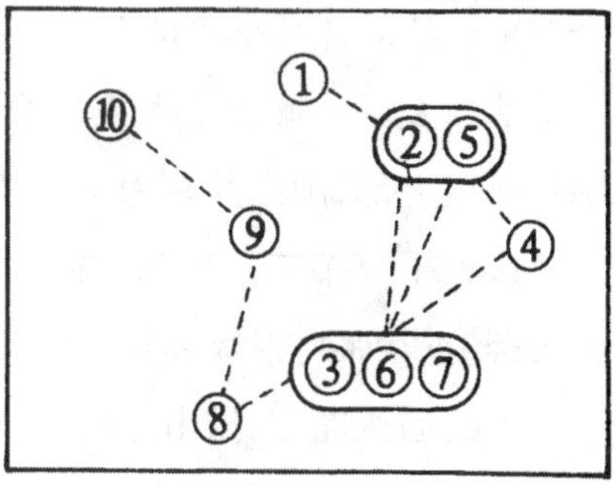

图 4-111　莫高窟第 254 窟南壁萨埵太子本生故事画示意图

多情节交织编排在一起，形成主题鲜明而又有变化的整体结构（图 4-111）。

第 428 窟萨埵太子本生故事画北周绘，位于洞窟东壁门南。这幅画面分为上中下三排，用“S”形构图方式表现了 11 个故事情节。上段南起为：1. 辞别国王；2. 骑马出游；3. 林中射靶；4. 歇马谈心。中段北起为：5. 进入深山；6. 观议饿虎；7. 以身饲虎；8. 刺颈出血，投崖饲虎。下段南起为：9. 二兄见遗骸悲，起塔埋葬；10. 驰马报信；11. 报告国王。画中以山峦、树木、屋宇表现人物活动的环境，又巧妙地以此作为故事情节的间隔，使画面段落分明又衔接自然，不仅画面富有变化，也增强了壁画的生活真实感（图 4-112）。①

另外，北周第 299、301 两窟窟顶也绘有萨埵太子本生故事画。下面

图 4-112　莫高窟第 428 窟东壁门南萨埵太子本生故事画

①马世长《敦煌莫高窟北朝本生、因缘故事画》，载同著者《中国佛教石窟考古文集》，新竹：台湾觉风佛教艺术文化基金会，2002 年。

介绍隋代绘有此故事画的洞窟。

第 302 窟萨埵太子本生故事画　萨埵太子本生故事画位于洞窟人字披西披上部，画面共有为 7 个情节：

1. 太子兄弟三人狩猎：在一片群山围绕的山林中，前面一人骑在马上飞奔，正在张弓射箭，后面两人骑在马上，手中均持有弓箭。

2. 路遇饿虎：两排山之间，太子三人骑马并排行走，对面草丛中一只母虎带领几只幼虎，饥寒交迫，奄奄一息。

3. 议论：白马的一侧，萨埵太子下马，坐在山石上思考，准备舍身，前方，他的两位兄长骑马准备离开（图 4–113）。

4. 饲虎：下方萨埵太子脱光衣服，投入老虎嘴中，老虎饥饿无力，无法进食，在画面的上方萨埵登上山顶，纵身从山崖上跳下。

5. 饿虎得救：草丛之中，萨埵太子的尸体躺在地上，母虎开始舔食太子血肉。

6. 两兄弟见弟饲虎哭号：中间放置有太子尸骨，两侧各有一人在哭号，尤其是右侧之人捶胸顿足，痛不欲生，做悲痛欲绝状。

7. 起塔供养：左侧画两人对话，右侧中间一座佛塔，塔边两人正在供养（图 4–114）。

第 417 窟的萨埵太子舍身饲虎位于洞窟东披，可惜残损比较严重。

第 419 窟萨埵太子本生故事画　位于窟顶东披和西披的下方，画面

图 4–113　莫高窟第 302 窟萨埵太子本生 1

图 4-114　莫高窟第 302 窟萨埵太子本生 2

共画 11 个情节。

1. 缘起：据佛经记载，一天佛对阿难及众比丘说："你们想见我前生修行苦行时的舍利吗？"众比丘说愿意。于是佛让众比丘见了洁白如雪的舍利。此画面右侧几人正在礼拜一座佛塔，佛坐于佛座之上，头顶有宝盖，对面阿难等五比丘跪地向佛行礼。这幅画面表现了佛应众比丘的询问，为他们宣讲萨埵太子舍身饲虎的缘起。

2. 太子出行：一座宫殿式建筑内坐国王，身后众臣侍立，对面三人跪地向国王行礼，画面左侧太子三人骑马出行（图 4-115）。

3. 太子狩猎：萨埵太子兄弟三人骑马在山林之中，一人追赶猎物，一人张弓射箭，一人在后面张望，前面几只鹿拼命奔跑，画面左侧，一人坐

图 4-115　莫高窟第 419 窟萨埵太子本生 1

于马上张望。

4. 太子游玩：画面中央兄弟三人骑马缓缓而行，后面一只猎狗跟随，周围山林茂盛，山峦起伏。

5. 山中休憩：山脚下，在山间的帐篷里，太子兄弟三人在休憩谈论，周围有侍从侍奉，画面左侧一角，三匹骏马吃草饮水(图 4-116)。

6. 路遇饿虎：三位太子骑马在绿树竹林中行进，对面山下有一只母虎生下七只虎仔，饥饿不堪，正坐以待毙。

7. 舍身饲虎：山下萨埵太子躺在地上，前面一只老虎无力地站立，一座高山上，太子跪在山顶，接着画太子从山顶落下，山下母虎与虎仔正在舔食太子的鲜血，远处画面，萨埵两位兄长前行。

8. 报信：画面下方两位兄长不见萨埵，返回寻找时看见萨埵尸骨，号啕大哭，中间用树林隔开，上方两位兄长打马飞奔回宫报信(图 4-117)。

9. 王闻噩耗：一座宫殿式建筑内坐王和王妃，身后及右侧站立侍从

图 4-116　莫高窟第 419 窟萨埵太子本生 2

图 4-117　莫高窟第 419 窟萨埵太子本生 3

数人，对面两位太子躬身站立；画面左侧，前方伞盖下王与王妃骑马前行，后面萨埵两位兄长及侍从随行。

10. 起塔供养：上方王及王妃看到萨埵太子尸体的残骸，痛不欲生，身后是两位兄长及侍从，对面上方一座宝塔修成，塔两侧画两人正往塔内摆放物品，下方王与王妃痛哭流涕，身后三侍从跟随。

11. 答疑：右侧佛坐于佛座之上，脚踩莲花，对面画一弟子跪地；左侧画菩萨四身、比丘八身（图 4–118）。

图 4–118　莫高窟第 419 窟萨埵太子本生 4

须达拏太子本生[①]

此故事画是敦煌本生故事的常见题材之一，壁画内容依据西秦圣坚译《太子须达拏经》绘制。故事梗概为：叶波国太子须达拏乐善好施，有求必应。敌国收买八位道人，向他乞讨百战百胜的白象，太子慷慨相施。国王闻讯震怒，将须达拏驱逐出国。太子携妻、子驱马车而去，一路上遇婆罗门乞讨，于是将马、车、衣物施舍殆尽，千辛万苦来到遥远的檀特山中隐居，结庐修行。后又来一老婆罗门要他的一双儿女，须达拏趁妻子不在，以绳索绑缚儿女交与婆罗门。最后婆罗门将孩子带到叶波国出卖，为

---

①张景峰《敦煌莫高窟第 294 窟须达拏太子本生故事画研究及相关问题》，《敦煌研究》2010 年第 2 期。

国王知悉，将孙儿赎回，并迎太子回国。敦煌石窟中绘有此故事画的洞窟有北周第428、294窟，隋代第423、427、419窟，晚唐第9窟，宋代第454窟。其中以隋代第419窟画面最多，内容最丰富。第294窟一些榜题中还存有部分题记，是敦煌石窟北朝时期壁画的重要材料。

第428窟须达拏太子本生故事画　北周绘，位于洞窟东壁门北。画面分为上中下三排，用“Z”字形构图方式表现了24个情节。上排北起为：1. 太子出游；2. 不乐，求父布施；3. 八道人索象，太子施象。中排南起为：4. 道人得象；5. 王怒， 驱逐太子；6. 布施私财；7. 受施人离去；8. 辞别父母；9. 臣民送行；10. 太子驱车前行。下排北起为：11. 婆罗门索马，太子施马；12. 婆罗门得马；13. 婆罗门索车，太子施车；14. 婆罗门得车；15. 婆罗门索衣，太子施衣；16. 婆罗门得衣；17. 继续前行；18. 太子进化城，出城；19. 太子见阿周陀；20. 全家安居；21. 婆罗门求施，太子施儿女；22. 两小孩不去，婆罗门鞭笞两小孩；23. 曼坻急归，狮子当道；24. 曼坻不见两小孩，哭嚎（图4-119）。画面清晰，色彩明快，是敦煌石窟须达拏本生故事画的代表作品。

第294窟须达拏太子本生故事画　北周绘，位于洞窟窟顶西披南部

图4-119　莫高窟第428窟东壁门北须达拏太子本生故事画

和南壁西部。故事布局从西披中间火焰龛楣开始从右至左过渡到南披，至南披东侧结束，共画21个情节，部分榜题中残存有墨书题记。西披绘出了：1.太子出游，不乐，求父布施；2. 开库布施；3. 八道士索象，太子施象；4. 道士得象；5. 布施私财；6. 受施人离去；7. 辞别父母；8. 臣民送行（图4–120）。

南披绘出了：9. 婆罗门求施，太子施马；10. 婆罗门得马；11. 婆罗门求施，太子施车；12. 婆罗门得车；13. 婆罗门求施，太子施衣；14. 婆罗门得衣，太子前行；15. 太子到化城；16. 太子出化城（图4–121）；17. 太子到檀特山，大河当道；18.太子拜见阿周陀；19. 婆罗门求施儿女；20. 太子施儿女；21. 婆罗门领太子儿女见王（图4–122）。

图4–120 莫高窟第294窟窟顶西披须达拏太子本生1

图4–121 莫高窟第294窟窟顶南披须达拏太子本生2

图 4-122　莫高窟第 294 窟窟顶南披须达拏太子本生 3

北周第 294 和第 428 窟的须达拏太子本生画非常相似，二者均没有将故事叙述完整，都是从太子出游开始，表现出施象、被逐、途中施舍以及施舍儿女的过程，绘出了主要的故事情节。第 294 窟还跳跃式地画出了婆罗门领太子儿女见国王的场面。然而，这两幅画除了所处位置不同之外，构图方式也不同，第 294 窟采用上下交错的构图方式，而第 428 窟则是“Z”字形式，这两种构图方式在隋代第 423、419 窟的须达拏太子本生故事画中均有体现。第 294 窟的须达拏太子本生故事画中至今还存有部分榜题，为我们进一步研究壁画与榜题之间的关系提供了依据。①

第 423 窟须达拏本生故事画　位于洞窟主室人字披东披。画面分上下两行，上行从左至右分布，下行内容次序比较杂乱，总体是从右至左分布。画面较为清晰，每个情节都用山峦隔开，因此释读方便。共有 27 个情节，现介绍于下：

1. 太子乐善好施：山峦围绕的建筑内画太子与夫人，太子一只手前

①张景峰《敦煌莫高窟第 294 窟须达拏太子本生故事画研究及相关问题》，《敦煌研究》2010 年第 2 期。

伸，手中持物与夫人对话。

2. 道人索象：画面左侧，一位道人跷腿，举左手，对面建筑下站一人，举右手与之对话；一座曲尺形院落内画建筑，建筑内太子与夫人并坐，二人对话。

3. 太子施象：画面 2 中曲尺形院落建筑内坐太子，身后两侍从侍立，太子举一手，与对面两人说话，下方画三侍从。

4. 道人得象：一座门楼形建筑下画一头大象，象前一个人一只手牵象，一只手上举说话，对面画道人与之对话；画面右侧道人骑大象远去。

5. 王怒，驱逐太子：左侧一人跪地，双手上举，做乞求状，对面门楼形建筑下站一人，举右手与之对话；中间曲尺形院落内画一建筑，内坐王与王妃，后有两侍从，建筑外躬身站立一人，一大臣跪院内与王对话。

6. 布施私财，受施人离去：院落门楼式建筑内站一人，一手持物做给物状，门右站一人，躬身接物，对面一人背上背财物远去。

7. 辞别父母：曲尺形院落内画一建筑，内太子举手与夫人对话，下方院内太子与夫人对话；中间院落内画建筑，内坐王与王妃，上举一手，做拒绝状，对面躬身站太子与夫人，王左下侧二臣属站立。

8. 臣民送行：院落右侧，门楼式建筑内太子与夫人预走出，两小孩前行；左侧四人躬身送别，对面太子、夫人身后两小孩跟随。

9. 婆罗门索马，太子施马：画一辆马车，车内坐夫人与两小孩；车辕内马拉车，马一侧站太子，举手回头与夫人对话，对面一婆罗门牵马准备离开。

10. 婆罗门索车，太子施车：画面从下排右侧开始，画一辆马车，内坐夫人与两小孩(模糊)，前面群山山脚下太子与一婆罗门面对面说话。

11. 婆罗门得车：远处画婆罗门拉车前行，回头看后面的太子一行人。

12. 婆罗门索衣，太子施衣：树下，太子与夫人各肩负一小孩，太子举一手；对面一婆罗门躬身，一手接住太子施舍的衣服，并与太子对话。

13. 婆罗门索衣：树下，太子与夫人各肩负一小孩，对面一婆罗门躬

身站立,伸手做乞求状。

14. 太子施衣:太子与夫人各肩负一小孩;对面婆罗门弯腰曲一腿伸手接衣服,并与太子对话。

15. 太子到化城:一座曲尺形院落的门楼前画三人,一人在门楼内准备出来,门外站两人,一男一女,男的弹琵琶,女的躬身欢迎,对面太子与夫人各肩负一小孩。

16. 太子出化城:曲尺形院落中间的建筑内,太子与夫人并坐对话,两小孩站在他们后面,院落左端的门楼内太子与夫人准备离开。

17. 太子到檀特山,大河当道:太子与夫人各肩负一小孩继续前行,对面一条大河挡住去路。

18. 太子过河:太子与夫人过河后,各肩负一小孩继续前行。

19. 太子见周陀道人:在一座圆拱形草庐内坐一人,穿僧衣,结跏趺坐,为周陀道人,对面太子、夫人及两小孩跪地,向道人行礼。

20. 全家安居:在深山之中画两个草庐,一个草庐内坐太子,另一个内坐两小孩;上方,夫人站在一棵果树下采摘野果,下方一条小溪流过,一小孩蹲在溪边玩耍,另一个小孩骑着一头野兽向小溪边跑来。

21. 婆罗门妻汲水受辱:群山之间的树下,一位妇人正在水槽边打水,对面两个男子勾肩搭背而立,正在调戏打水的妇人。

22. 妻向婆罗门要奴婢:画面中间,曲尺形院落内画一座建筑,婆罗门与妇人正在对话。

23. 婆罗门遇猎人:群山之间的道路上,老婆罗门与一个人正在谈话。

24. 婆罗门索儿女,太子施儿女:草庐内坐太子,举一手,前面树下太子牵着被捆绑的两小孩,推向对面的婆罗门,对面婆罗门伸一手与太子对话。

25. 曼坻急归,狮子当道:群山之间的山道上,夫人举一手做说话状,对面蹲一头狮子挡住去路。

26. 婆罗门领太子儿女见王，宝象归国：曲尺形院落门楼内老婆罗门领着两个小孩准备进入；院落内一座楼阁式建筑，内坐王与王妃，左右各站一臣属，与对面婆罗门对话，院内下部站臣属；院落内站一人，院落另一端的门楼内画一头大象露出头来。

27. 太子归国：一座曲尺形院落门楼内太子与夫人准备进入，院内两座相对的建筑，一座楼阁式建筑内坐王与王妃，王举一手做说话状，后站两小孩，左右三臣属站立，院内下部站六人，对面歇山式建筑内坐太子与夫人，与对面王与王妃对话，一侧站一位侍臣（图 4-123）。

图 4-123 莫高窟第 423 窟人字披东披须达拏太子本生故事画

第 419 窟须达拏太子本生故事画 位于洞窟主室顶东披。画面分为上、中、下三行，下面第四行右侧只画出了最后一个情节，总体呈“之”字形排列。画面清晰，莫高窟须达拏本生故事画以此画最完整、情节最丰富，现介绍于下：

1. 太子乐善好施：一座曲尺形院落内画一座宫殿式建筑，内坐须达拏太子夫妇，身后有侍从数人。

2. 八道人索象：建筑外画八个道人，赤身露体，一字排开，与对面太子对话。

3. 太子施象：一座曲尺形院落右端的建筑内，太子躬身向对面的八位道人行礼并与之对话，太子身后一头大象，大象旁边两侍从站立。

4. 道人得象：八位道人累骑一头大象，兴高采烈、得意洋洋地离开。

5. 大臣禀报：画面上部左侧，八位道人骑象远去，中间曲尺形院落内画一宫殿式建筑，建筑中间坐国王，身穿大袖衣，身后有侍从或大臣数位，对面一大臣躬身站立与王对话，院落内的另一座建筑内画数人，正在谈论。

6. 王怒，驱逐太子：一座曲尺形院落内画宫殿式建筑，建筑中间坐国王，周围众侍臣站立，院落外，太子及夫人跪地，双手合十，前面跪两小孩。

7. 布施私财：曲尺形院落内外分别画了太子与夫人布施各种财物，对面均有数人跪地，双手接物，向太子行礼；远处，闻讯的百姓三五成群地纷纷赶来。

8. 受施人离去：建筑上部，画几人背上背着包袱，高兴地离去。

9. 辞别父母：一座曲尺形院内画建筑，建筑内坐国王，身后三侍从侍立，建筑外，对面太子与夫人跪地，双手合十，前面两小孩跪地。

10. 臣民送行：太子与夫人预走，身后两个小孩随行，后面绘数人站立，依依不舍；另一个画面，太子与夫人躬身站立，前面站两小孩，对面画数人站立与太子对话。

11. 太子乘车而去：太子一家四口乘马车远去。

12. 婆罗门索马，太子施马：一辆马车停在路上，车上坐两小孩，车辕内马拉车，一侧，太子与夫人站立，对面一婆罗门弯腰站立，伸出一手，向太子索要。

13. 婆罗门得马：远处，婆罗门骑马得意洋洋地离去。

14. 婆罗门索车，太子施车：太子拉车前行，夫人在车一侧随行，车上坐两小孩，对面，一婆罗门挡住去路，躬身伸出一只手向太子索要。

15. 婆罗门得车：远处，婆罗门拉车飞奔远去。

16. 婆罗门索衣，太子施衣：太子与夫人各背负一小孩前行，前面太子手中拿一件衣服，正递给对面的婆罗门，对面一婆罗门挡住去路，伸出

双手，正准备接太子递来的衣物。

17. 婆罗门得衣：婆罗门肩上扛着几件衣服趾高气扬地离开，太子与夫人领着小孩继续前行。

18. 太子到化城：一座建筑外，数人躬身站立迎接，对面太子与夫人站立，其后两小孩跟随。

19. 太子出化城：建筑外的另一端，数人躬身站立，对面太子与夫人站立与他们告别，身后两小孩跟随。

20. 肩负儿前行：太子与夫人各肩负一小孩继续前行。

21. 太子至檀特山，大河当道：太子与夫人各肩负一小孩，前面一条大河挡住去路。

22. 太子过河：太子与夫人前行，后面两小孩跟随。

23. 太子拜见阿周陀：太子与夫人躬身站立行礼，后面两小孩跟随，对面画一修道之人，向他们行礼。

24. 太子建屋修行：画两座凉亭式建筑，一座建筑内坐道人，另一座建筑内坐太子与夫人，建筑下方，两小孩与山中野兽玩耍。

25. 全家安居：上方一座建筑内坐太子，左侧夫人离开走向树林，下方两个小孩在玩耍。

26. 婆罗门妻汲水遭辱：在一棵参天大树下，一个妇人正在水槽边打水，对面两男子搭肩而立，做调戏打水妇人状。

27. 妻向婆罗门要奴婢：一座建筑内坐一婆罗门，建筑外站妇人举一手和他对话。

28. 婆罗门出发：婆罗门向檀特山走去。

29. 猎人张弓预射婆罗门：山道上画一猎人，张弓搭箭对准对面的婆罗门，对面婆罗门惊恐万状，弯腰屈膝，双手合十向猎人行礼。

30. 猎人鞭笞婆罗门：猎人举手正在鞭笞婆罗门。

31. 猎人为婆罗门指路：婆罗门正准备前行，向对面挥手致意，对面

猎人向婆罗门挥手告别。

32. 婆罗门求施儿女:一座建筑内坐须达拏太子,建筑外一侧婆罗门跪地,双手上举做请求状,建筑另一侧两个小孩正在玩耍。

33. 太子布施儿女:太子将两个被捆绑的孩子交予婆罗门手中,对面婆罗门跷腿站立,准备接受小孩。

34. 曼坻急归,狮子当道:夫人准备回家,对面一头狮子挡住归路,阻止其前行。

35. 婆罗门赶两小孩前行:婆罗门驱赶着两个被捆绑的小孩前行。

36. 婆罗门赶两小孩到家:婆罗门驱赶着被捆绑的两个小孩,对面画一建筑,表示到了婆罗门家。

37. 妻命卖两儿:一座建筑外,婆罗门双手上举,身后有两小孩,对面建筑内坐一妇人与之对话。

38. 婆罗门领儿至市场:一座建筑内画三人正在谈论,对面婆罗门驱赶两小孩到来。

39. 天王化人指使:建筑外画婆罗门双手上举,其前两个被捆的小孩跪地,天王化作智者坐于建筑内与婆罗门对话,身后站三人。

40. 婆罗门赶儿至叶波国:婆罗门驱赶两小孩继续前行。

41. 婆罗门领儿至王宫：左侧上方，婆罗门领着两小孩正预进入城内,右侧下方,婆罗门躺地,周围画了许多金币,可能是幻想能将两小孩卖好多钱。

42. 王抱两孙赐婆罗门金银:建筑内坐国王和王妃,其腿上各坐一小孩，身后一侧三侍从侍立，对面婆罗门胡跪，双手捧着一个盒子（图4–124)。

43. 太子归国:此画面位于下面第四行右边,左侧建筑画三人站立,表示太子与夫人归国,右侧画佛坐于佛座之上。

第427窟须达拏太子本生故事画　分布于洞窟中心塔柱南、西、北

三向面的龛座沿上（图 4–125），由于此画面破损严重，我们只能对画面进行大概的介绍：中心塔柱南龛的龛沿主要绘八道人得象、大臣议论、驱逐太子、太子布施私财等情节；西龛的龛沿主要绘辞别父母、大臣和百姓送行、婆罗门索马、太子施马、婆罗门得马、婆罗门索车、太子施车、婆罗门索衣、太子施衣、太子到化城、太子出化城等情节；北龛的龛沿主要绘太子至檀特山、大河当道、全家安居、婆罗门索要太子儿女等情节。

图 4–124　莫高窟第 419 窟人字披东披须达拏太子本生故事画

图 4–125　莫高窟第 427 窟须达拏太子本生局部

九色鹿本生故事画

根据三国吴支谦译《佛说九色鹿经》绘制而成。故事梗概为：美丽的九色鹿王从恒河中救起溺水之人，溺水人为报答九色鹿的救命之恩，发誓不泄露其住处。国中王后梦见一鹿，身毛九色，次日就向国王要求捕捉九色鹿，剥其皮做衣服，国王当即布告悬赏。溺水人见利忘义，来到宫廷告密，并带领国王前去捕捉九色鹿。此时九色鹿正高卧山中，毫无所知，鹿的好友乌鸦对空长鸣，唤醒九色鹿，九色鹿毫无惧色，向国王诉说溺水人忘恩负义的劣迹。国王深受感动，放鹿归山，还下令全国禁止捕猎九色鹿。此时，溺水人周身生疮，浑身腐烂而死。敦煌石窟中仅在第257窟存有此故事画一幅。

第257窟九色鹿本生故事画[①]　北魏绘，位于洞窟西壁中部。画面采用横卷式连环画的形式表现，以两头开始，中间结尾的布局，绘出了9个故事情节。画面一端从南侧开始：1. 溺水人呼救；2. 鹿王经过水边；3. 鹿王救溺水人；4. 溺水人跪谢鹿王，并发誓；5. 鹿王酣睡。另一端从北侧开始：6. 王后说梦，国王悬赏；7. 溺水人告密；8. 溺水人做向导，国王乘马车捕捉鹿王；9. 鹿王直立向国王控诉溺水人。画面中央为故事的高潮和结尾，不仅表现出了九色鹿王向国王控诉溺水人的情节，而且还绘出了溺水人因违背誓言而满身生疮的画面，情节生动，故事波澜壮阔（图4-126）。画面上象征性的山水和宫阙，不仅说明人物活动的环境，而且展

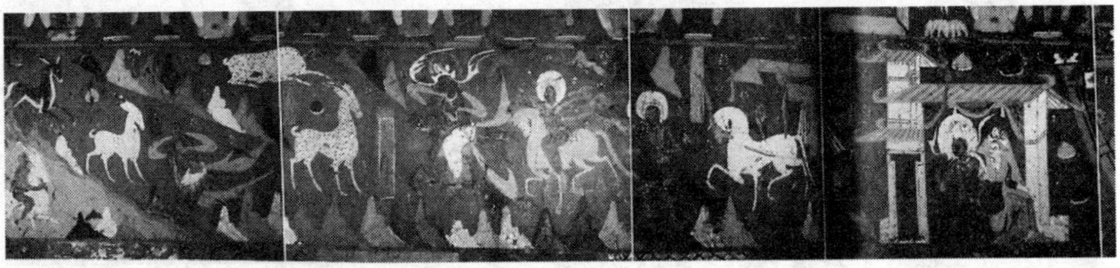

图4-126　莫高窟第257窟九色鹿本生故事画

①段文杰《九色鹿连环画的艺术特色——敦煌读画记之一》，《敦煌研究》1991年第3期。

现了汉代画像的平面装饰美。

婆罗门闻偈舍身本生故事画

内容依据《大般涅槃经·圣行品》绘制而成。故事梗概为：婆罗门信奉佛教，住在雪山上修行，不闻大乘佛经。帝释天变作罗刹鬼，说半偈“诸行无常，是生灭法”，用来试探婆罗门的佛性。婆罗门听后心生欢喜，愿闻其全。罗刹鬼须饮热血、吃暖肉，才为他说偈。婆罗门愿以身施舍，闻后半偈。罗刹鬼为其说后半偈“生灭灭已，寂灭为乐”。婆罗门闻偈语后深悟佛法，随即攀登高树，投身下地，供罗刹鬼啖食。当投身半空时，罗刹鬼复现帝释天原形，举手于空中接取，安置平地。敦煌石窟现存此故事画两铺，有西魏第285窟，隋代第302窟。

图 4-127　莫高窟第 285 窟婆罗门闻偈舍身本生故事画

第285窟婆罗门闻偈舍身本生故事画　西魏绘，位于洞窟南壁与西起第一龛楣之间。共绘两个画面，分为上下两个部分。画面下方表现婆罗门在雪山上结草庐修行，闻罗刹鬼说一半偈语；画面下方，婆罗门为求另一半偈语，攀登高树舍身投地，帝释天举手接住(图 4-127)。[①]

①马世长《敦煌莫高窟北朝本生、因缘故事画》，载同著者《中国佛教石窟考古文集》，新竹：台湾觉风佛教艺术文化基金会，2002年。

善事太子本生故事画

内容依据《贤愚经·善事太子入海品》绘制而成。故事梗概为:宝铠国国王生有二子,一位名叫“善事”,一位名叫“恶事”。善事太子出游时看见屠宰牛羊、杀害群生来获得衣食,又看见老人、病人和穷人,心生怜恤,便以王宫库藏布施穷困。布施日久,国库将空,善事太子决定入海求摩尼宝珠。恶事太子与善事太子同行,善事太子取得宝珠后,恶事太子心生恶念,刺瞎善事太子双目,夺取宝珠逃回国内。善事幸得牛王及牧人相救,伤愈后流落异国,沿街弹琴,乞食为生。后为梨师跋国国王看守果园,国王女儿在园中遇见善事,一见倾心,遂结为夫妇。善事终于双目复明,回到故国。敦煌石窟十六国北朝时期存有此故事画的只有北周第296窟。

第296窟善事太子本生故事画[①] 北周绘,位于洞窟东、南、北三披。画面从西披开始转向南披,再接东披后结束。每披分为上下两栏,各个画面之间用建筑、树木、石头等物分隔。

西披南段共绘有7个画面,以宝铠国王为开端到相师为善事占相结束:1. 宝铠国国王与夫人在宫中;2. 国家富强,国王无子;3. 国王及夫人求二仙人;4. 二仙人答应投胎王家;5. 回宫, 夫人有孕;6. 善事降生;7. 相师占相(图4–128)。

南披西段共画4个画面,其中王置三时殿又分为三个画面。从相师为恶事占相到善事出游:8. 恶事降生,相师占相;9. 王置三时殿,不逆太子;10. 太子长大,诸艺精通;11. 太子出游,王赐白象(图4–129)。

南披东段共绘5个画面,从太子出游,百姓欢迎到遇农、屠、狩、渔:12. 太子出游,百姓欢迎;13. 遇农耕;14. 遇屠宰;15. 遇狩猎;16. 遇网鱼

---

①马世长《敦煌莫高窟北朝本生、因缘故事画》,载同著者《中国佛教石窟考古文集》,新竹:台湾觉风佛教艺术文化基金会,2002年。

（图 4–130）。

东披南段绘 6 个画面，其中太子布施及太子准备出海用驼马载物比较生动，符合敦煌地区当时的现实情况：17. 太子回宫；18. 太子不悦；19. 求王布施；20. 太子布施；21. 太子准备出海；22. 国王及夫人送行（图 4–131）。

图 4–128　莫高窟第 296 窟西披南侧善事太子本生故事画 1

图 4–129　莫高窟第 296 窟南披西段善事太子本生故事画 2

图 4–130　莫高窟第 296 窟南披东段善事太子本生故事画 3

图 4-131 莫高窟第 296 窟东披南段善事太子本生故事画 4

东披北段共绘 9 个情节，从善事骑马出海至善事弹琴、公主倾听结束。后面的故事太子复明、太子回国、摩尼宝珠降宝施舍百姓等情节均没有绘出。从此段画面来看，太子入海进入龙宫的情节较为简单，另外，在途中的所见等情节也未画出：23. 善事骑马前行；24. 太子乘船入海；25. 太子得宝珠；26. 恶事刺善事双眼；27. 善事醒来呼叫；28. 牛王舔舐双眼；29. 牧牛主收留善事；30. 太子弹琴流落街头，园监收留；31. 善事院内弹琴，公主倾听（图 4-132）。

图 4-132 莫高窟第 296 窟东披北段善事太子本生故事画 5

须阇提太子本生故事画

敦煌石窟北朝时期存有此故事画的洞窟有北周第296窟，前人认为此画依据《贤愚经·须阇提品》绘制而成，①最近，经过笔者研究发现，此故事依据《大方便佛报恩经》绘制。②故事梗概为：大臣罗睺企图谋害小国国王，并预发兵进犯。药叉向小王报信，小王闻讯，准备七日食粮，携妻子和太子逾城逃走，欲逃往他国。慌乱中误入十四日道路，中途粮尽，饥饿难忍。小王欲拔剑杀妻以保存自身和太子。太子须阇提求父王不要伤害自己的母亲，他愿意用自己身上的肉让父母充饥。于是每日割肉侍奉双亲，维持生命。须阇提身上的肉将尽，只存骨骼，于是他将身上剩余的肉分为三份，两份侍奉双亲，一份留作施舍。父母持肉继续前行。须阇提生命垂危之际，立誓愿以身之肉供养父母，以示功德，用求佛道，普济众生，天地为之震动。帝释天化作狮子、虎狼，向其乞肉，试探他的意志，太子慷慨布施。帝释天被他的诚心感动，以神通力使须阇提身体平复如故。邻国闻太子孝顺，将其父母迎入宫中供养，并发兵协助小王平叛复国，归国途中路遇须阇提身体复原如初。

第296窟须阇提太子本生故事画　北周绘，位于洞窟北壁，画面以横卷式构图方式绘出此故事，除东端略有残损外其余保存较好。共绘13个画面：1. 药叉报信；2. 小王告之夫人；3. 逾城出逃；4. 误入歧途；5. 小王欲杀夫人，须阇提制止；6. 须阇提以身肉济父母；7. 继续前行；8. 以身余肉供养父母；9. 帝释天化猛兽试探；10. 小王夫妇至邻国；11. 邻国出兵平叛；12. 复国；13.（画面被毁）（图4–133）。

睒子孝养双亲本生故事画

内容依据秦圣坚译《佛说睒子经》绘制而成。故事讲的是迦夷国中有

---

①孙修身《敦煌莫高窟第296窟〈须阇提故事〉的研究》，《敦煌研究》1992年第1期。

②顾淑彦《莫高窟第296窟须阇提故事画新考》，敦煌研究院编《2014敦煌石窟研究国际学术研讨会论文集》（上），2014年8月。

图 4-133 莫高窟第 296 窟北壁须阇提太子本生故事画

一对盲父母，其子名睒子，“至孝仁慈，奉行十善”，跟随父母在山中修行，结庐居住，采野果、喝山泉供养父母。一日，迦夷国国王进山射猎，正在溪边取水的睒子身披鹿皮衣，被国王误射伤。睒子大呼：“箭杀三道人！”国王闻讯赶到溪边，睒子告诉了国王他们一家在山中修行的经过。国王悔恨自责，到盲父母处告知误射睒子的事。盲父母随国王来到溪边，见睒子已死，伏尸痛哭。天神被睒子的孝心感动，从天上撒药入睒子口中，使睒子复活，也使盲父母眼睛复明。敦煌石窟中现存睒子本生故事画的洞窟有北周第 461、438、299、301 窟，西千佛洞第 10 窟，隋代第 302、417、433 窟。①

图 4-134 莫高窟第 299 窟睒子本生故事画

第 299 窟睒子本生故事画 北周绘，位于洞窟窟顶西披和北披，故事画从两头开始，中间结束，绘出了 8 个画面（图 4-134）：1. 迦夷国国王居王宫中；2. 国王骑马打猎；3. 国王溪边追逐群鹿，同时睒子溪边汲水，群鹿从

①马世长《敦煌莫高窟北朝本生、因缘故事画》，载同著者《中国佛教石窟考古文集》，新竹：台湾觉风佛教艺术文化基金会，2002 年。蔡伟堂《敦煌壁画中的睒子本生故事画——从俄藏莫高窟第 433 窟睒子本生故事画谈起》，《敦煌研究》2004 年第 5 期。

睒子身边经过;4. 国王射鹿，误伤睒子;5. 睒子在山中采野果奉养盲父母;6. 国王入山寻找睒子盲父母，告知睒子被射身亡;7. 国王引盲父母来见睒子;8. 盲父母见睒子,伏尸痛哭,天人从空中赐药,睒子复活(图4–135)。此图构图严谨,描绘真切,故事情节结合紧密,是北周故事画的佳作,可惜东披部分残毁。

隋代的三幅睒子本生故事画中第 417、433 两窟画面均残，唯有第 302 窟画面比较完整,共有 16 个情节,现对此铺故事画介绍于下:

1. 中央画一座建筑,两人袖手长跪于建筑内,周围画山峦,表现睒子父母在山中草庐中居住,前方有一方榜题。

2. 下方画一棵果树,睒子立于果树下正在采摘,身后一方榜题(图4–136)。

图 4–135　莫高窟第 299 窟睒子本生故事画示意图

图 4–136　莫高窟第 302 窟睒子本生 1

3. 一条小溪流过，睒子正蹲于溪边取水，头上一方榜题。

4. 画面左侧一座宫殿式建筑内坐国王，国王左手上举，身后立一侍从，对面三人跪地，均一手上举与国王对话，国王前面一方榜题。

5. 国王与侍从骑马进入山中，持缰缓行，周围是山林树木，两位侍从前有一方榜题。

6. 国王骑马前行，看见鹿群，反身回望，向后面招手，命令追击猎物，国王头上有一方榜题。

7. 两只小鹿惊慌逃奔，上面有一方榜题。

8. 国王骑马疾行，手中持弓，张弓欲射，前面一只小鹿拼命向泉边奔逃，国王前面有一方榜题。

9. 睒子身后一骑策马引弓而来，睒子一侧一只小鹿奔逃至溪边，骑马者上方画一榜题(图 4–137)。

10. 国王下马，左手上举做说话状，其后二侍从跟随，手中牵马，对面睒子坐地，背靠小山丘，与国王对话，国王前有一方榜题。

11. 国王骑马在山中穿行，其前有一方榜题。

12. 山上，二人长跪于庐内，对面国王胡跪，双手合十，身后一侍从怀抱箭囊，牵马而立，国王与盲父母中间有一方榜题。

13. 二人牵手进入山中，前面国王一手牵盲父母，一手向前指，回头与二人对话，国王前有一方榜题。

14. 盲父母来到睒子尸体边，父抱头部，母抱两脚，痛哭流涕，二人之

图 4–137　莫高窟第 302 窟睒子本生 2

间有一方榜题；上面，一个天神飞下，双手持一药瓶，做倾倒状。

15. 睒子复活后，手提水瓶前行，其上方有一方榜题。

16. 盲父母居住于草庐之内，庐外睒子跪地，双手捧水壶向父母敬献，睒子身后有一方榜题（图 4–136）。

独角仙人本生故事画

内容依据《大智度论》卷十七、《经律异相》卷三九、《独角仙人情染世欲为淫女所骑》。故事梗概为：波罗奈国山中有仙人，头长一角，双足似鹿，神通广大。因雨路滑，跌倒在地，发咒语令天不雨，于是国中大旱，不生庄稼。国王悬赏募聘能人，破独角仙人之神通。淫女扇陀应募说："我能坏之，我当骑此仙人来"。即时率五百美女乘五百辆车，并带淫药、美食入山。独角仙人被女色引诱，失去神通，天当即大雨七天七夜。最后淫女施计，骑独角仙人下山回城。敦煌石窟中存此故事画的洞窟只有第 428 窟。

第 428 窟独角仙人本生故事画　北周绘，位于洞窟东壁，画面采用单幅画的表现形式，独角仙人拄杖而行，淫女骑坐其肩上。此画情节典型，结构简单，一目了然（图 4–138）。①

因缘故事画

因缘故事画就是表现释迦牟尼成佛后说法教化的种种事迹的故事画。因缘故事画在敦煌北朝石窟中非常流行，有难陀出家因缘故事画、沙弥守戒自

图 4–138　莫高窟第 428 窟独角仙人本生故事画

①樊锦诗、马世长《莫高窟北朝洞窟本生因缘故事画补考》，《敦煌研究》1986 年第 1 期。

杀因缘故事画、须摩提女因缘故事画、五百强盗成佛因缘故事画、微妙比丘尼因缘故事画、梵志夫妇摘花坠命因缘故事画、化跋提长者姊因缘故事画以及度恶牛因缘故事画等。在敦煌石窟北魏第257窟，西魏第285窟，北周第428、296窟等窟中均有表现。到目前为止，隋代的故事画中还未发现因缘故事画。

难陀出家因缘故事画

内容依据《增一阿含经》卷七、《出曜经》卷二十四、《杂宝藏经》卷八等绘制，故事大同小异。故事梗概是：难陀是释迦牟尼的弟弟，但迷恋世俗生活。释迦度他出家后，仍然偷偷回家与妻相会。释迦为割断其尘缘，把他带到天堂、地狱，让他看天堂之美、地狱之苦，使他专心绝世苦修。敦煌石窟中只存此故事一幅，位于第254窟中。

第254窟难陀出家因缘故事画　北魏绘，位于洞窟北壁。此故事采用传统的说法图的形式，中央位置画释迦说难陀出家因缘。说法图的左右两侧下角，以对称的形式着重描绘了两幅内容相同的难陀夫妻难分难舍的画面。左侧一座建筑内，难陀迫于佛命，不得不告别他的妻子孙陀利。难陀一手握着妻子的手臂，一手搭在妻子肩头，表现出了难舍难分之情；而孙陀利不忍看见丈夫，将脸转向一侧，似乎在暗暗流泪。右侧一座建筑内，难陀被一侍者拉着往外走，但仍回头望着站在门口的妻子(图4-139)。①

图4-139　莫高窟第254窟难陀出家因缘故事画

①贺世哲《读莫高窟第254窟〈难陀出家图〉》，《敦煌研究》1997年第2期。

沙弥守戒自杀因缘故事画

内容依据《贤愚经·沙弥守戒自杀品》绘制而成。故事梗概为:有一位长者敬信三宝,送自己的儿子跟从德行高尚的乞食比丘出家,剃度为沙弥。比丘教诲沙弥一定要恪守清规戒律。一天,比丘遣沙弥往优婆塞家乞食,适逢优婆塞全家出门会客,留其女在家守门。少女见少年沙弥,心生爱慕,强求婚配。沙弥意志坚定,不舍佛法,不舍佛戒,宁舍生命,刎颈而死。优婆塞回家,少女如实禀告。优婆塞呈报国王,依法缴纳罚款。国王深受感动,将其火化并起塔供养。敦煌石窟中有两窟绘有此故事画,分别是北魏第 257 窟、西魏第 285 窟。两窟故事画均是代表作品。①

第 257 窟沙弥守戒自杀因缘故事画　北魏绘，位于洞窟南壁中部。画面采用横卷式连环画的形式共绘出了 7 个故事情节，从东至西依次为:1. 乞食比丘德行高尚,坐于方形高座上;2. 长者送儿子从比丘出家,落发修行,中间表现为长者子剃度,长者立一侧;3. 比丘教诲沙弥要恪守佛门清规戒律;4. 沙弥受比丘差遣,到优婆塞家乞食,正逢独自守家的少女开门,少女见沙弥相貌俊秀,心生爱慕,并强求婚配,沙弥不舍佛戒,持刀刎颈而死,少女见状悲痛欲绝(图 4–140);5. 优婆塞回家,少女如实禀告沙弥自杀的事情;6. 优婆塞禀报国王,并缴纳罚款;7. 火化沙弥,起塔

图 4–140　莫高窟第 257 窟沙弥守戒自杀因缘故事画 1

①蔡伟堂《莫高窟壁画中的沙弥守戒自杀图研究》,《敦煌研究》1997 年第 4 期。

供养(图 4–141)。这幅故事画叙事简明,构图完整,人物性格鲜明,作为活动环境的山峦、草庐、房屋、宫殿等则非常具有装饰效果。

图 4–141　莫高窟第 257 窟沙弥守戒自杀因缘故事画 2

第 285 窟沙弥守戒自杀因缘故事画　西魏绘，位于洞窟南壁龛楣间。第一幅画表现三个情节,均表现序品,位于东侧禅室东侧,上方画武士张弓射倒悬比丘,表示“护持禁戒,宁舍身命”;中间画比丘持钵行乞,少女施舍饭食,表示“随敷露坐,一食三衣”;下方画比丘树下参禅,表示比丘“独乐静处”。第二幅位于东侧两个禅室龛楣中间,表现两个画面:上方长者送子剃度出家为沙弥,下方画比丘对沙弥宣讲戒律(图 4–142)。第三幅位于中间两个禅室龛楣之间,上方画优婆塞将要外出赴宴,女儿自请留守看家;下方东侧画沙弥乞食,在优婆塞家门前与女子交谈,女子招其入内;两侧,建筑物的墙后,沙弥在树下举刀自刎。第四幅位于西侧两禅室龛楣之间,上方画长者向国王报告,并交纳罚金,下方画火化和起塔供养(图 4–143)。图中的少女形象已经由北魏第 257 窟的龟兹装变成身穿大袖裙襦的南朝女子形象,而国王头戴笼冠,着大袖长袍,手持麈尾,显然是南朝中原帝王或南朝贵族的形象。

须摩提女因缘故事画

依据三国吴支谦译《须摩提女经》绘制而成。故事梗概为:须摩提女笃信佛教,她的夫家却是外道。她的公公满财长者听说佛的神威,要须摩

图 4-142　莫高窟第 285 窟沙弥守戒自杀因缘故事画 1

图 4-143　莫高窟第 285 窟沙弥守戒自杀因缘故事画 2

提女请佛赴宴。佛遥知其意，吩咐弟子们“赴宴”。佛弟子各显神通，乘坐各自变出来的动物次第前来，释迦牟尼及诸侍者最后至长者家。满财长者一家看到此种种神通变化，惊叹不已，举家皈依佛教。敦煌石窟仅存此故事画一铺，存于第257窟中。①

第257窟须摩提女因缘故事画　北魏绘，位于洞窟西壁北段、北壁西段。画面从西壁北段开始，到北壁中间结束，共用14个画面加以表现：1. 须摩提女夫家宴请，客人谈论佛的神威，须摩提女应公公满财的要求，上高楼焚香请佛；2. 乾荼背负大釜飞来；3. 沙弥均头变五百花树飞来（图4-144）；4. 周利般特乘五百青牛飞来；5. 罗云乘五百孔雀飞来；6. 迦匹那乘五百金翅鸟飞来；7. 优毗迦叶乘五百龙飞来；8. 须菩提乘五百琉璃山飞来（图4-145）；9. 大迦旃延乘五百白鹊飞来；10. 离越乘五百虎飞

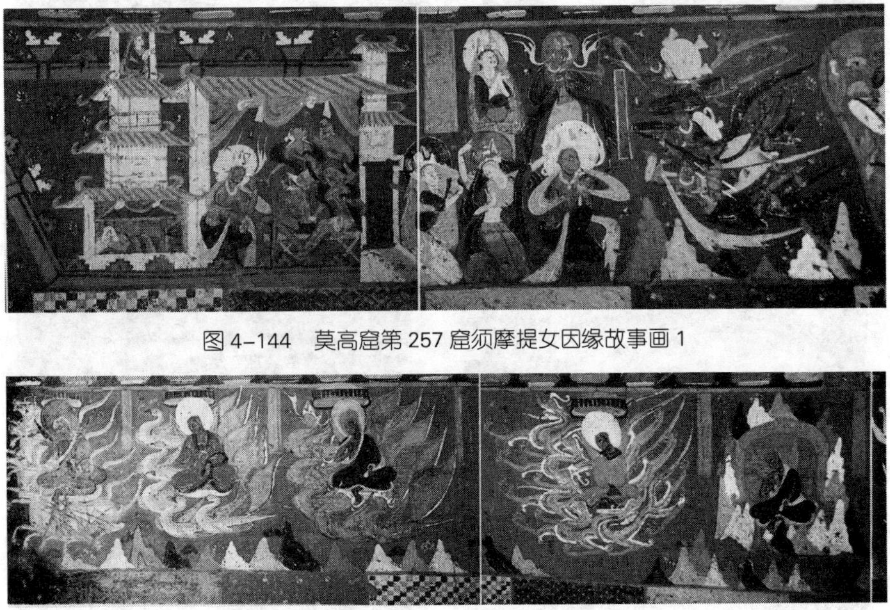

图4-144　莫高窟第257窟须摩提女因缘故事画1

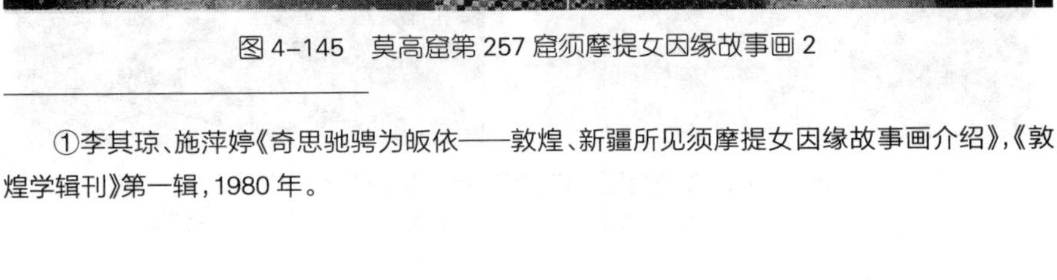

图4-145　莫高窟第257窟须摩提女因缘故事画2

①李其琼、施萍婷《奇思驰骋为皈依——敦煌、新疆所见须摩提女因缘故事画介绍》，《敦煌学辑刊》第一辑，1980年。

来；11. 阿那律乘五百狮子飞来；12. 大迦叶乘五百马飞来；13. 大目犍连乘五百六牙白象而来；14. 释迦在众弟子簇拥下出现（图 4–146）。此故事画画面情节安排动静结合，人物造型美丑相互映衬，六师梵志的喧嚣无状、须摩提女的娴静平和、佛和弟子的庄重与威严均表现得淋漓尽致。

图 4–146　莫高窟第 257 窟须摩提女因缘故事画 3

五百强盗成佛因缘故事画

又名得眼林故事画。内容依据《大般涅槃经·梵行品》《大方便佛报恩经·慈品》等佛经绘制而成。故事梗概为：有五百强盗到处抢劫作乱，国王派军征剿，群贼战败被俘后，受剜眼酷刑，然后被放逐山林，让他们自生自灭。群贼绝望，在林中呼救，佛以神通力吹雪山香药让群贼双眼复明，并为他们现身说法，使五百强盗皈依佛法，参禅入定，最后成佛。敦煌石窟中现存此故事画的有西魏第 285 窟，北周第 296 窟。①

第 285 窟五百强盗成佛因缘故事画　西魏大统四年至五年绘制，位于洞窟南壁。画面从东向西表现 8 个情节：1. 五百强盗经常抢劫路人，为非作歹，国王派遣官军进行围剿；2. 五百强盗战败被俘；3. 国王审讯，强盗被判酷刑；4. 五百强盗被剥去衣服，挖去双眼；5. 五百强盗双目失明，被放逐山林；6. 佛以神通力吹雪山香药，使强盗双眼复明，并为强盗说法；7. 强盗悔过自新，皈依佛法，出家为僧；8. 强盗入山修行，参禅入定（图4–147）。

①蔡伟堂《敦煌莫高窟〈五百强盗成佛图〉研究》，敦煌研究院编《段文杰敦煌研究五十年纪念文集》，北京：世界图书出版公司，1996 年。

图 4-147 莫高窟第 285 窟南壁五百强盗成佛因缘故事画

第 296 窟五百强盗成佛因缘故事画 北周绘制，位于洞窟南壁。此故事画依据《大方便佛报恩经·慈品》绘制而成。这幅故事画由西至东绘出了 8 个情节：1. 国王下令围剿五百强盗；2. 军队出征；3. 官军与五百强盗激战；4. 五百强盗战败被俘，军队将其押解回宫；5. 五百强盗受审，被挖去双眼；6. 五百强盗被放逐山林；7. 佛以神通力使五百强盗眼睛复明，群贼悔过，皈依佛教，佛为五百强盗说法；8. 五百强盗入山修禅（图 4-148）。这幅故事画用了大量的篇幅描绘了国王和军队对强盗围剿、镇压、俘获、押解以及行刑的情节，而五百强盗获救、皈依等画面篇幅较少，与第 285 窟此故事画相比，体现出了不同的特点。

图 4-148 莫高窟第 296 窟南壁五百强盗成佛因缘故事画

微妙比丘尼因缘故事画

内容依据《贤愚经·微妙比丘尼缘品》绘制而成。故事梗概为：比丘尼微妙现身说法，叙述自己一生备受苦难折磨、出家为尼的经历和遭受不幸的前世因缘。她成年结婚后，公公和婆婆相继去世。妊娠后回娘家途中，丈夫被蛇咬死，两个儿子被狼食、水溺。回到娘家，从老梵志处得知娘

家失火，全家遇难。再嫁梵志之后，分娩之夜，丈夫酒醉回家，烹煮婴儿，逼微妙共食。微妙被迫出走，路遇丧妻上坟的长者子，微妙又与长者子结婚。新婚七日后，丈夫暴病身亡，微妙被迫殉葬；盗墓贼盗墓，微妙获救。贼首强迫微妙与其结婚；贼首被处死刑，微妙再次殉葬，因狼、狐扒坟而得救。最后微妙见佛，受戒，被度为比丘尼。微妙今世种种不幸遭遇，是因为她前世以钉子谋害小妇之子的宿咎业缘。敦煌石窟中现存此故事画一铺，即在北周第296窟中。

第296窟微妙比丘尼因缘故事画[①]　北周绘，位于洞窟窟顶西披北段和北披西段，共绘出了21个情节。西披北段：1. 微妙前生以针刺死小妇婴儿，却指天发誓非她所为；2. 今生微妙与梵志结为夫妇；3. 微妙怀孕，与丈夫回娘家生产；4. 途中露宿树下，半夜分娩招来毒蛇咬死了丈夫；5. 微妙见丈夫已死，悲痛欲绝；6. 微妙带领两个儿子过河，一子被狼所啖，一子被河水冲走；7. 路遇老梵志，得知娘家失火，父母均亡；8. 微妙走投无路，寄居在老梵志家（图4–149）；9. 与另一梵志结婚；10. 梵志醉酒而归，微妙正在床上分娩，未及开门，梵志破门而入，怒打微妙；11. 梵

图4–149　莫高窟第296窟微妙比丘尼因缘故事画1

①史苇湘《微妙比丘尼变初探》，《敦煌学辑刊》第一辑，1980年。顾淑彦《敦煌石窟贤愚经变研究——以莫高窟第146窟为中心》，兰州大学2009年硕士学位论文。

志烹煮婴儿，逼令微妙食子；12. 微妙被迫出走；13. 微妙途经墓园，遇怀念亡妻的长者子；14. 微妙又与长者子结为夫妇；15. 长者子七日病故；16. 微妙被活埋殉葬；17. 盗墓贼盗墓，微妙复活；18. 微妙被迫与盗首结婚；19. 盗首被捕，判处死刑；20. 盗首死，微妙第二次被活埋殉葬，夜间有狼刨墓，微妙又得复活；21. 微妙露形见佛，被度为比丘尼(图 4-150)。此画面分上下两层，上下交错，按波浪形顺序发展，故事完整，情节委婉动人。

图 4-150　莫高窟第 296 窟微妙比丘尼因缘故事画 2

梵志夫妇摘花坠命因缘故事画

内容依据西晋法世和法立等译《法句譬喻经》卷四、《生死品》第三十七绘制而成。故事梗概为：梵志长者之子新婚，夫妇共至后园，长者子为新妇上树摘花，摘到一朵花后，正准备再摘一朵花时坠地身亡。佛告诉长者，这是因为长者父子前世恶业因缘的结果。敦煌石窟现存此故事画于第428 窟中。

第 428 窟梵志夫妇摘花坠命因缘故事画　北周绘，位于洞窟东壁门南萨埵太子本生故事画后，起着填补壁面空白的作用。此画为单幅构图，表现长者子为其妇上树摘花和递花的情节，构图简单，言简意赅（图 4-151）。①

①樊锦诗、马世长《莫高窟北朝洞窟本生因缘故事画补考》，《敦煌研究》1986 年第 1 期，第 27—38 页。

图 4-151　莫高窟第 428 窟东壁门南梵志摘花坠命因缘故事画

敦煌石窟中还有弊狗因缘、度恶牛因缘、化跋提长者姊因缘等故事画。弊狗因缘故事画位于第 257 窟南壁沙弥受戒自杀因缘故事画之后，画面由两个情节组成，被烟熏黑。度恶牛因缘故事画位于第 285 窟南壁东侧禅窟龛楣东侧的下方；化跋提长者姊因缘故事画位于第 285 窟南壁东侧禅窟龛楣东侧的上方，以上这两个故事画过去被认为是沙弥守戒自杀因缘品。

我们对莫高窟十六国北朝与隋代的故事画进行比较，发现有以下几个特点：

第一，北朝时期，特别是北周时期大幅的佛传故事画在隋代壁画中不再出现，取而代之的是其中的乘象入胎和夜半逾城等两个经典画面。另外，个别洞窟之中还画了迦叶集结等画面。

第二，北朝时期比较流行的因缘故事画题材在隋代壁画中没有出

现。这些因缘故事画，如沙弥守戒自杀因缘、五百强盗成佛因缘、微妙比丘尼因缘、须摩提女因缘等故事画，都是敦煌石窟故事画的代表，不仅情节曲折动人，而且绘画技法精湛，色彩有的艳丽脱俗，有的清丽雅致。

第三，北朝时期流行的除萨埵太子本生故事画有大量绘制之外，尸毗王本生、毗楞竭梨王本生、虔阇尼婆梨王本生、月光王施头本生、快目王施眼本生等故事画只有第 302 窟中出现，而且只以一个画面加以表现，其他题材均未出现。而且萨埵太子本生故事情节更加生动，第 419 窟还画了萨埵太子本生故事画的缘起和结尾，这与北朝时期的只表现故事情节、不表现开头与结尾形成鲜明的对比。就艺术水平而言，十六国北朝时期的本生故事画，如第 254 窟的萨埵太子本生、尸毗王本生等，都代表了北朝故事画的高超水准。

第四，北周时期流行的须达拏太子本生故事画、睒子本生故事画，在隋代继续出现，且内容更多，情节更为生动。特别是须达拏太子本生故事画，最多的情节达到了 43 个，详细描述了须达拏太子无限施舍的全过程。这两类故事画的流行可能与它们所表达的布施、孝养的主题有很大的关系。

三、经变画

经变,也称“变”或“变相”。广义而言,凡是依据佛经绘制的画面均可称之为“变”。狭义的“经变”,是专指将某一部乃至几部有关佛经的主要内容组织成首尾完整、主次分明的大画,这些经变画既有别于本生故事画、因缘故事画、佛传故事画,又有别于单身尊像画。

敦煌石窟的经变画开始于北周,隋代开始增多,以唐、五代最盛,敦煌石窟的经变画多达三十多种,一千多壁,是敦煌石窟壁画的重要内容之一。经变画的种类有:福田经变、弥勒经变、维摩诘经变、药师经变、法华经变、涅槃经变、金光明经变、无量寿经变、阿弥陀经变、观无量寿经变、劳度叉斗圣变、观音经变、佛顶尊胜陀罗尼经变、金刚经变、华严经变、报恩经变、报父母恩重经变、思益梵天请问经变、梵王经变、降魔变、贤愚经变、宝雨经变、十轮经变、天请问经变、密严经变、楞伽经变、地狱变、地藏十王经变、文殊变、普贤变、十一面观音变、不空绢索观音经变、如意轮观音经变、千手千眼观音变、千手千钵文殊变、水月观音变、炽盛光佛经变等。

敦煌石窟隋代洞窟中,经变画种类出现较多,有的经变画已初具规

模，有维摩诘经变、涅槃经变、法华经变、法华经变观音普门品（观音经变）、药师经变、弥勒经变、福田经变、金光明经变等类型，现对这些经变画进行介绍。

维摩诘经变

维摩诘经变依据鸠摩罗什译《维摩诘所说经》绘制而成，经文为十四品，壁画表现共十三品。中国石窟中现存最早的维摩诘经变出现于炳灵寺第169窟，云冈石窟、龙门石窟等石窟群北魏时期的洞窟内存有此题材的雕刻。敦煌莫高窟维摩诘经变最早出现于隋代，现存11铺。初唐、盛唐时期逐渐成熟，现存13铺，有206、203、322、242、334、341、342、68、220、103、332、335、194窟，绘制品数由五品增加到了十一品，新增《弟子品》《不思议品》《观众生品》《入不二法门品》《菩萨行品》《法供养品》等内容。重点表现维摩诘示疾、文殊来问以及帝王和各国王子问疾等内容，画面主要绘于主室东壁窟门两侧或南北两壁，均是以通壁表现。中唐、晚唐渐趋程式化，现存20铺，有第133、359、159、360、236、237、240、186、231、18、132、369、12、85、138、139、143、156、9、150窟，新增《菩萨品》，画面主要绘于东壁门南北两侧，或通壁出现，或只占门一侧，也有绘制于北壁的个别现象（如第9窟）。表现重点转向现实生活小景，富有人间气息，这些内容多在经变画下部的屏风画中加以表现，用色淡雅，线条工整细腻。五代、宋时期，维摩诘经变终于衰落，现存23铺，有第98、100、108、5、6、22、61、146、121、454、7、53、342、25、334、335、261、172、203、264、437、44、202窟，新增《佛道品》《入不二法门品》。五代壁画规模气势宏伟，力虽不胜，尚思奋飞。至宋代风格、内容、位置均很固定，程式化非常严重，然而依然有自己的特点，就是此期维摩诘经变榜题很多，对我们对经变内容的考释极为有利。西夏以后，莫高窟维摩诘经变绝迹，但在内地，直至金代，仍有维摩诘经变的绘制。

敦煌莫高窟隋代的维摩诘经变，现存有第423、425、433、262、417、420、419、276、277、380、314窟，内容有《问疾品》《佛国品》《方便品》《香积佛品》等，主要绘于洞窟主室西壁主尊佛龛外两侧，多延续中原云冈、龙门等石窟的传统旧的造像形式，结构较为简单。主要体现“维摩诘示疾”和“文殊问疾”等内容，因此画面主要表现为维摩诘和文殊对坐（立）的形式。①

第423窟维摩诘经变　位于洞窟窟顶后部中间，只画了《问疾品》。构图方式属于“同殿对坐式”，即将维摩诘和文殊菩萨同置于一座殿堂内，以对坐论道的形式加以表现，这种构图方式仅有此一例。在一座七间开的殿堂中央大厅内，右侧维摩诘居士坐床上，手挥麈尾，对面文殊菩萨坐于宝座上，左手上举，与维摩诘对话，中间画一比丘坐地，维摩诘、文殊一侧画有弟子和菩萨，被遮住，透过两边的窗口可看到大厅内维摩诘和文殊身后还有许多菩萨、弟子在听法，大厅外两侧回廊各画一护法的天神，身穿盔甲，站于莲花上（图4-152）。

图4-152　莫高窟第423窟维摩诘经变

第433窟维摩诘经变　位于洞窟窟顶后部，也只绘出了《问疾品》。构图方式为“隔弥勒经变对坐式”，即维摩诘和文殊菩萨南北对坐，中间以弥勒经变隔开，这种表现形式

①贺世哲《敦煌莫高窟壁画中的〈维摩诘经变〉》，《敦煌研究》总第二期，1982年。

除了第433窟外,还有第425窟。此铺经变画维摩诘与文殊菩萨不是同处一殿,而是分别坐于两个歇山式配殿之中。画面中间一座三间开歇山顶大殿内画弥勒上生经变。左右两侧各画一座小型歇山顶配殿,左侧配殿内文殊菩萨居中坐在一个束腰的莲花座上, 右手上举与对面对话,左右两侧各画一菩萨,文殊菩萨身后画弟子等部众五身;右侧配殿内维摩诘居士居中而坐,右手持麈尾,前面置案,左手放于案上,与对面文殊辩论,维摩诘前方一侧站一弟子,身后部众多身,表现出二位大士遥遥相对,辩论佛法的场面(图4-153)。

第276窟维摩诘经变　位于西壁龛外南北两侧, 也只表现《问疾品》。构图方式属于"隔龛对立式",即维摩诘和文殊菩萨被西壁的开龛隔开,相对于龛外南北两侧。此铺经变表现的不是二位大士对坐而是相对而立,因此也属于隋代维摩诘经变的经典之作。在有山石、树木的野外,左侧文殊菩萨站立于树下,头戴宝冠,有头光,带有项饰、璎珞和手镯,上身穿单肩僧祇支,外披风巾,下身着长裙,裙腰外翻,双手上举与对面维

图4-153　莫高窟第433窟维摩诘经变

摩诘对话，双脚踩在莲花之上（图 4–154）；右侧树下维摩诘头戴儒巾，外披大衣，手挥麈尾，头发稀疏，浓密的长髯，深深的皱纹，嘴角笑容可掬，双目凝视远方，候立于菩提树下，刻画出了一位饱学之士的形象（图 4–155）。此铺经变维摩诘和文殊菩萨身后均没有部众。

第 420 窟维摩诘经变　位于洞窟西壁龛外南北两侧，不仅绘出了《问疾品》，也绘出了《佛国品》《香积佛品》等内容。构图方式属于“隔龛对坐式”，即维摩诘与文殊菩萨对坐于龛外的南北两侧，第 417、419、314、380 窟均属于此构图方式。此窟西壁龛外南侧上部画文殊菩萨问疾，龛外北侧在一座三间开歇山式顶殿堂的中央，文殊菩萨倚坐于金刚座上，有头光，双脚踩莲花，左手握飘带一角，右手上举，表现出了文殊论

图 4–154　莫高窟第 276 窟西壁龛外南侧维摩诘经变文殊菩萨

图 4–155　莫高窟第 276 窟西壁龛外北侧维摩诘经变维摩诘

图 4-156　莫高窟第 420 窟维摩诘经变文殊菩萨

道的场面，对面一菩萨跪于莲花上，双手捧有物品，文殊身后的建筑内画听法的天人、弟子、菩萨等部众二十多身，众菩萨皆侍立于文殊身后，众弟子跪坐于两廊前后，三位信士在台阶之下虔诚跪拜，殿后有绿树，殿前有莲池，成对的水禽在水中游戏，上空飞天在抛撒香花（图 4-156）；龛外右侧，在一座五间开歇山式顶殿堂中央，维摩诘凭几而坐，右手持麈尾，左手置于几上，身着大袖衣，面庞消瘦，双眉紧锁，正在和对面的文殊菩萨展开辩论，殿前两身菩萨跪对维摩诘，其中一身双手捧一饭钵，可能表现香积菩萨，殿外台阶前有四比丘跪对维摩诘，中间有一个佛座，是否是表现《不思议品》，有待进一步研究。殿内、廊间和台阶下挤满了听法的部众，殿前有莲池，殿后有树林，都与对面的文殊相对称(图 4-157)。

图 4-157　莫高窟第 420 窟维摩诘经变维摩诘

第 419 窟维摩诘经变　位于洞窟西壁龛外南北两侧，只表现出了《问疾品》，构图方式与上面

图 4-158　莫高窟第 419 窟龛外南侧维摩诘经变文殊菩萨

第 420 窟相同。此窟西壁龛外南侧在一座歇山式建筑内，文殊菩萨倚坐于束腰的须弥座上，头戴宝冠，裸露上身，身披风巾，腰系长裙，双脚踩于莲花之上，右手上举，与对面维摩诘论道，文殊前一弟子跪于莲台上，双手捧一香炉，向文殊供养，后面画菩萨四身，均立于莲花上，上面两身双手合十，下面两身双手捧盘，盘内盛物向文殊进献，文殊菩萨身后的建筑内绘菩萨六身，均立于莲花上，有的双手捧物，有的则双手合十，侍立于文殊身后，殿外有绿树（图 4-158）；对面一座歇山式建筑内，挂有帷帐，帐内维摩诘坐于方座之上，其前有案几，手持麈尾，与文殊论道，维摩诘前面两比丘跪地相对，其侧一比丘站立于莲花上，双手捧有一钵，前面四比丘跪于维摩诘方座一侧，维摩诘身后三人侍立，八人跪坐，双手合十，殿外有绿树，前方有飞天抛撒香花（图 4-159）。

图 4-159　莫高窟第 419 窟龛外北侧维摩诘经变维摩诘

第 380 窟维摩诘经变

位于洞窟西壁龛外南北两侧，只表现了《问疾品》，构图方式与第420窟相同。此窟西壁龛外南侧，一座歇山式建筑中央，文殊菩萨坐于宝座之上，一手上举，与对面维摩诘辩论，前面一菩萨站于莲台上，一手持有宝珠或其他物品，文殊身后一菩萨侍立于莲花之上，一臂上举，一臂下垂，手握长巾，建筑外下方画菩萨五身，面对文殊而跪，有的双手捧物，有的双手合十，殿外上方空中，有飞天抛撒香花（图4-160）；对面一座歇山式建筑内，维摩诘坐于坐塌之上，身披大衣，手持麈尾与对面文殊菩萨论道，塌前摆放有维摩诘的双履，廊间左右两侧各侍立一比丘，殿外下方五比丘跪地，双手合十，殿外上方，飞天空中飞舞，抛撒香花（图4-161）。

第314窟维摩诘经变　位于洞窟西壁龛外南北两侧，构图方式与第420窟相同。此窟西壁龛外南侧，一座三间开歇山式建筑内文殊菩萨坐于殿内壶门式胡床上，有头光，左手抚膝，右手上举，与对面维摩诘辩论，

图4-160　莫高窟第380窟维摩诘经变文殊菩萨

图4-161　莫高窟第380窟维摩诘经变维摩诘

殿外左右两侧各站立一菩萨，立于莲花之上，手中均捧莲花，廊下左侧，画五比丘坐地，面向文殊，建筑外下方画听众数人，坐于地垫之上，双手合十，文殊对面一比丘坐地垫上，双手供养，其前放置一香炉，殿后上方有树林，前方一飞天在空中飞舞，抛撒香花；西壁龛外北侧，也是一座三间开歇山式建筑，殿内胡床上坐维摩诘，右手持麈尾与文殊论道，殿外左右两侧各画一菩萨立于莲花上，廊下右侧也画五比丘坐地垫上，维摩诘对面下方画一比丘坐方垫上，手中持一长柄香炉，其前放置小几，上置一香炉，右侧画五位听众，面对维摩诘胡跪，双手合十，殿外上方画一飞天飞舞，抛撒香花，殿后画树林（图 4–162）。

涅槃经变

涅槃经变主要依据《大般涅槃经》绘制而成，是《妙法莲华经》《维摩诘所说经》等经之外的又一部大乘经典，是宣说如来常住、涅槃常乐我净、众生悉有佛性乃至阐提成佛等义的经典。主要表现释迦牟尼佛逝世，诸菩萨、弟子以及世俗信徒等哀悼的情景。中国现存最早的涅槃经变见于连云港孔望山东汉晚期的摩崖造像，新疆克孜尔等石窟也有早期的涅槃经变出现，云冈、麦积山等石窟均存有北朝时期的涅槃图像。敦煌石窟现存 15 铺涅槃经变，隋代 4 铺，绘于第

图 4–162　莫高窟第 314 窟维摩诘经变

295、280 窟人字披顶以及第 427 窟前室西壁顶部，另外，第 420 窟出现了与法华经变结合的涅槃经变，这一时期的涅槃经变已经完全脱离了佛传画，形成独立单幅构图的涅槃经变。新增有摩耶恶梦、佛母奔丧、外道答迦叶问、须跋陀罗身先入灭、金刚力士哀恋等情节。初唐、盛唐 7 铺，绘塑于第 332、120、130、39、46、225、148 窟，构图已经发展成连环画形式，规模空前宏伟，艺术水平也很高。新增有临终遗教、双树病卧、阿那律报丧、商办阇维、棺盖自启、为母说法、力士举棺、香楼荼毗、外道幸灾乐祸、八王分舍利、起塔供养等情节，其中第 148 窟采用塑绘结合的方式来表现涅槃经变。中唐 4 铺，绘塑于第 44、185、92、158 窟，此时由于受吐蕃贵族统治的影响，涅槃经变中出现了割耳、割鼻、刺胸等画面，其中第 158 窟也采用塑绘结合的方式加以表现。晚唐自张议潮收复瓜、沙以后，莫高窟涅槃经变突然绝迹。

隋代的涅槃经变现存只有 4 铺，分别存于第 295、280、427 窟，其中第 427 窟经宋代重绘。另外，第 420 窟窟顶北披与西披的法华经变中，也穿插绘制了许多出自《涅槃经》的情节。这些涅槃经变情节相对简单，用一个画面表现佛涅槃的几个情节。①

第 295 窟涅槃经变　位于洞窟窟顶人字披西披。画面布局与北周第 428 窟的涅槃图相似，画面左右两侧画两棵大娑罗树，开着朵朵白花，增强了画面的悲哀气氛，在双树间各画一身飞天，向佛涅槃处飞来，前伸一臂，正在抛撒香花；画面的中心位置画释迦牟尼佛，右胁枕手，累足而卧于寝台上，释迦佛头高脚低，双眼半开半合，暗示着欠身欲起的动态，表明他并非真死，而是进入常、乐、我、净的大涅槃境界；佛背光后画一佛二菩萨四弟子，二世俗信徒，绕佛哀悼，一个躬身俯首于佛背光上，双手揪着自己的头发，另一个也高举左手拔着自己的头发，以此来表现对死者

①贺世哲《敦煌莫高窟的〈涅槃经变〉》，《敦煌研究》1986 年第 1 期。

的哀悼；画面右端树下画一外道装扮的老头立于莲座上，一手持花，是表现外道答迦叶问的情节；外道左侧，迦叶跪在莲台上，双手抚摸佛足，嘴巴张开，面向观众，表现出了无比悲痛又恋恋不舍之情；迦叶下方画一比丘，头、身均着通肩式袈裟，手结禅定印，坐大火中，这是表现须跋陀罗身先入灭；须跋陀罗左侧画一人，仰卧于地，头戴珠冠，冠系白色飘带，戴项圈，裸上身，两臂绕飘带，下身着短裙，腰绕白色飘带，赤脚戴臂钏，这是表现密迹金刚力士；释迦佛头侧，画一贵妇，坐在一个束腰座之上，双脚踩在莲花之上，头戴宝冠，内着华丽服装，脚穿云头鞋，外披红色右袒式袈裟，左手支颐，右手抚膝，上身前倾，哀悼释迦，这是表现佛母摩耶夫人；佛母右侧画一龙，昂首张口，龙口上部画一莲枝，似从龙口出，莲花上堆放白色宝珠，这是表现毒龙吸如意珠，画师巧妙地表现了毒龙吸食如意宝珠的一刹那，刻画相当生动，此情节不见于西域与中原的涅槃图像中，为敦煌涅槃经变所独有（图 4–163）。

第 280 窟涅槃经变　位于洞窟窟顶后部人字披东披，画面布局与第 295 窟相同。在粉白底色的衬托下，壁画色彩显得格外鲜亮，在两边双树的中央，释迦牟尼佛左手轻搭膝部，穿通肩式袈裟，右胁累足而卧于佛床之上，佛的背光后画一佛三弟子，六位世俗之人绕佛哀悼，世俗人中，左侧两人正在对话，有一人趴在佛的背光上双手在拔自己的头发，最右端一人，左手提

图 4–163　莫高窟第 295 窟涅槃经变

净瓶，右手捂头，正在痛哭流涕；画面右端树下画一外道装扮的老头，立于莲座上，双手合十，是表现外道答迦叶问的情节；画面右侧佛足处，迦叶跪在莲台上，双手合十；迦叶前，画一比丘，头、身均着通肩式袈裟，手结禅定印，这是表现须跋陀罗身先入灭，此画面没有画出火焰；须跋陀罗左侧画一人，仰卧于地上，两臂缠绕飘带，下身着短裙，表现密迹金刚；佛头一侧，画一夫人坐于一束腰座之上，双脚踩莲花，头戴宝冠，内着华丽服装，外披红色右袒式袈裟，右手抚膝，上身前倾，哀悼释迦，表现佛母摩耶夫人（图 4–164）。

第 427 窟涅槃经变　位于洞窟前室西壁门上，画面也是表现释迦牟尼佛涅槃、佛弟子以及世俗人举哀、迦叶抚佛足、须跋陀罗身先入灭、佛母摩耶夫人哀悼等情节，可惜画面经过宋代重修，使得艺术水平稍有逊

图 4–164　莫高窟第 280 窟涅槃经变

色。另外，第420窟窟顶也有涅槃图像，原本属于法华经变的组成部分之一，因此，将其作为法华经变的画面情节一起加以讨论，这里不再介绍。

法华经变

法华经变又称妙法莲华经变，指依据《妙法莲华经》绘制的大型经变画。《法华经》有三译，即西晋竺法护译《正法华经》，姚秦弘始八年（406）鸠摩罗什译《妙法莲华经》，隋阇那崛多、达摩笈多重译《添品妙法莲华经》。敦煌石窟壁画中的法华经变主要是依据鸠摩罗什译《妙法莲华经》，《法华经》有二十八品，入画多达二十四品。敦煌石窟中出现的法华内容的题材，最早见于北魏第259窟，该窟中心塔柱龛内塑释迦、多宝二佛并坐塑像，即表现《法华经》中的见宝塔品，之后西魏第285窟，北周第428、461窟以及西千佛洞第8窟均出现释迦、多宝二佛并坐说法图。隋代正式意义上的法华经变开始出现，内容有序品、方便品、譬喻品、见宝塔品、观音普门品，还出现了将观音普门品单独入绘洞窟之中的现象，洞窟有276、277、303、394、419、420等。初唐增加了信解品、化城喻品、提婆达多品、从地涌出品、安乐行品、随喜功德品、药王菩萨本事品、妙音菩萨品、妙庄严王本事品、普贤菩萨劝发品，洞窟有68、202、331、332、335、340、341窟。中唐在前代的基础上，增加了授记品、五百弟子受记品、如来寿量品、常不轻菩萨品、陀罗尼品，有第154、159、231、237、361、472等窟，品数固然增加不少，但艺术造诣不高。形式上也稍有发展，如将从地涌出品与提婆达多品对称，但却从此走向程式化，失掉初唐、盛唐时的勃勃生机。晚唐至宋时期的法华经变更加程式化，内容增加到二十四品，但艺术水平没有超过初唐时期的水平，有12、14、85、94、138、144、156、196、232、459、468、4、6、61、98、108、146、261、55、76、431（前室）、449、

454 等窟。①

隋代有法华经变的洞窟只表现法华经变中的一品，如见宝塔品、观音普门品等，唯有第 420 窟有较为完整的法华经变。②

法华经变见宝塔品

隋代单独出现的法华经变见宝塔品现存三铺，分别在第 394、276、303 窟中。

图 4–165 莫高窟第 394 窟西壁龛外北侧上部见宝塔品

第 394 窟见宝塔品　此窟西壁龛外南北两侧上部各画一铺释迦、多宝二佛并坐图。这是北侧一幅，在一个巨大的华盖下，画二佛对坐，分别坐于莲花台上，左侧一身着通肩式袈裟，手结禅定印，右侧一身穿双领下垂式袈裟，内着僧祇支，手结禅定印，背后有头光，二佛中间存一方红色的榜题（图 4–165）。

第 276 窟见宝塔品　位于洞窟窟顶西披，此画面左侧经过后代重修，画面右侧保存较好，左侧佛存身部，头部为后代重修，中间画一座宝塔，右侧佛趺坐于莲花台上，有桃形头光，左手抚膝，右手上举施无畏印，

①贺世哲、施萍婷《敦煌壁画中的法华经变》，敦煌文物研究所《中国石窟·敦煌莫高窟》（三），北京：文物出版社，1987 年。

②张元林《北朝——隋时期敦煌法华艺术研究》，兰州大学 2009 年博士学位论文。

佛后一菩萨侍立于莲花上，左手上举，右手持一朵莲花（图 4–166）。

图 4–166　莫高窟第 276 窟法华经变见宝塔品

第 303 窟见宝塔品　此窟的法华经变见宝塔品不是单独出现的，而是在出现释迦、多宝二佛并坐的同时出现，在洞窟窟顶还画出了观音普门品，此处先对见宝塔品进行介绍。画面位于洞窟北壁前部中央，多宝塔被画成圆券形龛，释迦、多宝二佛并坐于塔内的双狮座上，左侧佛身穿圆领袈裟，左手抚膝，右手上举，右侧佛身穿右袒式袈裟，双手上举结印，二佛中间有一覆钵形宝塔，塔刹为九级相轮，上方有一方榜题，塔内左右两侧各画一菩萨，立像，均双手捧一钵，塔外左右两侧各画一菩萨，立像，左侧菩萨手中持一莲花，右侧菩萨右手上举，左手提净瓶，佛座前两头狮子对卧，座下左右两侧各有一力士用力承托，对面一力士双手托举一个香炉（图 4–167）。

图 4–167　莫高窟第 303 窟法华经变见宝塔品

观音普门品

敦煌艺术中的观音经变是根据《妙法莲华经》中的《观世音菩萨普门品》(即单行本《观世音经》)绘制而成的。此经变画作为法华经变中的一品,与其他品共同出现,主要表现观世音大慈大悲,解脱众生烦恼、苦难,有求必应的功能。从隋代开始,观音普门品就出现于第303、420窟,画面比较忠实于佛经,主要表现观音菩萨立像、观音三十三身以及观音菩萨有求必应、救诸难等情节。到了唐代,第217、45、23、205等窟均出现了观音经变和观音普门品,特别是第217、45两窟的观音经变,内容丰富,情节多样,是这一时期观音经变的代表,第45窟还保存了大量的榜题,为我们释读观音经变的内容提供了便利。中唐以后,观音经变增多,有第112、185、14、128窟,绘有观音普门品的洞窟有第7、231、159、237、468、141、18、12窟以及西千佛洞第15窟。[①]

第303窟观音普门品　位于洞窟人字披顶东西两披,东披画观音救诸难和观音化现,西披画观音化现。现依据内容介绍如下。

人字披东披,上排画面从右至左,下排画面从左至右:

1. 观音菩萨名号因缘:释迦牟尼佛趺坐于须弥座上,做说法状,其侧一菩萨侍立,对面无尽意菩萨跪于莲花之上,双手合十,向佛行礼。

2. 观音救火难:一人立于熊熊大火中,双手合十,正在祈祷。

3. 观音救水难:一条宽阔的大河中漂浮着两只小船,船上各坐数人,身穿世俗衣物,上面船上一人正在呼喊,下面船上之人双手合十,正在祈祷。

4. 观音救罗刹难:一条船漂流于波涛汹涌的大海中,船上数人,身穿红色衣服,或坐或立,中间一人站立,双手合十,正在祈祷,其余的人双手

---

①罗华庆《敦煌艺术中的〈观音菩萨普门品变〉与〈观音经变〉》,《敦煌研究》1987年第3期。王丽娟《敦煌〈观音经〉变相的发展与形制之研究》,华梵大学2003年硕士学位论文。沙武田《〈观世音菩萨普门品〉与〈观音经变〉图像》,《法音》2011年第3期。

合十,船外左右两侧各画两个罗刹鬼站在海中,上身裸露,张牙舞爪,准备向船发难。

5. 观音救刀杖难:深山丛林之中,三个人身穿盔甲,手持刀杖,对面画两个行人,双手合十正在祈祷。

6. 观音救恶鬼难:山中两个恶鬼蹲地,竖发裸身,双手上举。

7. 观音救枷锁难:山前一人双手合十跪于观音菩萨前,他身旁一侧放着一个方形物,可能表现枷锁,对面观音菩萨立于莲台之上,头部略向下倾,似正注视下方的跪拜者。

8. 观音救盗难:商人赶着驼队翻山越岭前行,一人前面引路,另一人后面赶骡子;山下三个身穿盔甲的强盗,手持刀剑并排拦路,其中一人左臂上扬,与对面两人讲话,对面画两个商人,身着胡服,前者一手上举,做说话状,后者合十祈祷。

9. 观音解淫欲:一座四阿式屋内,一男一女对坐,其中男方左手上扬,与女方交谈,后面另一间重层四阿式屋内,两人双手合十跪地祈祷,其中着红色装者手中似持一物。

10. 观音解嗔恚:一座重层四阿式建筑内,一男子席地而坐,双手撑地,怒气冲冲,左侧另一间建筑内,一身穿红衣之人跪地,双手合十祈祷(图 4-168)。

11. 观音解愚痴:一座四阿式建筑内,一人两手垂地,呆若木鸡,左侧另一间四阿式建筑内,一人跪地,祈祷。

12. 求男得男:一座重层四阿式建筑内,观世音菩萨结跏趺坐,举手说法,对面建筑内一妇女后跟一男孩,均双手合十,向观音行礼。

13. 求女得女:一座重层四阿式建筑内,观世音菩萨结跏趺坐,举手说法,对面建筑内一妇女后跟一女孩,均双手合十,向观音行礼。

14. 现辟支佛身:一座四阿式建筑内,佛结跏趺坐于莲台之上,佛后立一菩萨,佛前跪一菩萨,双手合十。

15. 现释迦佛身：释迦牟尼佛倚坐于一束腰莲花座之上，右手施无畏印，左手与愿印，双脚踩莲花，佛后立一菩萨，佛前对面，五个世俗男子跪地，双手合十向佛行礼。

16. 现声闻身：中间为一佛二菩萨说法图，两侧各跪六个世俗男子，向佛双手合十行礼。

17. 现梵王身：一间重层四阿式建筑内，一人头戴王冠，着菩萨装，结跏趺坐于佛座之上，可能表现梵王，屋外四身世俗男子面向梵王跪地。

18. 现帝释天身：一间四阿式建筑内，帝释天坐于方塌之上，身穿汉式大袖衣，双手上举，身后立一侍者，屋外五身世俗男子跪地，向帝释天行礼。

19. 现自在天身：一间重层四阿式建筑内，自在天结跏趺坐，屋外五身世俗男子面向自在天跪地。

20. 现大自在天身：一间帐形屋内，一个身穿大袖衣的人坐于须弥座上，双手半举，做说话状，表现大自在天，其后立一侍者，屋外五身世俗男子面向大自在天，跪地，双手合十（图 4-168）。

人字披西披上排从左至右，下排从右至左：

21. 现天大将军身：一间重层四阿式建筑内，天大将军结跏趺坐，身后立一侍者，屋外五身世俗男子面向天大将军，跪地，双手合十。

22. 基本与画面 21 相同，可能是画工多画了一身天大将军。

23. 现毗沙门天王身：一间四阿式建筑内，毗沙门天王身穿盔甲，屋

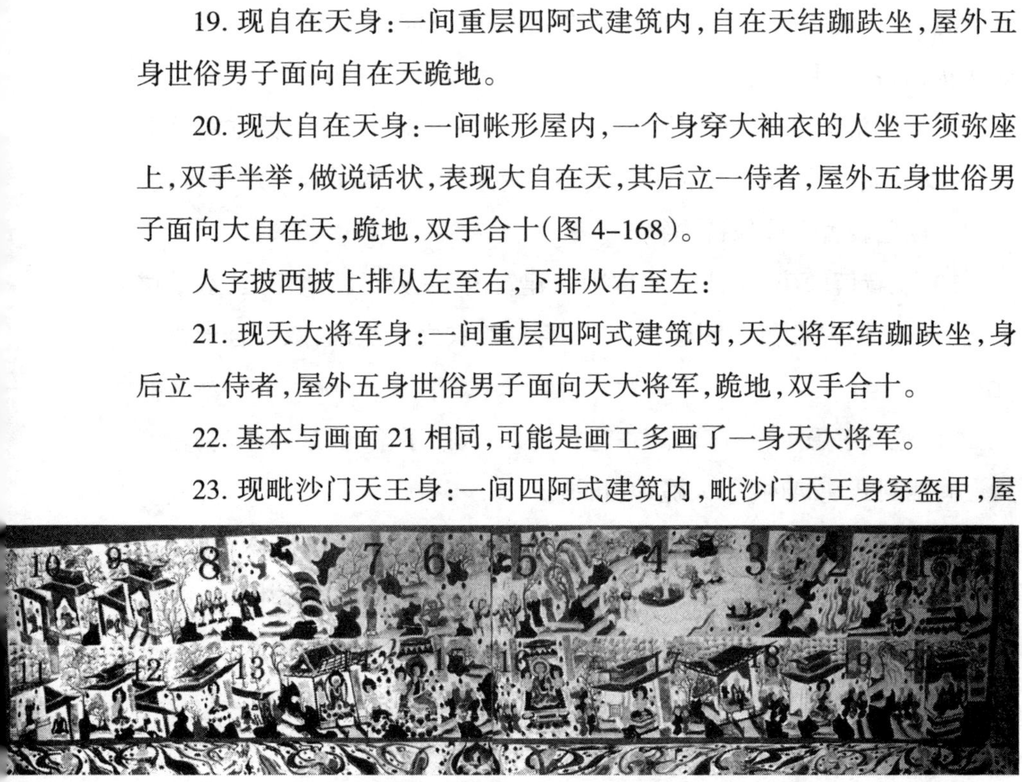

图 4-168　莫高窟第 303 窟观音普门品 1

外五身世俗男子面向毗沙门天王跪地。

24. 现小王身：一间重层四阿式建筑内，坐一小王，双手上举，做讲话状，后立一侍者，屋外三身世俗男子，面向小王，双手合十，跪地祈祷。

25. 现长者身：一间重层四阿式建筑内，长者坐于方塌之上，双手略上举，做讲话状，身后立一侍者，屋外三身世俗男子，面向长者，双手合十，跪地祈祷。

26. 现居士身：一间四阿式建筑内，坐一居士，身后立一侍者，屋外四身世俗男子，面向居士，双手合十，跪地祈祷。

27. 现宰官身：一间重层四阿式屋内，宰官一手半上举，一手托膝，坐地讲话，身后立一侍者，屋外两身世俗男子面向宰官，跪地，双手合十。

28. 现婆罗门身：一间重层四阿式屋内，婆罗门坐于束腰圆座上，一手半上举，一手托膝，做讲话状，屋外三身世俗男子面向婆罗门，跪地，双手合十。

29. 现比丘身：树下方塌上，一比丘结跏趺坐，后立一侍者，两身世俗男子面向比丘，跪地。

30. 现比丘尼身：树下方塌上，一比丘尼结跏趺坐，后立一侍者，三身世俗女子面向比丘尼，跪地。

31. 现优婆塞身：树下方塌上，一优婆塞坐其上，一手持杖，一手半上举，做说话状，三身世俗男子面向优婆塞，跪地。

32. 现优婆夷身：树下方塌上，一优婆夷坐其上，一手半上举，做说话状，三身世俗女子面向优婆夷，并列而立（图 4-169）。

33. 现长者妇女身：一间重层四阿式屋内，长者妇女坐方塌上，双手半举，做说话状，屋外三身世俗男女面向长者女，跪地，双手合十。

34. 现居士妇女身：一间重层四阿式屋内，居士妇女席地而跪，屋外三身世俗女子面向居士妇女，并列而立。

35. 现龙身：一间帐形屋内，一条龙坐于方形榻上，屋外三身世俗男

子面向龙，跪地，双手合十。

36. 现夜叉身：一间四阿式屋内，夜叉盘腿而坐，竖发，裸身，屋外三身世俗男子面向夜叉，跪地，双手合十。

37. 现乾达婆身：一间重层四阿式屋内，乾达婆双手半举，结跏趺坐，做说话状，屋外三身世俗男子面向乾达婆，跪地，双手合十。

38. 现阿修罗身：一间重层四阿式屋内，阿修罗上双手托日月，下双手半举胸前，结跏趺坐，屋外两身世俗男子，跪地，双手合十。

39. 现迦楼罗身：一间重层四阿式屋内，迦楼罗双手半举，做说话状，结跏趺坐，屋外三身世俗男子，跪地，双手合十。

40. 一间四阿式屋内，执金刚神手握金刚杵，游戏坐，屋外三身世俗男子面向执金刚神，跪地，双手合十，为现执金刚神。

41. 释迦佛结跏趺坐于束腰莲座上，左右各立一菩萨，佛座两侧各跪一供养菩萨，为佛讲应供养观音菩萨。

42. 向观音现宝珠、璎珞：两棵树下，左侧观音菩萨立于莲台之上，右侧无尽意菩萨向其进献璎珞。

43. 供奉释迦、多宝二佛：一间帐形屋内，释迦、多宝二佛并坐于须弥座上，左右各跪一身供养菩萨。

44.无尽意菩萨偈问释迦：释迦佛结跏趺坐于莲台上，头顶有宝盖，背后有背光，对面立无尽意菩萨站在莲台上（图 4-169）。

第 419 窟法华经变譬喻品　位于洞窟窟顶人字披西披上面两排，三

图 4-169　莫高窟第 303 窟观音普门品 2

分之二的画面画着庞大的、结构复杂的建筑，用空间表现熊熊大火燃烧着宅院，诸子还在宅内玩耍，在此三界火宅之中，鼬狸、鼷鼠、狐狼野豺，诸多毒虫四处逃窜，右侧上排并列画羊车、鹿车、牛车，诸子脱离火宅，立于三车前，下排仅画一辆装饰十分华丽的特大牛车，诸子立于车后。①下面介绍火宅喻：

1. 上排画面最左端，佛倚坐于莲花座上，头顶有华盖，一手上举，正在说法，对面一菩萨跪于佛座前，双手持一长柄香炉，佛周围有听法的部众数人。

2. 上排画面，在曲尺形院落重重环绕的建筑内，端坐数人，最前面一人身着大袖衫，表现长者宅院及其眷属的画面。

3. 上排画面，右侧曲尺形院落及建筑起火，院内建筑门窗大开，内似有人，院外数人站立，面向起火的宅院，表现宅院起火的情节。

4. 下排画面，位于上排画面 3 正下方，两座建筑正燃烧着熊熊大火，建筑内各种怪兽、鬼魅惊恐万分，有的正在疾速出逃；建筑外，可见鬼怪、野兽或相互攻击，或扑咬人类。此画面表现恶兽鬼魅因火宅所迫而相互恶斗的情节。

5. 上排画面最右端，一座正在燃烧的宅院，在着火的建筑门口站两人，正向外走去，并准备下门外的台阶。院墙外站立数人，正面向火宅，人物身后并排停有三辆装饰华丽的车子。这是表现长者以装饰华丽的羊车、鹿车、牛车引诱火宅内的诸子，诸子竞相离开火宅的情节。

6. 下排画面右端，一辆装饰华丽的特大牛车，牛车前三人并排跪地，向对面行礼，对面建筑内一老者端坐，身后有众多侍从。这是表现诸子脱离火宅后，长者以大白牛车分赐诸子的情节（图 4-170）。

---

①郭佑孟《敦煌隋代法华主题洞窟初探》，《兰州大学学报》（社会科学版）2006 年第 4 期。

西披的化城喻画面与火宅喻画面交织在一起，分别表现在画面左右两端。故事从西披上排右侧开始，表现三个取宝人，前一人赶着一头毛驴，负重，后边二人，一人赶着毛驴，一人骑着骆驼，正在丛林深山之中行进。中间是火宅喻中的三座宅院。画面下排左侧，取宝人又出现了，他们行至一座大山前，遇到野兽、毒蛇拦路，两人保护牲口，一人拉弓射箭，野兽或猛扑或逃窜。这两个画面皆表现取宝人的取宝旅途是多么的艰难、险恶。这种把一个故事情节分隔开来表现的手法很特别，为该窟法华经变所独有。

图4-170　莫高窟第419窟法华经变譬喻品

第420窟的法华经变　位于洞窟窟顶四披。①

东披

画《观音菩萨普门品》，画面大致分上、中、下三幅横卷式，画面从右侧开始，右下角画释迦佛讲述观音菩萨名号的来源，接着是下面一排有人身戴枷锁，有人被下油锅，有人海中乘船遇到海兽、罗刹鬼，中间一排有人周身起火，有人落水被溺等，旁边均表现观世音菩萨来救，另外还画有观音解脱三毒（淫欲、嗔恚、愚痴），满足二求（求男得男，求女得女）等

①贺世哲《莫高窟第420窟窟顶部分壁画内容新探》，《敦煌研究》1996年第4期。郭佑孟《敦煌隋代法华主题洞窟初探》，《兰州大学学报》（社会科学版）2006年第4期。张元林《北朝——隋时期敦煌法华艺术研究》，兰州大学2009年博士学位论文。

情节。上面一排情节最多，表现“怨贼难图”，俗称“商旅遇盗图”。右侧中下两排画有观音三十三身。画面首先从东披下层右下角开始：

1. 无尽意菩萨向佛请问观世音菩萨名号：左侧一菩萨跪地，向佛行礼，其身后站一菩萨，对面佛倚坐于金刚座之上，身后立弟子或菩萨数人。

2. 观音救火难：位于画面 1 的上排左侧，在大火中画两人，一人站立，双手合掌，礼拜菩萨，另一人坐于地上，手持经册正在诵读，对面观音菩萨立于莲台之上，双手合十，头顶有华盖，其后一菩萨侍立。

3. 观音救水难：位于画面 2 左侧，一条曲折蜿蜒的河流，河中有三人，两人溺水，正在奋力游向岸边，另一人站于河水中，双手合十，正在祈祷，左侧岸上，观音菩萨站在莲台之上，头顶有华盖，正伸手搭救溺水者，身后一菩萨侍立。

4. 观音救罗刹难：位于画面 3 左侧下方，此画面占据下面两排，一条宽阔的小河，河中有两只船满载乘客正在行进，水中现有毒龙和水怪；在河的下游，一只长着巨大鳄鱼头的怪物朝着行进中的船只张开大嘴，露出成排的锋利牙齿，正欲将船只吞下，对面大海波涛汹涌，一只小船正在行驶；在河的上游，一只船上坐满乘客，周围遍布海怪。

5. 观音救刀杖难：位于画面 3 的上方，两边画一排身着盔甲的人物，中间有数人跪地，被反捆双手，最后跪地之人被身后之人左手揪住头发，右手执刀，正欲砍头。

6. 观音救恶鬼难：位于画面 5 左侧，右侧一群携幼童的妇人被几个身着兜鼻短裤的恶鬼阻拦，在恶鬼后方的左侧有一方形建筑，内外皆有众人，其后方有一身形巨大的恶鬼正扑过来。

7. 观音救枷锁难：位于画面 6 的中间，有一人弯腰拄杖而立，身前有枷锁、镣铐散落在地。

8. 观音救地狱难：位于画面 3 的下方，左侧二人戴着枷锁向对面的

一个圆形油锅走来，油锅一侧，一身兽面人身的鬼怪，一手上举指着油锅，表示让二人进入油锅，左侧一人跪地，双手被枷锁铐住，身后躬身站一人，对面观世音菩萨立于莲台之上，头顶有华盖。

9. 观音救怨贼难：位于画面最上面一排，以横卷式表现形式从右向左通披展开，最右端画一商人在临行前跪地合掌，祈求平安；接着商队启程，满载货物的骆驼、毛驴行走在山间险道上；途中，一只骆驼失足摔下山崖，驭夫俯身下望，惊恐万状；画面右侧，商队遇到强盗，虽然顽强地与身披铠甲的强盗抵抗，但仍寡不敌众，货物被抢，商人被捉。这时，商人口念观世音菩萨名号，强盗立刻放下兵器，双手合掌，并排肃立，怨贼之难遂解。

10. 观音菩萨救淫欲、嗔恚、愚痴：位于画面 7 的上方，一座精致的建筑内，一男一女并排而坐，建筑前方有一门楼，内数身妇人站立，左侧亦有一小阁楼，内似坐着一位做思忖姿势的人物。

11. 求男得男，求女得女：位于画面 10 的下方，二菩萨分别坐于莲花座上，头顶有华盖，左右各有一胁侍菩萨侍立，座前各有一人跪地，向菩萨行礼，其中一人双臂上举，做向菩萨磕头状，画面下方，两位女子各牵着一个小孩离开，两小孩为一男一女。

12. 受持六十二亿恒河沙菩萨名号的功德：位于画面 11 左侧，右侧画面是倚坐佛为跪于莲花上的菩萨说法，佛于佛座左侧中间偏上倚坐，旁立二胁侍菩萨，对面一菩萨一弟子跪于莲台之上。

13. 观音菩萨三十三化身：位于画面 12 的左侧，从右侧绘一佛坐于莲座上，头顶有华盖，左右有二胁侍菩萨，座前二菩萨跪地开始，接下来画面的第二、三排左侧用了近二十座四阿式建筑，画面一般是建筑内坐一人，旁边有胁侍侍立，建筑台阶下有数人跪地听法（图 4–171）。

南披

南披譬喻品中的火宅喻，画面以左右两组建筑群为主体，绘出了殿

图 4-171　莫高窟第 420 窟东披法华经变

堂楼阁林立的两个广大的宅院，可谓是五步一楼，十步一阁，宅院周围是古木参天，院落幽深，此乃长者之家。画面从下排右侧开始，至下排中间的三幅佛说法图结束。现简单介绍于下：

1. 舍利佛决定成佛：位于画面右下角，佛倚坐在金刚座之上，头顶有华盖，双手结印说法，佛面部及手脚露出的地方涂金，佛周围有众多弟子、菩萨闻声跪地，听佛说法。

2. 佛说譬喻：一座曲尺形院落内，佛倚坐在金刚座之上，头顶有华盖，身穿偏右袒式袈裟，双手结印说法，佛面部及手脚露出的地方涂金，佛后站二弟子；对面弟子、菩萨等众人跪地听佛说法。

3. 长者劝诸子离开火宅：在右侧上面一排用曲尺形院墙围绕的建筑群中，宅院屋顶、院墙均已是熊熊大火，中间建筑内诸子似乎浑然不觉，依然歌舞升平。

4. 火宅中的众生：画面左侧，曲尺形院落围绕的建筑群中火势比上面的更加凶猛，大火已经包围整个宅院，院内、屋内的鬼魅、夜叉、恶鬼和毒蛇猛兽或惊慌出逃，或盘旋屋内，或追逐撕咬，场面十分恐怖。

5. 三乘：在两组建筑中间，自上而下绘有三排车辆，上排画三辆车，分别为羊车、鹿车和牛车，车前有数人站立，等待对面建筑内的诸子出来。

6. 三乘归一：两座建筑之间，三辆装饰华丽的大白牛车前数人站立，

对面火宅内的人出来。

7. 佛说“一切方便法”：画面下排，并排画三幅说法图，均是中央坐佛说法，周围均有部众听法的场面，佛像露出肌肤的地方贴金（图 4-172）。

北披

以往的研究认为第 420 窟窟顶北披的画面画法华经变序品、方便品和见宝塔品，由于方便品中借用了昙无谶译《大般涅槃经》的许多情节，因此北披画不下，就又将方便品延续到西披。近年，有学者认为是法华经变与涅槃经变的结合。不管是何种看法，均是对第 420 窟窟顶四披特别是北披和西披画面有益的探索。北披右侧下部画面首先接东披的观音普门品，接着是灵鹫山、见宝塔品、涅槃等内容，现对画面介绍于下：

观音普门品 14. 无尽意菩萨向佛献璎珞：中间佛结跏趺坐于莲台之上，双手结印，说法，佛后有二菩萨侍立，对面一菩萨跪在莲台之上，双手捧物向佛进献。

15. 无尽意、观音献璎珞：前面，一座建筑内坐一菩萨，身后有部众数身侍立，对面，一菩萨跪在莲台之上，向此菩萨行礼；后面中央佛倚坐于金刚座之上，左右二弟子侍立，对面，二菩萨跪地，均双手捧物向佛进献。

左侧画面开始法华经变其他内容或涅槃经变的一些情节。

1. 灵鹫山：画一座山，山峰画成鸟头状，山体则表现为鸟身，显得陡峭、伟岸，整个山顶似一只展翅欲飞的巨鸟。

图 4-172　莫高窟第 420 窟南披法华经变

2. 二佛并坐：一个巨型的金刚宝座上，二佛对坐说法，身穿偏右袒式袈裟，头顶有宝盖，身上露出肌肤的地方涂金，左右各画二菩萨侍立于莲花之上。

3. 涅槃：中央佛右胁枕手，累足而卧于寝台上，头高脚低，左手轻搭膝部，穿偏右袒式袈裟，两侧为双树，周围是众弟子举哀的场面；在佛足一侧，站一弟子，一手正在摸佛足，这是表现迦叶顶礼佛足的情节；佛足下方，一个头裹风巾，身裹袈裟之人坐地，这是表现须跋陀罗身先入灭；佛身部的佛床下方，一个天人躺在地上，赤裸身体，这是表现密迹金刚倒地闷绝；佛头一侧，一菩萨装贵妇坐在一个束腰座上，表现佛母摩耶夫人奔丧的情节。

4. 举棺：在涅槃画面的右侧，力士多人正抬着一口棺前行，四周众人随行送殡，空中有无数天人飞舞、抛撒鲜花。

5. 焚棺：画面 4 的下方，金棺燃起熊熊大火，周围有数身世俗装人物手舞足蹈。

6. 如来昭示涅槃：画面中央佛立于莲台之上，周围众人跪地，有的行礼，有的请求，表示不愿佛涅槃。

7. 众弟子最后供养：佛坐于一个束腰的佛座上，头顶有华盖，后面数身菩萨侍立，对面画弟子数人并排跪地，向佛行礼。

8. 四天王最后供养：与上一个画面布局相同，佛倚坐于束腰的佛座上，一手上举，身穿偏右袒式袈裟，脚踩莲花，头顶有宝盖，对面画身穿盔甲的四天王，站立一排，均双手捧物，向佛进献供养，天王身后有弟子、部众等多身。

9. 河神、海神最后供养：画一大海，海上一条船上坐数人，向对岸行驶，海内也画了许多小点，可能代表海内诸神。

10. 化现七宝堂阁：一座曲尺形院落内，一座建筑内坐菩萨，周围有部众，院落周围也站满部众，向院内看。

11. 见九方佛世界：中间佛坐于金刚宝座上，身穿袈裟，一手上举，头顶有华盖，周围画部众多身，远处还有佛及部众赶来（图 4–173）。

图 4–173 莫高窟第 420 窟北披法华经变

西披

西披画面比较零碎，场面相似性较多，释读困难。但是好在画面层次比较清晰，分为上、中、下三排。虽然画面内容绝大部分较易于识读，但学术界对西披的定名却存在很大分歧，有三种观点，即《法华经变》说、《涅槃经变》说、《涅槃经变》与《法华经变》说。下面根据前人的研究成果，对西披画面依次介绍于下：

上排

1. 位于画面右上角，佛倚坐于一个束腰的莲座上，手上举，脚踩莲花，头顶有华盖，弟子与菩萨侍立两旁，对面有人牵着三头大象，画面上方还画有狮子。

2. 佛倚坐于一个金刚宝座上，右臂上举，做说法状，脚踩莲花，头顶有宝盖，对面数人跪地，身着世俗服装，佛身后上方有数身持乐器的天人和一条正向佛飞来的飞龙。

3. 佛倚坐于一个用大莲花承托的须弥座上，身穿偏右袒式袈裟，有头光，头顶有华盖，对面一排世俗装男女躬身站立，世俗男女的后面上方有一辆马拉的辇，下方两个世俗人物跪地，后面一头驮着宝帐的大象。

4. 双树下,佛倚坐于须弥座上,身穿偏右袒式袈裟,双手上举,结印说法,众弟子和菩萨胁侍两旁,对面画身穿世俗衣服之人数身,或双手捧物,或跪地行礼,或恭敬站立。

5. 双树下,佛倚坐于须弥座上,身穿偏右袒式袈裟,头顶有宝盖,众弟子和菩萨胁侍其后或两旁,对面数身世俗之人,或双手捧物,或跪地行礼,或恭敬站立;后面停着马拉的云车,上方有两身飞天飞来。

6. 双树下,佛倚坐于一个束腰莲花座之上,身穿偏右袒式袈裟,头顶有华盖,一手上举结印,脚踩莲花,弟子和菩萨胁侍于佛后两旁,对面几个世俗之人或双手捧物,或跪地行礼,或躬身站立。

7. 画面位于南披与西披的交界处,佛倚坐于须弥座之上,头顶有华盖,身穿偏右袒式袈裟,双手结印,弟子和菩萨胁侍于身后两旁,对面有数位世俗之人面向佛,或跪地行礼,或躬身站立。

中排

8. 画面位于西披和北披的交界处,佛倚坐于束腰莲花座上,身穿偏右袒式袈裟,双手结印,头顶有华盖,身后各一身弟子和菩萨胁侍;对面画数身人物跪地,有的向佛进献,有的跪地双手合十。

9. 佛结跏趺坐于须弥座上,弟子和菩萨胁侍于佛身后两旁;对面画凤凰等十几只鸟类似口衔花草围绕佛周围。

10. 双树下,佛倚坐于束腰莲座上,弟子和菩萨胁侍于佛身后两旁;对面有着比丘服装的人跪地,向佛行礼,其中前者双手捧盘;两侧有世俗装男女或跪或立,分列左右。

11. 此画面较大,中央一座曲尺形院落环绕的重层楼阁形建筑内,正殿中坐佛,两侧弟子侍立,各偏殿中还有着世俗装的人物;建筑外右侧,一辆驷马白车向院落驶来,后面有许多世俗人物跟随;上方画一座两层宝塔,装饰有垂帐及宝铃,塔周围有众人歌舞、奏乐。

12. 树下,佛倚坐于束腰莲花座上,身穿偏右袒式袈裟,头顶有宝盖,

双手结印，脚踩莲花，众弟子和菩萨胁侍两旁，对面有数人，身穿世俗衣服，或跪地行礼，或合掌躬身站立。

13. 双树下，佛倚坐于须弥座上，身穿偏右袒式袈裟，头顶有宝盖，脚踩莲花，弟子和菩萨胁侍两旁，对面画数人，身着世俗衣服，或跪地行礼，或躬身侍立，上方一个须弥座上放置一顶宝帐，帐四角似有狮子蹲坐，上方天空中有天人盘旋守护。

14. 双树下，佛倚坐于须弥座上，身穿偏右袒式袈裟，头顶有宝盖，脚踩莲花，佛座前后各有两身菩萨侍立，对面跪坐一人，世俗装人物和弟子围绕侍立。

15. 佛正面交脚坐于须弥座上，身穿双领下垂式袈裟，头顶有宝盖，双手施无畏印和与愿印，弟子和菩萨胁侍左右，对面比丘数人跪地。

下排

16. 位于画面下排右侧，在北披和西披的交界处。画面上方为须弥山和初利天宫，一菩萨交脚坐于天宫中；须弥山前方，画一个身材高大的阿修罗，四目，四臂，手托日月，立于水中，海水不过膝，其周围是身着天衣的半裸天众，画面左侧，佛倚坐于须弥座上，身穿偏右袒式袈裟，双手结印，头顶有宝盖，身后有着世俗衣服的侍者。

17. 树下，佛结跏趺坐于须弥座上，双手结印，头顶有宝盖，身后有弟子和菩萨侍立，对面有数头牛和数只羊面佛而立，后面三身鸟首怪物赶来。

18. 双树下，佛结跏趺坐于须弥座上，身穿偏右袒式袈裟，头顶有宝盖，弟子和菩萨侍立其后，对面一个身穿大袖衫的男子跪坐，双手合十，向佛行礼，其后上、中、下三排各有两身头顶花盘、上身裸露的力士形人物，一个兽首人身的怪物形象立在中间。

19. 佛倚坐于束腰莲花座上，头顶有华盖，双脚踩莲花，身后左右两侧各有二菩萨侍立，对面一身着铠甲的武士胡跪，双手合十向佛行礼，其

侧有身穿大袖衣的世俗人站立。

20. 一曲尺形院墙围绕的建筑内，佛正面结跏趺坐于莲花座上，身穿双领下垂式袈裟，双手结印，两侧各有一菩萨侍立，一群身着大袖衫的世俗之人侍立于院墙外，画面右侧，着世俗装的人物手持长幡、旌旗侍立，后面有装饰华丽的象车、马车跟随，车顶立幡，车后旌旗招展。

21. 双树下，佛倚坐于须弥座上，身穿偏右袒式袈裟，头顶有宝盖，脚踩莲花，身后有弟子和菩萨侍立，对面有身穿大袖衫之人双手捧物供养，一飞天在空中飞舞。

22. 双树下，佛倚坐于莲花座上，身穿偏右袒式袈裟，身后弟子和菩萨侍立左右，对面水池中，一人坐于一个束腰莲花座上，其前后各有一人为其洗脚、洗背。

23. 位于下排左侧，一座曲尺形院墙围绕的三层建筑的正殿内，佛倚坐于束腰须弥座上，偏殿内菩萨、比丘和着世俗装的人物侍立左右；建筑外，左侧自上而下有一条河流过，河上有一座桥，几个身着大袖衫的世俗人物正在过桥（图 4–174）。

图 4–174　莫高窟第 420 窟西披法华经变

药师经变

药师经变也称药师净土变，是“佛说灌顶拔除过罪生死得度经变”

“佛说药师如来本愿经变”“药师琉璃光如来本愿功德经变”的总称。根据《药师琉璃光如来本愿经》和《药师如来本愿功德经》绘制而成。《药师经》以“致福消灾之要法”“病士求救,应死更生”“王者攘灾,转祸为福”之“妙术”为主旨。凡“无救、无归、无医、无药、无亲、无家”,只要供养药师如来就可一切如愿。只要供养如法,则“七难消除”。敦煌石窟现存药师经变114铺,另外单独画有“九横死”“十二大愿”的画面14铺。药师经变最早出现于隋代,共有4铺,存于第417、433、436、394窟,构图方式为横卷式,多绘于人字披顶,内容简单,绘一佛二弟子二菩萨十二药叉、灯轮、长幡,个别洞窟有八菩萨居显要位,以第417窟为代表。初唐1铺,即第220窟,为通壁巨幅内容,并列七佛、长幡、燃七层灯、鼓乐歌赞。盛唐3铺,第214、148、180窟,构图形式除了通壁巨幅之外,夹杂着早期的横卷式,内容则兼容了各种译本综合组成壁画。中唐以后,敦煌药师经变急剧增多,其中中唐23铺,晚唐33铺,五代32铺,宋9铺,西夏9铺,内容多依据唐玄奘译经。画面正中为大型说法图,此即经文所说药师净土“如西方极乐世界”,画面与阿弥陀经变基本相同:两边各一条幅,一边画十二大愿,一边画九横死及斋僧燃灯,或上部是大型说法图,将十二大愿、九横死、斋僧燃灯、放生抵罪全画在下部屏风上,上部如西方净土之“两段式”。有说法图式,即把长幡画在佛说法之两边,燃灯置于平台舞乐之下,若不细看,与西方净土变几乎无分别。代表作有:隋代第417窟,初唐第220窟,盛唐第148窟,中唐第112、237、468、358、360窟,晚唐第156、85、12窟,五代第61窟等。①

隋代所存的4铺药师经变,以第417窟为代表。

第417窟药师经变　位于洞窟顶部后方,此药师经变绘有一佛八菩

---

①罗华庆《敦煌壁画中的〈东方药师净土变〉》,《敦煌研究》1989年第2期。李玉珉《敦煌药师经变》,《故宫文物月刊》(台湾)第7卷第5期,1989年。李玉珉《敦煌药师经变研究》,《故宫学术季刊》(台湾)第7卷第3号,1990年。

萨十二神将、灯轮等内容，中间药师佛结跏趺坐于莲台之上，有头光，身穿圆领袈裟，右手说法印，左手住地印，佛两侧各绘四菩萨侍立，这八身菩萨有头光，手姿各异。据经文，他们的名称分别是：文殊师利菩萨、观世音菩萨、得大势菩萨、无尽意菩萨、宝檀华菩萨、药王菩萨、药上菩萨、弥勒菩萨。下方中间画五层药师灯，灯两侧有十二神将，手捧燃灯，胡跪供养，这就是经文中所说的护卫药师国的十二药叉大将，他们是金毗罗、和耆罗、弥佉罗、安陀罗、摩尼罗、宋林罗、因持罗、波耶罗、摩体罗、真陀罗、照头罗、毗伽罗（图 4–175）。

第 433 窟药师经变　位于洞窟窟顶人字披东披。画面为一佛二菩萨十二神将的造像形式，中间佛结跏趺坐于莲台上，有头光，头顶有华盖，身穿圆领袈裟，双手结印，左右二菩萨侍立于莲台上，左侧菩萨双手合十，右侧菩萨右手捧一圆月，即日光和月光菩萨，菩萨外两侧各有一个九层的药师灯，灯轮中间插有长杆，杆上悬挂的五色长幡迎风飘舞，灯轮外各画六身药叉大将，双手捧燃灯，向佛胡跪，说法图周围遍布飞天，共画

图 4–175　莫高窟第 417 窟药师经变

十一身,有的在天空中飞舞,有的抛撒香花,下面的飞天双手捧物向佛进献(图 4-176)。

图 4-176 莫高窟第 433 窟药师经变

第 394 窟的药师经变 位于洞窟东壁上部,门上画一佛二菩萨,左右各画六身药叉大将,这幅画面是东壁南侧的六身药叉大将,均赤裸上身,披巾,胡跪,双手捧燃灯,分两排向中间佛供养(图 4-177)。

第 436 窟的药师经变 位于洞窟窟顶东披,残损较为严重。

弥勒经变

弥勒经变即弥勒净土变、弥勒变相、弥勒上生下生经变之合称。根据《佛说观弥勒菩萨上生兜率天经》《弥勒下生经》绘制而成。弥勒是未来佛,《佛说观弥勒菩萨上生兜率天经》主要表现弥勒菩萨所在的兜率天宫之事,因此画面也主要表现弥勒菩萨与兜率天宫,《弥勒下生经》以弥勒华龙三会为说法主体,画面经常表现一种七收、树上生衣、路不拾遗、女子五百岁出嫁、送老入墓、龙王降雨等弥勒世界的种种美妙事情。敦煌石窟

图 4-177　莫高窟第 394 窟东壁南侧上部药师经变局部

中弥勒经变始见于隋，迄于宋，现存 97 铺，其中莫高窟 92 铺，榆林窟 3 铺，肃北五个庙石窟 2 铺。隋代 7 铺、初唐 6 铺，盛唐 14 铺，中唐 26 铺，晚唐 18 铺，五代 11 铺，宋 13 铺、西夏 2 铺。①

唐代以后敦煌弥勒经变增多，初唐有第 71、78、329、331、338、341 窟，盛唐有第 23、33、91、109、113、116、123、148、180、208、215、218、445、446 窟，中唐有第 93、112、117、129、133、154、155、159、186、191、200、202、222、231、237、238、240、358、359、360、361、369、386、474 窟、榆林第 25 等窟，晚唐有第 12、14、18、20、85、94、107、128、138、141、143、147、150、156、168、192、196、198 窟，五代有第 5、53、61、72、98、100、108、146、261、303、384 窟，宋代有第 15、25、55、170、243、372、449、454 窟、榆林窟第 20、38、36 窟，以及五个庙第 1、3 窟。

初唐时期弥勒经变均以通壁式为主，画面上部绘兜率天宫及弥勒菩萨说法；画面中央以倚坐弥勒佛说法为中心，四周围绕诸部众；下部画宝池、莲花、水榭、化生、乐舞，以及壤怯王、王妃等剃度图，如第 329、331、341 等窟，规模宏大，气势磅礴。盛唐时期，着重表现《弥勒下生经》

①李永宁、蔡伟堂《敦煌壁画中的〈弥勒经变〉》，段文杰主编《1987 年敦煌石窟研究国际讨论会文集·石窟考古编》，沈阳：辽宁美术出版社，1990 年。

的内容及细节的描绘，如第 33、148、208、445 窟等。以弥勒三会为中心，其他内容细节分别绘于画面两侧及下方空隙处，内容有弥勒诞生、七步生莲、沐浴、回城、降魔、龙华树下成道、婆罗门拆毁宝幢、七宝、罗刹扫城、龙王降雨、地涌甘泉、路不拾遗、一种七收、树上生衣、女子年五百岁出嫁、送老入墓、迦叶禅窟、弥勒及弟子入城乞食、供养佛塔三宝、持戒者往生兜率天等。到了吐蕃占领时期即中唐时期，弥勒经变的构图方式有单幅式、屏风式、窟顶四披式等，而以通壁、单幅、屏风三式居多；情节内容的取舍基本与盛唐相同，以第 202、231、154、361、159、186 窟为代表。晚唐以后，从形式到内容基本承袭初唐后的布局，渐渐程式化。但也出现了像第 196、12、85、61、55、15 等窟的耕获、婚礼、送老入墓等一类生活气息浓郁的小幅画面。

隋代存 7 铺弥勒经变，均是弥勒上生经变，洞窟有第 436、433、423、419、417、416 等窟。多绘于窟顶人字披，构图简明，图中弥勒菩萨端坐兜率天宫中说法，有胁侍、供养菩萨及天王守护，主殿两翼附设重层楼阁，每层有诸天奏乐舞蹈。殿堂左右上方绘诸天赴会，两下方是弥勒授记、说法及听法徒众画面。

第 433 窟弥勒经变　位于洞窟窟顶后部，与维摩诘经变相结合，中间为弥勒经变，左右两侧各画文殊菩萨和维摩诘。中央一座歇山式建筑内弥勒交脚坐于宝座之上，有头光，双手合十，左右各画二菩萨侍立于莲台上，有头光，姿态各异(图 4-178)。

第 423 窟弥勒经变　位于洞窟窟顶人字披西披。弥勒生于婆罗门家庭，后为佛弟子，先佛入灭，上升于兜率天宫为弥勒菩萨，经四千岁后上升人间，于华林园龙树下成佛，广传佛法。这是弥勒菩萨在兜率天宫说法的画面。中间弥勒菩萨居中央的建筑之中，交脚坐于莲花座上，右手半举，左右各画二菩萨立于莲花上，主殿的两翼设置有重层的楼阁，上面两层有诸天奏乐舞蹈，下面一层两侧前面左侧一身弹琵琶，右侧一身弹琴，

后面两侧各画一天王侍立，身穿盔甲，建筑外两侧各画十二身天人供养弥勒菩萨，这二十四身天人均站立，双手捧一盘向弥勒进献（图4-179）。

图 4-178　莫高窟第 433 窟弥勒经变

图 4-179　莫高窟第 423 窟弥勒经变

图 4–180　莫高窟第 419 窟弥勒经变

第 419 窟弥勒经变　位于洞窟窟顶后部，与第 423 窟的构图基本相同。中央画弥勒上生兜率天宫，在一座五间开歇山式顶殿堂内弥勒菩萨交脚坐于须弥座上，双手结印，左右画二菩萨四天王，二菩萨侍立于莲台上，四天王立像，其护法的左右、殿外两侧有重层建筑，高四层，内有诸天奏乐、供养(图 4–180)。

第 417 窟弥勒经变　位于洞窟后面顶部，与第 423 窟构图方式基本相同。此画略残，颜色有些褪色，中央在一座歇山式顶殿堂内弥勒菩萨倚坐于须弥座上，面目略残，右手上举结印，左手提净瓶，菩萨双肩披巾，戴项饰、臂钏和手镯，腰系长裙，左右二菩萨侍立于莲花台上，殿外两侧有重层建筑，高三层，内有诸天奏乐、供养(图 4–181)。

图 4–181　莫高窟第 417 窟弥勒经变

其他洞窟中的弥勒经变由于画面模糊或残损，此处不再一一介绍。

福田经变

敦煌石窟中的福田经变只有北周第296窟窟顶北披及隋第302窟人字披西披两铺，据西晋法立、法炬共译的《佛说诸德福田经》绘制。两画构图均为横幅式，画面有“立佛图、画堂阁”“植果园、施清凉”“施医药”“旷路作井”“架设桥梁”“道旁立小精舍”等六个情节。①此经变与北朝时期许多本生因缘故事画一样，画面上没有佛说此经的序品，也没有画出各种善行的因缘，而是直接描绘“广施七法”的七件事，像实际生活一样直接描绘了生活中的形象，因此具有很高的史料价值。

第296窟福田经变　位于洞窟窟顶北披，共画6个场面：

1. 在一座佛塔的左右两侧和上方，六个上身赤裸穿兜鼻裤的工人正在修塔，一人和泥，两人砌砖，两人送料，一人手持矩尺在现场指挥。下层在一座佛堂内，屋顶上一泥工正在抹泥、布瓦，下方左侧一人正在用杠杆向上面送料；佛堂外两侧各有一个画工正在作画，表现内容为建塔庙。

2. 造塔的右侧是一座果园，树木茂密，三人正在树下休息，表现内容为种植果园、布施清凉。

3. 建佛堂的右侧中间画一病人，周围一人扶他起来，一人正在给他喂药，左侧一边，一人正在捣药，表现内容为施医药。

4. 果园右侧有一辆卸辕的骆驼车，中央画一口水井，左侧人和牲畜都在井旁休息，水井另一侧置一口饮水槽，几只骡马牲畜正在水槽中饮水，一人照看，右侧一只骆驼卧地，两人正在给骆驼灌水，表现内容为旷路遇井。

---

①史苇湘《敦煌莫高窟中的〈福田经变〉壁画》，《文物》1980年第9期。孙修身《敦煌莫高窟第296窟〈佛说诸德福田经变〉研究》，《北朝研究》总第4期，1991年。

5. 病人的右侧中央画一座桥，桥上几只驮着货物的骡马已经上了桥，左侧两人骑马紧随其后，后面两人跟随，一人双手合十，桥右侧，对面一人拉着驮着货物的骆驼正欲上桥，两只驮着货物的骆驼紧随其后，后面一人赶着牲口，表现内容为架设桥梁。

6. 画面 5 右侧一座楼阁形建筑内坐三人，一人正在弹琵琶，两人正在饮酒，表现内容为建精舍（图 4–182）。

图 4–182　莫高窟第 296 窟福田经变

第 302 窟福田经变　位于洞窟人字披西披下端。画面从右向左画了伐木、建塔、筑堂阁、设园池、施医药、置船桥、打井、建精舍等情节。

1. 画面从右侧开始，三个穿兜鼻裤的伐木工人，一人正在砍伐树木，另外两人各扛一伐好的木头前行，为营建寺塔备料，挥斧砍树以及肩扛木料的形象非常生动。

2. 一座两层、四门、中心置有相轮的佛塔正在修建，塔沿上右侧一工人正在用滑轮调运材料，左侧一人正在修塔沿，塔下一人正在抹墙，另一人手持矩尺做指挥工作。

3. 一座悬山起脊的佛堂，檐下有人字拱与梁柱，下端被后代重修时抹盖，仅存半身的工人正在挥动镘刀砑墙。

4. 一座有树木和围墙环绕的浴池内有两人正在洗浴，下方画面部分

残毁(图 4-183)。

5. 这幅画面分两组:上组画一病人裸身卧于席上,家属二人各执其左右手,医师正在为患者进行手术治疗;下组画一个羸弱裸体患者由家人扶坐,前面一位医师正在调制药剂,病人身后站立一个执药的少女。这两个不同医疗场景的描写,显示出两个患者有内症与外伤的区别。

6、7. 两个画面表现出了一队商旅行列,一个高鼻的商人策马扬鞭在前,身后是一个驼夫牵引着载满货物的骆驼,道旁的树林里拴着一匹马,一个人正在给马打马掌。

8. 桥头上一架载人的骆驼车正在过桥,一人坐在车内,桥下的河面上却有两个人划着一口铁锅一样的小船正在摆渡。

9. 桥左侧中间有一口井,两人正用杠杆汲水,井的两旁一边是马匹在水槽里痛饮,旁边一人扭头看着饮水的马匹,另一边有人提着水罐递给行路索水之人,画面左侧是一座西北常见的平顶房屋,屋内垂帐幔,席褥上一个踞坐的世俗男子正在饮酒,身边有三个正在演奏的女乐,一个弹箜篌,一个吹笛,第三人弹琵琶,屋外树下有一个侍者正在向屋内侍奉酒水(图 4-184)。

图 4-183　莫高窟第 302 窟福田经变 1

图 4-184　莫高窟第 302 窟福田经变 2

金光明经变

敦煌石窟中的金光明经变见于隋代第 417 窟，中唐第 158、154、133 窟，晚唐第 156、196、85、138 窟，宋代第 55 窟，共十铺（其中第 154 窟有两铺）。《金光明经》前后六出，现刊本为三种，即《金光明经》《合部金光明经》《金光明最胜王经》。其中隋代第 417 窟是依据《金光明经》绘制的，其余九铺均是依据《金光明最胜王经》绘制而成。这些金光明经变的构图形式有横卷式、中间西方净土两边条幅式、上部西方净土下部屏风式、西方净土式等几种。现在能确认的品有：序品、梦见忏悔品、灭业障品、依空满愿品、四天王护国品、如意宝珠品、大辩才天女品、大吉祥天女品、王法正论品、长者子流水品、舍身品、十方菩萨赞叹品、妙幢菩萨赞叹品、菩提树神赞叹品、付嘱品，共十五品。其中最有特色、各时代普遍采用的为梦见忏悔品、长者子流水品、舍身品。梦见忏悔品画一婆罗门击鼓且配以很长的榜书，成为辨认金光明经变的标志。第 417、158、85、138、55 窟的金光明经变为各时代之代表作。①

第 417 窟金光明经变　位于洞窟窟顶西披上面一排，从左向右布局，

---

①施萍婷《金光明经变研究》，段文杰主编《1987 年敦煌石窟研究国际讨论会文集·石窟考古编》，沈阳：辽宁美术出版社，1990 年。

中间突出救鱼的场景，此铺金光明经变共有七个画面：

1. 画一座房子，房前跪一人，表示长者及其两个儿子在各个城中旅行。

2. 画五人站立，正注视着奔跑中的狼、狐，动物已经比较模糊，表示他们看见诸多虎、狼、狐、犬均向一个方向奔去。

3. 三个毗连的水池中有许多条鱼，长者子及其儿子在池边活动，一人正往池中注水，省略了大象驮水，表示他们正在救鱼。

4. 画一座两层歇山式建筑，屋内厅堂上坐两人，旁边站一人，房子的另一侧一头大象伸出巨大的鼻子，堂前一人站立，身后两人跪地，表示长者子派他的两个儿子选一头最大的大象回家向爷爷奶奶索取食物救鱼。

5. 中间一头大象正在前行，前面一人牵着，后面一人跟随，大象背上拖着东西和两人。

6. 高楼上睡卧一人，两飞天正向他飞来，飞天所过之处，花雨缤纷，表示长者子醉酒而卧的场面。

7. 二人躬身而立，对面一人站立与之对话，左侧一人正欲奔跑，表示国王向长者子询问“雨天妙莲花”的原因（图 4–185）。

经变画是隋代石窟新出现的内容和题材，有福田经变、弥勒经变、维摩诘经变、药师经变、法华经变、法华经变观音普门品、涅槃经变、金光明

图 4–185　莫高窟第 417 窟金光明经变

经变等。这些经变画与唐代相比,内容简单,结构单一,绘制经变画的位置也不固定,一般绘制于洞窟窟顶。除了第420窟法华经变和涅槃经变外,其他经变画内容都很简单。在构图方式上,隋代的这些经变画继承了北朝时期故事画的构图方式,多采用横卷式,用一个画面或几个画面以故事画的叙述方式表现经变画的内容。第420窟窟顶的法华经变与涅槃经变虽然内容较多,但也采用了横卷式构图。由此可见,敦煌经变画的最初表现形式是北朝故事画表现形式的沿用,并还处在不断地探索之中,这与唐代经变画绘制的成熟形成了鲜明的对比。

另外,隋代法华经变情节较多,不仅单独绘制了见宝塔品、观音普门品以及譬喻品,而且在第420窟窟顶出现了相对完整的法华经变,情节复杂,画面曲折动人,值得我们去研究和探索。更值得一提的是,此期的观音普门品不仅单独出现,而且绘制了完整的观音救助诸难、三十三现身的画面情节,还绘出了观音普门品的缘起以及结尾,为唐代特别是盛唐时期观音经变的出现与流行奠定了基础。同时也进一步说明,从隋代开始,观音信仰已经开始在敦煌流行。

四、供养人画像

供养人是洞窟修建的出资者，供养人画像就是在洞窟内绘制的功德主的画像。供养人一般画在洞窟壁面的下方，排列成行，少则几人，多则数十人、上百人，最多者为北周时期的第428窟供养人，多达一千二百多身。这些供养人行列前面一般均有僧人做引导，后面是世俗供养人像，一般男女分开，按照等级、职位、辈分、年龄等顺序排列。敦煌石窟十六国北朝时期的供养人像，其历史价值要大于艺术价值，因为这些供养人像一般来说不够精细，艺术手法也没有佛画那样细致入微，但是他们描绘的是当时现实生活中的人物形象，具有重要的历史社会价值。此方面的研究有段文杰对供养人服饰的研究，[①]暨远志、宁强、卢秀文对北凉三窟供养人及服饰的研究，[②]谢静、张元林、范婷婷、石松日奈子、张景峰等对第

①段文杰《敦煌壁画中的衣冠服饰》，敦煌文物研究所《敦煌研究文集》，兰州：甘肃人民出版社，1982年。

②暨远志《中国早期佛教供养人服饰》，《敦煌研究》1995年第1期。宁强《敦煌北凉三窟供养人及相关问题研究》（英文全文，中文摘要），巫鸿主编《汉唐之间的宗教艺术与考古》，北京：文物出版社，2000年。卢秀文《敦煌莫高窟早期三窟供养人服饰研究》，《敦煌学辑刊》2008年第4期。

285 窟供养人及题记的研究。①

第 268 窟供养人画像　北凉绘，位于洞窟西壁龛下方。壁画为重层，壁画剥落处已经模糊不清。表层上排南侧为女供养人像，两身较为清晰，一身着汉式大袖裙襦，一身着胡汉混合式小袖衫裙；北侧存男供养人像三身，均着汉式深色大袖袍，与敦煌、酒泉魏晋墓中的人物衣冠极为相似（图 4-186）。

第 275 窟供养人画像　北凉绘，位于洞窟北壁下方。北壁共画男供养人像三十三身。此图存供养人四身，形象较小，头戴圆形高帽披帻，上身穿交领窄袖褶，腰束带，下穿大口裤，足蹬乌靴。这些供养人着北方少数民族服饰，均双手合掌持花供养，前方有一方榜题（图 4-187）。

第 263 窟供养比丘像　北魏绘，位于洞窟东壁北侧下方。此图为供

图 4-186　莫高窟第 268 窟供养人画像

①谢静《敦煌莫高窟第 285 窟供养人服饰初探》，《敦煌研究》2005 年特刊。张元林《粟特人与莫高窟第 285 窟的营建——粟特人及其艺术对敦煌艺术贡献》，云冈石窟研究院《2005 年云冈国际学术研讨会论文集·研究卷》，北京：文物出版社，2006 年。范婷婷《敦煌莫高窟西魏第 285 窟供养人像服饰研究》，东华大学 2007 年硕士学位论文。[日]石松日奈子《敦煌莫高窟第二八五窟北壁の供養者像と供養者題記》，《龙谷史坛》一三一号，2010 年。张景峰《敦煌阴氏与莫高窟研究》，兰州大学 2014 年博士学位论文。

图 4–187　莫高窟第 275 窟北壁供养人画像局部

养人像四身，比丘穿交领或右袒式窄袖袈裟，内着僧祇支，长袖下垂，部分画像面部的线描完整清晰。第一身面目清晰，着交领袈裟，右手持莲花供养，左手提袈裟一角；第二身面目清晰，低首下视，穿交领大袖衣，外罩袈裟，手中供养物残；第三身面部残毁，穿偏右袒式袈裟，内着僧祇支，双手置腰前；第四身与前一身基本相同，面部残（图 4–188）。

图 4–188　莫高窟第 263 窟东壁北侧供养比丘像

第 249 窟供养人画像　西魏绘，位于洞窟北壁下方。此窟南北两壁画男女供养人像共四十身，此图是北壁女供养人像，前面四身，身穿偏右袒式袈裟，身材细长，后面世俗女像六身，头梳单髻，均穿交领大袖裙襦，袖礼跟随比丘，人物身材修长，面目清秀，褒衣博带，以青绿色为主，更显人物清丽脱俗（图 4–189）。

第 285 窟供养人画像　西魏绘，供养人画像位于北壁七佛说法图下以及东壁门南北两侧的无量寿说法图下方。此图为北壁西起第二铺敦煌阴氏供养人画像及题记。上方画一佛二菩萨说法图，下方为发愿文。发愿文左右两侧各画供养人一排，相对而立。左侧画女供养人六身，均头扎单髻，侧身站立，上身外穿对襟大袖裙襦，颜色有黑、红两色，领、袖均有边饰，内着浅色圆领衫，从壁画效果看，应属于材质轻薄形，下着间色长裙，曳地，做袖礼供养状。供养人前各存有榜题一方，存有墨书题记：

第一身：清信女史崇姬供养时；

第二身：信女阿丑供养；

第三身：信女乾□供养；

第四身：信女乾理供养；

第五身：信女阿媚供养；

第六身：信女娥女供养。

右侧画供养人七身。第一身为比丘，穿交领袈裟，左手置胸前，右手

图 4–189　莫高窟第 249 窟北壁下方女供养人画像

托一无柄香炉。后面六身站姿基本相同，最后一身为小孩，着装基本相同，均穿圆领窄袖袍服，颜色有红、黑、淡绿、赭四种，袍服正中及领、袖皆有边饰，双手拢入袖中；第二身供养人扎头巾，脑后露出一段头发，其后四人均戴尖顶毡帽，最后的男童梳双丫髻，第二、四、五、六身袍服正中宽边到腰部，第三、七身袍服宽边到下摆，似乎穿对襟式袍服；第三身系腰带，其余供养人无。另外，值得注意的是第六、七身供养人因画不下了，占用了下面一铺说法图下方女供养人像的位置，挤入其供养人像的行列中（图 4–190）。供养人像前面均有榜题，并存有墨书题记：

第一身：比丘䂏化供养时；

第二身：清信士阴安归所供养时；

第三身：信士阴苟生供养；

第四身：信士阴无忌供养；

第五身：信士阴胡仁供养；

第六身：信士阴普仁供养；

第七身：信士在和供养。

图 4–190　莫高窟第 285 窟北壁西起第二铺供养人画像及题记

图 4-191 莫高窟第 288 窟东壁南侧供养人画像

第 288 窟供养人画像 西魏绘，位于东壁南侧。此图存供养人像五身，前方为比丘，身穿双领下垂式袈裟，一手持花供养，后面画一主三仆共四人。主人头戴笼冠，身着红色大袖长袍，项有曲领，腹前束蔽膝，脚穿笏头履，袍服衣摆曳地数尺于后，由后面的仆从提携。三名仆从着裤褶，立于身后，一人提着主人袍服，一人持伞盖，一人执障扇（图 4-191）。

第 428 窟供养人画像 北周绘，位于洞窟中心塔柱北向龛沿。此窟是北朝时期最大的洞窟，也是绘制供养人画像最多的洞窟，洞窟四壁及中心塔柱四面龛沿绘供养人像共计一千二百多身。中心塔柱四面坛沿所绘的供养人也达到一百多身。此画是北向龛沿东段的女供养人像，只表现三身，画像头顶束圆髻带鬟，身穿大袖裙襦，袖礼供养，为典型的中原汉族妇女的装扮（图 4-192）。龛沿西段的男供养人像，头戴皂巾，身穿圆领小修褶和小门裤，双手拢入

图 4-192 莫高窟第 428 窟中心塔柱北向龛沿女供养人画像

袖中，站立供养。这是鲜卑族常服，也是当时北方少数民族通用的服装（图4–193）。

图 4–193　莫高窟第 428 窟中心塔柱北向龛沿男供养人画像

第 428 窟供养比丘像　北周绘，位于洞窟北壁东部。此窟北壁下方绘供养人像三排，共计三百二十三身，上两排为比丘像，下排为世俗胡装男性供养人。此图为局部，表现比丘供养像三身，均穿交领袈裟，内着僧祇支，袖礼，第一身袈裟为黑色，相貌清秀，袈裟一角搭在手中；第二、三身袈裟为红色，年龄较长，袈裟一角搭在手上（图 4–194）。

第 290 窟供养人画像　北周绘，位于洞窟南壁。此窟南壁绘男供养人像十一身，这些供养人皆着汉式服装。前面有比丘四身做引导，第一身比丘体型高大，身穿袈裟，左手持香炉，身后有两个侍从，后面有三身比丘。世俗供养人第一身形体高大，头戴宝冠，身穿长袖圆领大衣，外披毛领大氅，袖礼立于前方，这身供养人像是一个王公的形象，其衣冠服饰与洞窟佛传故事里的国王形象相同。后

图 4–194　莫高窟第 428 窟北壁供养比丘像局部

图 4-195　莫高窟第 290 窟南壁供养人画像

面有供养人十身，均穿交领大袖衣，袖礼站立（图 4-195）。

第 290 窟供养人画像　位于洞窟中心塔柱西向龛沿。此供养人像极具特点，左侧胡人高鼻、深目、大耳，一手持缰绳、一手扬鞭，两眼盯着右侧所驯的骏马，右侧一批红色的骏马一蹄扬起，这匹骏马虽然桀骜不驯，但是在这位经验丰富的驯驭者面前，显出了畏惧退缩的神态，与胡人的沉着勇敢形成了鲜明的对比（图 4-196）。

隋代供养人画像的研究均是作为敦煌石窟壁画研究①及敦煌供养人像研究的一个重要部分而体现的。②姜伯勤重点对隋代供养人中的胡服服饰进行了研究。③

隋代供养人画像继承北周传统，保持着装饰效果和程式化手法，大

①李其琼《隋代的莫高窟艺术》；樊锦诗、关友惠、刘玉权《莫高窟隋代石窟分期》，均载于敦煌文物研究所《中国石窟·敦煌莫高窟》（二），北京：文物出版社，1984 年。段文杰《融合中西成一家——莫高窟隋代壁画研究》，载于《段文杰敦煌石窟艺术论文集》，兰州：甘肃人民出版社，1994 年。

②关友惠《敦煌壁画中的供养人画像》，《敦煌研究》1989 年第 3 期。段文杰《供养人画像与石窟》，《敦煌研究》1995 年第 3 期。

③姜伯勤《敦煌莫高窟隋供养人胡服服饰研究》，载于郝春文主编《敦煌文献论集：纪念敦煌藏经洞发现一百周年国际学术研讨会论文集》，沈阳：辽宁人民出版社，2001 年。

图 4-196　莫高窟第 290 窟中心塔柱西向龛沿供养人画像

多画于石窟下部，画像多以发愿文为中心，男女供养人分别排列两侧，一家一族成为一组，一窟之内少则一组，多则三五或七八组，有的供养人则绕窟下方一周，多达百余身。隋代的供养人画像比例比较适中，比北朝时期的供养人要稍大一些，与唐代供养人相比，特别是晚唐以后的巨幅供养人相比则小得多。男供养人幞头靴袍，襦裙大裘，女供养人头饰盘髻，削肩，着小袖襦、长裙，形成与前代不同的风格。供养人行列中往往出现一些比较活泼的场面，有的画出一些车辆、牛马和奴婢随从，有的则描绘出成组的伎乐。这些形象大都不是工细之作，在表现上比较自由，内容也更接近现实生活，因而有利于画工们抒发自己对生活的感受。下面依据洞窟的先后顺序对敦煌石窟中隋代供养人画像进行简单的介绍。

第 303 窟供养人画像　此窟中心塔柱下部以及四壁千佛以下均绘有供养人画像，且保存较好。中心塔柱下方的这组供养人中，东向面供养人保存较好，南北两侧均画供养人相对。此画面是中心塔柱东向面南侧

的供养人像，最前面一身为比丘形象，身穿双领下垂式袈裟，内着僧祇支，左手持莲花，右手上举到肩部，榜题为“者僧名法严”；第二身世俗男子形象，身披大氅，双手捧供盘，榜题为“者僧名子严意”，其后跟随侍者三名；最后一身为世俗女性，穿交领大袖衫，外披披风，袖礼持莲花，榜题为“者女人名子好女”（图 4–197）。中心塔柱东向面北侧的供养人像中第一身比丘做引导僧，身穿双领下垂式袈裟，双手持一长柄香炉；中间一人形体高大，戴帕首，身披翻领大衣，穿着雍容华贵，右手持羽扇，左手托一供盘，身后有三个侍从跟随，身材较小，其中一人双手抱着一个束腰的坐墩；后面也画一人身材高大，穿红袍，其后也有一侍从跟随，身材较小。这身雍容华贵、手持羽扇之人所处位置在明显的地方，而且从他身后跟随的仆从以及仆从携带的东西来看，此人可能是此窟供养人中身份地位最高者，也可能是建窟的窟主（图 4–198）。

图 4–197　莫高窟第 303 窟中心塔柱东向面南侧供养人画像

图 4-198　莫高窟第 303 窟中心塔柱东向面北侧供养人画像

第 303 窟北壁前部画供养人一排，右侧第一身比丘形象作为引导僧，身穿双领下垂式袈裟，右手持一短柄香炉，左手半举，持一朵莲花，第二身戴帕首，身披大衣，做袖礼，持一朵莲花，后面一人，穿红袍，袖礼，持一朵莲花；对面左侧前面一比丘（尼）形象，站立，身穿双领下垂式袈裟，双手隐入袈裟后，持莲花，身后第二身为一女供养人，长裙曳地，外披翻领大衣，口中含一支莲花，其后也画一女供养人，装扮与前面相同，口中也含莲花（图 4-199）。

第 303 窟东壁北侧，此画面分为上下两排，上排画供养人行列，下排画山、石、林、泉和狩猎的场景。上排左面画一牛车，前面辕内一头肥壮的牛拉着一架车前行，车子为大轮，有顶篷，前面开门，后面垂幰，车辕一侧一人牵着牛缰绳，向车后面的人挥手，为车夫，车后画四个侍女跟随，其中最前面一人双手正在掀车后垂幰，再往后，画骏马两匹，一白一黑，马

图 4-199　莫高窟第 303 窟北壁供养人画像局部

夫揽缰绳在前，扭头后望，后面跟仆从四人，其中两人扛着伞盖之类的物品；下排画山、石、林、泉、人物及兽类，左侧树林中一人正在张弓射箭，中间一块大石头，右侧树林中，一块大石之侧，两只梅花鹿正在悠闲地吃草。整个画面布局疏朗，构图简洁，作者自由地纵笔挥毫，画出了多姿多彩的林木和活动于其间的人和兽，颇具生活气息（图 4–200）。

第 305 窟供养人画像　横贯壁画下部描绘供养人已经成为敦煌石窟的通例。隋代石窟的供养人以发愿文为中线，将男女供养人分列发愿文两侧，常常是男供养人在右，女供养人在左，前面分别有比丘（比丘尼）做引导。第 305 窟西壁下方的女供养人，位于西壁龛下发愿文的左侧，共绘供养人七身，立像，前面一身为比丘尼，身穿双领下垂式袈裟，内着斜肩僧祇支，做袖礼，后面六身身高基本相同，穿大袖衫，长裙曳地，做袖礼，披斗篷，其后均有一方红色的榜题（图 4–201）。北壁下方发愿文一侧也画供养人九身，女供养人跟在男供养人之后，第一身为男像，穿红袍，袖礼，第二身身高较小，可能为小男孩，后面七身女供养人身穿大袖衣，长裙曳地，外罩斗篷，均做袖礼（图 4–202）。供养人画像一般不做肖像画

图 4–200　莫高窟第 303 窟东壁北侧供养人画像、车、马及山林

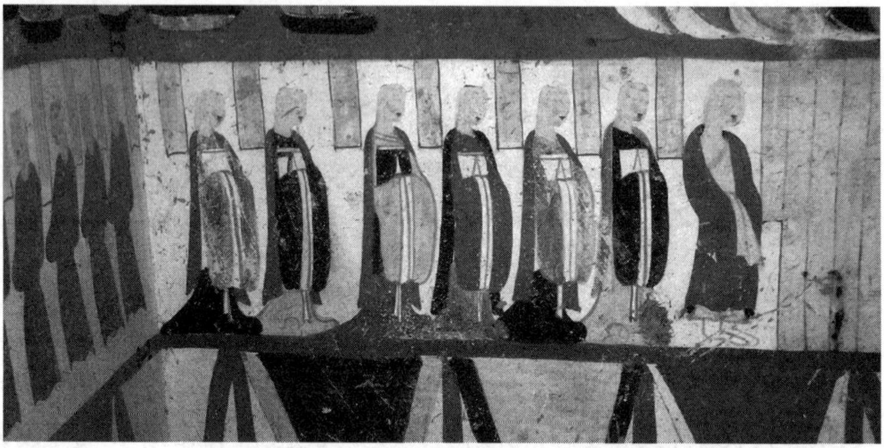

图 4-201　莫高窟第 305 窟西壁下部供养人画像

图 4-202　莫高窟第 305 窟北壁下部供养人画像

处理，但作者对这些千人一面、绘制简单的供养人形象也都没有放弃艺术表现上的努力，整齐的行列中，俊美的形体以及服饰、色彩上的变化，往往显示出韵律美和装饰美。

第 295 窟供养人画像　西壁下方画女供养人，分为上下两排，上排前面画比丘尼一身做引导，后跟随大袖长裙的世俗女供养人三身，第一

身外罩红披风，袖礼，后有两侍女随侍；第二身披风颜色较淡，袖礼，后有两侍女随侍；第三身穿红衣，袖礼。下排画女供养人八身，均穿窄衫、小袖、长裙，侍女一身，无论是大袖或小袖，都是隋代妇女通行的服装，但从此画面来看，显然有着不同身份和地位的区别，穿大袖披风者地位可能较高，身份尊贵，而且身后有两个侍女随侍，而下排身着小袖衣的女供养人地位则相对较低(图 4-203)。

第 407 窟供养人画像　南北壁下方画供养人画像，北壁存男供养人二十四身，南壁存女供养人十三身。此画面就是南壁下方的十一身供养人，供养人衣着样式和姿态整齐划一，只是为了避免画面的单调与重复，在裙子的色彩上有规律地刻意变化，均着大袖、长裙，袖礼，可惜由于画面变色，失去了供养人原有的色彩(图 4-204)。

第 62 窟供养人画像　第 62 窟供养人画了施主成陀罗一家三代的形象，充分说明了洞窟家庙的性质。画像题名如下：

西壁北端南向供养人："比丘普济供养"，身着袈裟，持香炉；"亡祖成天赐供养"，画老人，身着大袖裙襦，双手捧香炉，身后有侍者。这幅画面是洞窟北壁的供养人像，第一身画老人，头戴幞头，身穿大袖衫，绛袍乌靴，袖手持一长柄香炉，题记为"亡父成僧奴供养"，身后跟一侍从，手中持一把伞状物；第二身，画男像，头戴幞头，穿靴袍，袖手持莲，题记为"亡兄……"，身后跟

图 4-203　莫高窟第 295 窟西壁下方供养人画像

图 4-204　莫高窟第 407 窟南壁下方女供养人画像

一侍从，双手所持物品也有可能是伞状物；第三身男像，头戴幞头，穿靴袍，袖手持莲，题记“亡兄□□□供养”。其后还有“信士成陀罗供养”，男像，头戴幞头，穿靴袍，袖手持莲，此人是洞窟的窟主；“弟文达供养”，男像，头戴幞头，穿靴袍，袖手持莲；“亡母赵桃根供养”，女像，穿窄袖衫长裙，高头履，披帛，袖手持莲；“妻索玉思供养”，女像，穿窄袖衫长裙，高头履，披帛，袖手持莲；“女阿文供养”，女像，穿窄袖衫长裙，高头履，披帛，袖手持莲等供养人像（图 4-205）。

此画面是洞窟东壁下方的女供养人像：第一身女像，穿窄袖衫长裙，高头履，披帛，袖手持莲，题记为“女阿高玉供养”；第二身女像，穿窄袖衫

图 4-205　莫高窟第 62 窟北壁下部供养人画像

图 4-206 莫高窟第 62 窟东壁北侧下部供养人画像及牛车

长裙，高头履，披帛，袖手持莲，题记为“女阿足供养”；第三身女像，穿窄袖衫长裙，高头履，披帛，袖手持莲，供养人题记为“亡女阿内供养”；第四身题记为“亡女须亥供养”；成天赐一家供养人像后有供养牛车，御者仰首扬鞭，怒目吆喝，驱车前进（图 4-206）。

第 390 窟供养人画像　此窟西壁下方画供养人上下两排，上排为隋代供养人八十三身及侍者八十余人，下排被五代所画的供养人覆盖，东壁上排南北两侧分别画隋代供养人行列中的驭者、侍从、卫队及供养牛车和马匹等。隋代的男供养人穿长袍，捧花盆，画在西壁北段及北壁。此画面位于北壁下部，这组供养人表现的是一主四仆，主人身材高大，身穿宽袖长袍，双手捧一个供盘，榜题为“大觉修明幽州总管府长史……供养”，四身侍从画像较小，均穿窄袖衫，持有伞盖等主人要用的物品（图 4-207）。第 390 窟的女供养人行列画在西壁南段及南壁，此画面

图 4-207 莫高窟第 390 窟男供养人画像

是南壁下方的女像，均身材修长，穿短袖小衫，腰系长裙，所披帛自如地从两肩或肘弯垂下，手中捧花枝，动作优雅，色调柔和，前面几身女供养人身后各跟随一侍女，侍女身材矮小，与前面主人相对比，一看就知其身份的卑微（图 4–208）。另外，第 390 窟南壁东侧下部还画了女供养伎乐，共计八身，身材修长，分别演奏着方响、琵琶、箜篌、横笛、排箫等乐器，缓缓前行（图 4–209）。

图 4–208　莫高窟第 390 窟南壁下方女供养人画像

图 4–209　莫高窟第 390 窟南壁东侧下部供养伎乐

第 389 窟供养人画像　此窟供养人画像南壁存女供养人十身，北壁存男供养人十三身。此画面是南壁西侧下部的女供养人，前面两身穿翻领罩袖敞衣，内系长裙，双手捧一莲花，后两身穿交领宽袖衣，系长裙，披长巾，袖手持一长颈莲花（图 4–210）。

供养人画像属于肖像画，有名、有姓、有官职，但并不要求像本人，属于想象的功德像，着重表现功德主虔诚的功德心。隋代的供养人画像也是如此，画像依然较小，处于洞窟主室四壁的下方，有男行列，有女行列，也有男女混合行列；有男仆从行列，也有女仆从行列；既有伎乐供养人，也有车马交通工具等，甚至是功德主休憩、狩猎的场景也被列入画面中。画像一般均表现了施主们做功德的虔诚，有身份和地位的功德主，不管男女，身后均有仆从跟随侍奉，仆从多则四人，少则一人。地位相对较低的供养人，一般单独出现，要么恭敬站立供养，要么手持莲花。身份最为低微的当属于那些站立在主人身后的仆从，他们不仅身材矮小，画像身高只有主人的一半，而且手中还拿着主人要用的各类物品，随时听候主

图 4–210　莫高窟第 389 窟南壁下部女供养人画像

人吩咐，以便备用。隋代的供养人画像还有一个显著的特点，就是一家一族的供养人绘制于一个洞窟之中的现象开始出现，第 62 窟就是一个例子。这种家族式开窟现象在北朝时期不是很明显，但是在隋代已经出现，也为唐代家庙窟的大量出现奠定了基础。

五、装饰图案画

敦煌石窟中的装饰图案包括三部分：第一，石窟建筑装饰，包括窟顶的“平棋”“藻井”“人字披”，佛龛的龛楣、佛床的壶门以及窟檐的屋架和铺地的花砖等；第二，窟内壁画装饰，包括连接各部分壁画的边饰、人物服饰、经变画中的建筑和器物装饰等；第三，塑像服饰及佛背光装饰等。

北朝图案以窟内顶部“斗四方井套叠平棋图案”“人字披图案”为代表，纹样以轮式大莲花、忍冬纹、云气纹，各种几何纹、莲荷纹为特征，具有鲜明的建筑性，形象凝重淳朴。隋代是北朝图案向唐代图案的过渡期，以藻井图案为代表，纹样以纤秀的忍冬纹、莲荷纹、联珠纹为特征，形式多样，不拘一格。唐代是敦煌图案发展的高峰，藻井图案为其精华。五代之后图案纹样向单一化的方向发展。隋代的装饰纹样有莲荷纹、忍冬纹、火焰纹、水波纹、兽面纹、双龙纹、垂角纹、联珠纹、蹲狮翔凤纹、圆环联珠纹，又有三兔纹、飞马纹、对马纹、狩猎纹以及化生童子、飞天伎

乐等等。[1]

窟顶平棋图案

第 268 窟平棋图案　北凉绘，位于洞窟窟顶。此图案名称为泥塑彩绘套斗平棋，窟顶平棋由三个方井组合而成。此图为局部，这是莫高窟唯一的仿木结构平棋装饰，为泥塑叠涩式，共套叠三层，中心用莲花装饰，内层岔角画火焰纹与莲花化生童子，外层岔角画四飞天，造型朴拙（图 4–211）。

图 4–211　莫高窟第 268 窟窟顶平棋图案

①敦煌研究院编，关友惠主编《敦煌石窟全集·图案卷》（上）、（下），香港：商务印书馆，2003 年。

第 272 窟平棋图案　北凉绘，位于洞窟窟顶。图案为斗四莲花火焰飞天平棋，窟顶平棋共套叠三层，中心为莲花，第二层方形，四角绘火焰纹，第三层四角画飞天。窟顶四周一圈天宫栏墙内绘天宫伎乐。

第 257 窟平棋图案　北魏绘，位于中心塔柱后部。这是后部窟顶东南角上的一方平棋，中心方井以四天人在莲池中裸泳为中心，内层四角画山形火焰纹，外层四角画飞天，用各种图案纹样作为边饰，内容独特，技法精湛。

第 251 窟平棋图案　北魏绘，位于洞窟窟顶。此图案为莲花飞天纹平棋，方形井心中央绘圆轮形大莲花，两个方井内层四角画火焰纹，外层四角画飞天和摩尼宝珠，边饰纹样是忍冬纹单叶连续纹，以土红为底色，纹样以绿、白、黑色相间，色调热烈鲜明（图 4-212）。

第 435 窟平棋图案　西魏绘，位于洞窟中心塔柱北侧顶部。此图案为莲池白鹤纹平棋，方形井心均为大莲花，一个方井莲池中绘有两只白鹤，内层四角绘有火焰纹，外层四角绘飞天和摩尼宝珠火焰纹，方井边饰的纹样分别是忍冬纹单叶纹、散点小花、双叶桃形藤蔓忍冬纹、菱形方格纹等。两个方井纹样组合相同，中间一个方井纹样与之相反，这是平棋整

图 4-212　莫高窟第 251 窟窟顶平棋图案

体组合中的相间排列法(图 4–213)。

第 248 窟平棋图案　西魏绘,位于洞窟人字披顶。此图案为莲花忍冬平棋,方井中心为大圆轮莲花,内层四角画火焰纹,外面四角分别绘几何纹、忍冬纹、龟甲忍冬连套纹,此图案整体呈现简单化的倾向(图 4–214)。

图 4–213　莫高窟第 435 窟窟顶平棋图案

图 4–214　莫高窟第 248 窟人字披顶平棋图案

第 288 窟平棋图案　西魏绘，位于洞窟中心塔柱北侧顶部。此图案为莲花飞天纹平棋，方井中心为莲花，内层四角为火焰纹，外层四角绘飞天，一身双手合十，一身舞蹈，两身抛撒香花，边饰中的菱格纹、单叶忍冬波状连续纹都是创新之作（图 4–215）。

第 428 窟平棋图案　北周绘，位于中心塔柱东侧顶。此图案为莲花伎乐飞天纹平棋，方形井心为莲花，内层四角为火焰纹，外层四角绘伎乐飞天，有的振臂舞蹈，有的演奏音乐，边饰中有点线菱形纹、散点小花纹、双叶交茎套联忍冬纹，以白色代替前期所用的绿色，莲花池中蓝色代替了绿色，使色彩变得清新明亮（图 4–216）。

窟顶藻井图案

藻井图案是敦煌石窟覆斗形窟窟内顶部中央的装饰。方形，由井心、井外边饰、垂幔三部分组成。井心向上凸起，四边为斜坡面，上面窄小，下面宽大，构成覆斗形状，因此称为藻井。

图 4–215　莫高窟第 288 窟窟顶平棋图案

第 285 窟藻井图案　西魏绘，位于洞窟窟顶。这是敦煌石窟出现的第一个华盖式藻井。中心方井于水涡纹上绘覆莲，中层四

图 4–216　莫高窟第 428 窟窟顶平棋图案

角画火焰纹，外层四角画莲花，边饰为忍冬纹。藻井四面装饰有双层的垂幔，垂幔四角有兽首衔玉佩、流苏等垂在四披（图 4–217）。

第 296 窟藻井图案　北周绘，位于洞窟窟顶。中央斗四藻井作华盖式，井心装饰为水池莲花，四角画飞天，外层垂幔装饰达于四披，井心外围由忍冬、莲花、禽鸟、宝珠、宝瓶等组成团，变化多样，图案外围

图 4–217　莫高窟第 285 窟窟顶藻井图案

图 4–218　莫高窟第 296 窟窟顶藻井图案

绘千佛一周(图 4–218)。

第 297 窟藻井图案　北周绘，位于洞窟窟顶。此藻井纹饰简洁,方井井心,内四角画白色莲花，外层四角画浓色莲花，四角的花形如折扇,边饰框为土红色,三角垂帐勾波形牙边,无边饰,形象朴实庄重(图 4–219)。

隋代藻井图案是北朝藻井形式向唐代单一方井形式的过渡时期,存有藻井图案 31 窟,是敦煌石窟藻井图案最为丰富的时期。

第 305 窟藻井图案　这是一方华盖式藻井图案。四斗藻井,井心为花瓣层叠的圆形莲花，方井内蓝色为底，其上描绘旋涡纹，方框上画花草纹,岔角内画乌获,乌获披头散发,两臂生羽,肌肉健硕,在空中飞舞，非常威猛；外岔角画飞天,呈“V”字形,裸上身,下着长裙,长

图 4–219　莫高窟第 297 窟窟顶藻井图案

巾飘飘，四周为三角或条形垂幔，垂幔及流苏铺于四披（图 4-220）。整个藻井图案既有佛教特色，又有中原传统装饰风味。

图 4-220 莫高窟第 305 窟窟顶藻井图案

第 311 窟藻井图案　井心中央绘大莲花，四周围绕盘茎莲花荷叶，四角的莲花内各坐一个莲花童子，井心边饰有小花图案，周沿及四披交汇处均画联珠纹，藻井外周垂角帷幔铺于四披，藻井以外四披满布千佛。整个布局突出中心，四角各有支点与中心相照应（图 4-221）。

第 407 窟藻井图案　井心为八瓣大莲花，莲花中央为三兔纹样，不仅此窟，第 420、406 窟的中央纹样均为三兔纹样，其中以第 407 窟的此纹样最为典型，画工巧妙地利用三只兔耳组成三角形，画出莲花中三兔盘旋追逐的装饰图案，莲花四周蓝色底色上环绕飞翔着

图 4-221 莫高窟第 311 窟窟顶藻井图案

图 4-222 莫高窟第 407 窟窟顶藻井图案

八身飞天，有的手捧莲花，有的抛撒香花，有的凌空起舞，虽然绕着中央莲花，但姿态却均不相同，使人仿佛可以由天井仰望蔚蓝的天空，井心四边画菱格莲花边饰和铺于四披垂角的帷幔，此藻井图案是隋代藻井新形式的代表（图4-222）。

第 420 窟藻井图案　洞窟覆斗顶中央为仿古代架木为井的斗四藻井。井心为莲花，花心中央为三兔纹样，这种纹样是隋代藻井图案的新样式，边饰为忍冬纹，内层拐角四角分别画飞天，外层拐角四角分别画童子和人非人，方井周围边饰是连环忍冬狮纹，四边垂幔铺于四披，垂幔画成鳞片和垂角多层重叠的形式，以红、绿、青、黑褐四色为主，色调质朴明快（图 4-223）。

图 4-223 莫高窟第 420 窟窟顶藻井图案

图 4-224　莫高窟第 401 窟窟顶藻井图案

第 401 窟藻井图案位于洞窟主室窟顶，斗四井心，井心地为石绿色，井心中央为八瓣莲花，莲花周围有飞天、翼马、凤鸟围绕，共计八身，飞天为伎乐天，有的弹琵琶，有的吹笛子，天马长有翅膀，一支长相非常像凤凰的飞鸟在天空中飞驰，井心外周边纹饰为禽鸟联珠纹，即每一个圆珠内画有一只禽鸟，垂角帷幔铺于四披，在藻井的四角各画一莲花化生（图4-224）。此藻井结构比较独特，色调清新，是莫高窟隋代藻井少有之作。

图 4-225　莫高窟第 398 窟窟顶藻井图案

第 398 窟藻井图案　斗四藻井做二层叠涩。井心为十六瓣大莲花，花心是四色旋转法轮状图案，井心周沿边饰赭红底色上用黄白线画成菱格纹，代替了前期习用的忍冬纹，四角画火焰宝珠，垂角帷幔铺于四披（图4-225）。

图 4-226 莫高窟第 396 窟藻井图案

第 396 窟藻井图案 中央一朵十瓣的大莲花，花心为蓝色，四角露出花朵的一瓣，装饰较为简洁，四角花瓣的处理还带有斗四藻井抹角之余意，井心外围有一圈红底卷草纹、联珠纹，垂角帷幔铺于四披(图 4-226)。

第 394 窟藻井图案 井心为八瓣莲花，可能是由于变色而成黑色，周围为盘茎莲花，四周外围是一圈卷草纹，垂角帷幔铺于四披(图 4-227)。

图 4-227 莫高窟第 394 窟藻井图案

第 392 窟藻井图案 井心中央画一朵十二瓣的大莲花，左右两侧各绘一条龙，绿色的漩涡中出现二龙戏珠图案，一对青龙，昂首咋舌，张牙舞爪，争夺宝珠，二龙中间为莲花火焰宝

珠，藻井外围画飞天一周，现只存有西披一部分，四飞天两两相向而飞，奏乐或手捧鲜花供养，这种双龙藻井周围有飞天围绕的形式是敦煌石窟隋代洞窟图案艺术的新形式（图 4–228）。

图 4–228　莫高窟第 392 窟藻井图案

第 388 窟藻井图案　井心中央画一朵八瓣莲花，四周有花瓣，周沿有多层边饰，边饰为联珠纹，垂角帷幔镶边，藻井四周各画两飞天，东西两披为飞天供宝，南北两披做飞天散花（图 4–229）。

图 4–229　莫高窟第 388 窟藻井图案

第 380 窟藻井图案　斗四藻井，方井套叠四层，井心画间色四瓣组成的涡状法轮，圆心画一披帛天人坐于莲花之上，外周忍冬状云气纹十五朵，套叠方井的各层抹角画莲花或火焰联珠纹，井心外沿数层

图 4–230 莫高窟第 380 窟藻井图案

边饰纹样都非常的简洁，垂幔比较窄小(图 4–230)。

窟顶人字披图案

是绘于洞窟人字披顶两侧的装饰性图案，主要在十六国北朝时期的洞窟中较为流行，隋代也有零星出现。

第 263 窟人字披顶图案　北魏绘，位于前部人字披顶。此窟经西夏重修，在重修时将窟门内缩，北魏的部分人字披被封闭在西夏的建筑内，后来露出原画。披面用赭红色的椽子做装饰，椽干中间上方画忍冬及莲花等装饰，下方各绘有供养菩萨一身，菩萨头戴宝冠，裸露上身或右袒，姿态各异，造型优美、别致(图 4–231)。

图 4–231 莫高窟第 263 窟人字披图案

第 435 窟人字披顶图案　西魏绘，位于洞窟前部人字披西披。此窟前部人字披顶的东披大半已经塌毁，

此图为西披，用土红色椽子作为间隔，椽间上方画飞天，下方为莲花，莲花处理简洁，飞天共十身，且体态修长，赤裸上身，飘带繁复，长裙裹脚，由左右向中间相向飞行，在有限的空间内处置得当，具有很浓厚的装饰味道（图 4–232）。

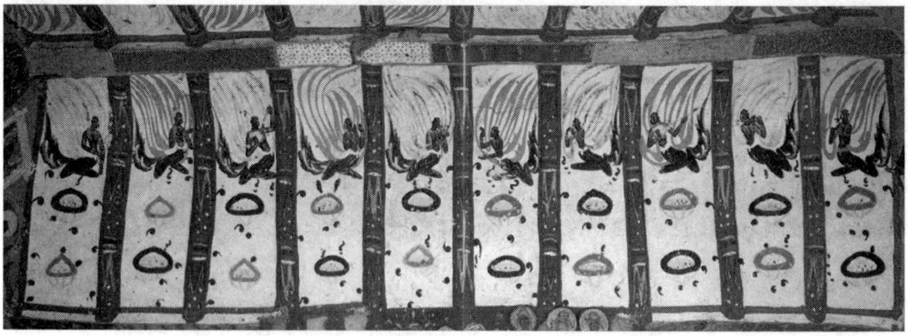

图 4–232　莫高窟第 435 窟人字披顶图案

第 431 窟人字披顶图案　西魏绘，位于洞窟前部人字披顶西披。在人字披上塑出椽子是北魏早期的风格，此窟就采用这种方式。东披椽间画莲花和摩尼宝珠，西披椽间上方画一朵大的莲花，下方画菩萨，胡跪，双手合十持莲花，莲花莲蓬上画一支五瓣的忍冬，使莲蓬如同花盆一样（图 4–233）。

图 4–233　莫高窟第 431 窟人字披顶图案

第 248 窟人字披顶图案　西魏绘，位于洞窟前部人字披顶。东西两披均绘出红色的椽子作为间隔。西

图 4-234 莫高窟第 248 窟人字披顶图案

披椽间飞天掠过花丛，从两侧向中间飞翔，衣带飘飘，彩云朵朵。东披椽间画菩萨手持莲花供养，菩萨上身裸露，下身长裙裹脚，人物脸型清瘦，身体修长，面部和肢体的晕染方法都是北魏晚期风格的延续（图 4-234）。

第 427 窟人字披顶图案 隋绘，洞窟窟顶人字披两披之间脊枋画莲花卷草边饰，深绿底色上画莲荷纹，莲茎左右盘卷，支茎上均缀一莲花，花有大小，其角度正侧两面各有变化，莲花中有的坐伎乐童子，手中持琵琶等乐器弹奏美妙的乐曲，有的花内直接放置摩尼宝珠，莲花茎上是繁密的忍冬形荷叶，纹饰加描白线，造型主动，结构活泼、多变，是敦煌石窟隋代图案的杰出作品（图 4-235）。

第 292 窟双狮图案 隋绘，位于洞窟人字披顶西披龛下。此窟前室门南北两侧塑力士，壁画底层有隋代故事画。主室前部人字披东披画千

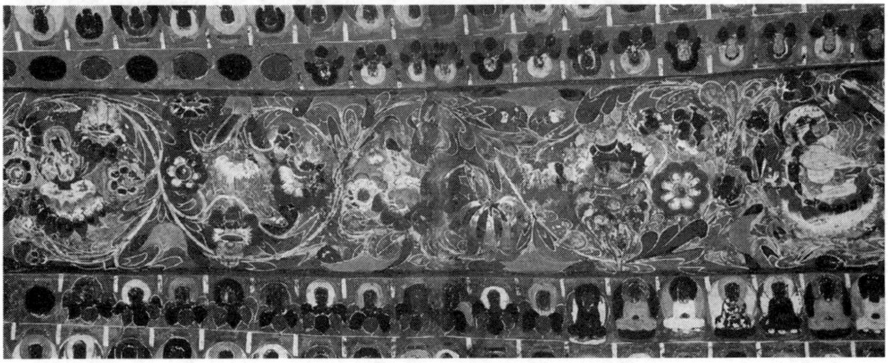

图 4-235 莫高窟第 427 窟人字披顶图案

图 4-236　莫高窟第 292 窟双狮图案

佛，西披中部凿浅龛，龛内塑像，龛下画宝珠、双狮图案，图中双狮相对蹲坐于莲花摩尼宝珠的两侧，左侧狮子头大身躯小，两前爪直立，后爪蹲地，眼露凶光，口衔忍冬草叶，注视前方，脖颈中的项圈闪闪发光，对面狮子姿态基本与左侧相同，中间在一铺大的莲花中央放置一颗摩尼宝珠，整个画面既表现出了雄狮的形象特征，又具有浓厚的装饰性(图 4-236)。

佛龛龛楣图案

第 275 窟龛楣图案　北凉绘，位于洞窟南北两壁的上层龛上。有两种形式：一种是阙形龛楣，这种形式是仿照汉魏时期的“阙”塑绘而成，屋顶瓦楞用泥塑的形式塑出，用绘画的形式画出了斗拱、木椽子等作为龛的装饰（图 4-237）。另一种是双树形龛，即龛楣上画双树作为龛楣，以浮塑忍冬纹作为双菩提树的龛楣装饰。

图 4-237　莫高窟第 275 窟北壁上层的阙形龛楣图案

第 251 窟龛楣图案　北魏绘，位于中心塔柱东向面龛上。龛楣呈尖拱形，外围一圈火焰纹，泥塑楣面、楣楪。楣面中央画莲花化生童子，童子自莲花中生出，化生半身，两臂伸出，手握莲枝，两侧缠枝中各有三个莲花化生和一个无化生的莲花，化生有头无身。此龛楣可能表现西方净土世界（图4–238）。

图 4–238　莫高窟第 251 窟中心塔柱东向面龛楣图案

第 435 窟龛楣图案　西魏绘，位于中心塔柱东向面龛上方。此龛楣外围一圈火焰纹，只绘出了中央一个大的莲花化生童子和左右两个小的化生童子，纹饰简单，线条清晰，色彩鲜艳，保存较好（图 4–239）。

第 285 窟龛楣图案　西魏绘，位于洞窟北壁东起第二禅室上。北壁四个禅室并列，与南壁对称，洞窟上有华丽的龛楣装饰。龛楣上纵横交错的忍冬纹花丛中对称地画出了装饰性的双孔雀、双鹦鹉、双鸵鸟等纹样，外延画连续忍冬纹，组合成一圈火焰的形状。龛楣之间在统一的格局中力求变化与创新，堪称装饰艺术的杰作。这幅画面是北壁禅室的龛楣装饰，装饰为双孔雀图案，在一圈火焰纹包围中，两只孔雀相对站立于花枝上，颜色清新自然（图 4–240）。

图 4-239　莫高窟第 435 窟中心塔柱东向面龛楣图案

图 4-240　莫高窟第 285 窟北壁东起第二禅室龛楣图案

第 288 窟龛楣图案　西魏绘，位于洞窟中心塔柱东向面龛上。东向面龛楣装饰与其他不同，不用花鸟而用人物作为装饰。中间一个化生童子头顶花盆奉献，两侧各有五身供养菩萨胡跪持花供养，菩萨裙帔颜色交替变化，构成别具一格的装饰效果，在土红底色的映衬下，更显洁白、雅致（图 4–241）。

图 4–241　莫高窟第 288 窟龛楣图案

第 299 窟龛楣图案　北周绘，位于洞窟西壁龛上。龛楣中央茂密的忍冬纹丛中，有优美闲适的乐舞，中间两身在弹奏，一身弹琵琶，一身弹竖琴，两侧三身伎乐在舞蹈，两侧有莲花化生童子，同时还有鸟雀、猿猴嬉戏其中。图案色彩清丽淡雅，可惜已经变色（图 4–242）。

第 407 窟龛楣图案　隋绘，此窟西壁开一龛，龛为双层龛口，内塑像，龛内画忍冬火焰纹背光，内层龛顶背光火焰两侧各画飞天四身，正在演奏横笛、竖笛、排箫、琵琶、箜篌并一边撒花，因手中的乐器不同，在空中的姿态也随之不同，内层龛口外沿画龛梁和龛柱，外层龛口顶画火焰莲花化生供宝龛楣，在一条莲花带的中间，画一朵莲花，内坐一化生，有

头光，莲花带的上方是火焰纹，火焰上方左右两侧各画飞天两身在天空中飞舞、抛撒香花（图 4-243）。

图 4-242　莫高窟第 299 窟西壁龛楣图案

图 4-243　莫高窟第 407 窟西壁龛楣图案

第 402 窟龛顶图案　隋绘，此图是此窟西壁龛顶图案，西壁开双层龛，内层龛顶画菩提双树，枝繁叶茂、郁郁葱葱，外层龛上的龛楣图案由联珠纹、几何纹、莲花化生和火焰纹构成，龛外两侧各画二飞天，有的手

持莲花，有的抛撒香花，外沿是翼马联珠纹（图 4-244）。

第 277 窟龛口边饰图案　隋绘，此窟窟顶为覆斗顶，西壁开一龛，龛口为双层龛，龛口外沿画对马联珠纹边饰，图案环形联珠中心各画两匹翼马相对而立，对马之间有忍冬花叶纹样。对称规范之中有微妙的变化，这是敦煌隋代石窟图案装饰中最具代表性的作品（图 4-245）。

图 4-244　莫高窟第 402 窟龛顶图案

图 4-245　莫高窟第 277 窟龛口边饰图案

背光图案

第 272 窟佛背光图案　北凉绘，位于洞窟西壁龛内佛像背后。窟顶为穹隆形，龛内塑像，顶部画圆形华盖，佛的身光和头光均为四重光环，身光绘火焰纹、天人、四叶连锁忍冬纹，头光绘火焰纹和千佛。火焰象征佛身放金光，天人、千佛是佛光中化生的形象（图 4–246）。

图 4–246　莫高窟第 272 窟西壁佛背光图案

图 4–247 莫高窟第 257 窟中心塔柱东向面龛内佛背光图案

第 257 窟佛背光图案 北魏绘，位于洞窟中心塔柱东向面龛内佛像后。佛像背后有头光和身光，头光和身光形状均为桃形，头光为两道火焰纹，中间装饰有莲花化生，身光存有火焰纹三道，中间从内到外依次是火焰纹、条状菱格形图案、飞天装饰，背光青绿交辉，色彩冷艳，色调明快(图 4–247)。

第 249 窟佛背光图案 西魏绘，位于洞窟西壁龛内佛像后。背光为多层，由多种火焰纹组成。头光由红、蓝、红蓝相间的三道火焰纹组成，身光由大小不一的六道火焰纹组成，涂色技法除了采用同色深浅叠韵外，还采用了新的套联法，使火焰层层相接，纹样持续不断，增强了纹饰的节奏与动感，充分发挥了以色造型的功能(图 4–248)。

图 4–248 莫高窟第 249 窟西壁龛内佛背光图案

第 296 窟佛背光图案 北周绘，位于洞窟西壁龛内佛像后。这是火焰纹加千佛图案，背光中的火焰纹已经简化。头光内圈为一圈千佛，外圈为一圈火

焰纹；身光为两圈火焰纹后有一圈千佛装饰，最外围一圈火焰纹图案，整体简洁典雅（图 4–249）。

图 4–249　莫高窟第 296 窟佛背光图案

天宫栏墙图案

第 251 窟天宫栏墙图案　北魏绘，位于洞窟南壁大型说法图以西的上层一段。上面绘天宫伎乐五身，下方为天宫栏墙。这是想象与现实建筑形象的有机结合，下部是凹凸状栏墙，与上方西域式的穹隆建筑和汉式的有斗拱构建的阁台建筑共同组成楼阁建筑（图 4–250）。

第 435 窟天宫栏墙图案　西魏绘，位于洞窟西壁上部。西壁南端上

图 4–250　莫高窟第 251 窟南壁上部天宫栏墙图案

图 4-251 莫高窟第 435 窟西壁上部天宫栏墙图案

部画天宫伎乐五身，下方的栏墙和古代城墙相同，错落有致，深色的墙段表层绘出黑色斑点纹，突出了城墙的厚重之感(图 4-251)。

第 248 窟天宫栏墙图案　西魏绘，位于洞窟南壁上部。此画面最西端圆券形建筑中为一大人头，左侧画奏乐伎乐三身，下方的栏墙与前期比较变化不大(图 4-252)。

图 4-252 莫高窟第 248 窟南壁上部天宫栏墙图案

第 249 窟天宫栏墙图案　西魏绘，位于洞窟南壁。此画面为南壁上部东端的天宫伎乐和天宫栏墙，此窟的栏墙装饰壁简单素雅，色彩艳丽，给人一种焕然一新之感（图 4–253）。

图 4–253　莫高窟第 249 窟南壁上部天宫栏墙图案

其他图案

敦煌石窟壁画与壁画之间的间隔处通常画一些纹饰、纹样，起填补空白的作用。这一类的图案很多，有单叶忍冬波状连续纹、多裂单叶忍冬波状连续纹、双叶忍冬波状连续纹、双叶忍冬藤蔓分枝回卷连续纹、双叶忍冬交茎套连续纹、忍冬莲花禽兽纹、蓝白色方格网状连续纹、黑蓝色方格网状连续纹、小花斜方格连续纹、黑线菱形连续纹、蓝色菱形网状连续纹、双叶斜方格连续纹等等，种类繁多，样式多样，使敦煌石窟中的装饰纹样丰富多彩。

单叶忍冬波状连续纹，忍冬纹样形似一个侧视的三裂或四裂叶片，首尾相连形成波状。叶片前面勾白色线，背面点一串小白点，空当处夹画一个小圆叶。此图属于叶体肥大型，色彩节奏鲜明，为石窟中绘制最多的纹样，此类纹样以第 254 窟最具代表性。

图 4-254　莫高窟第 251 窟北壁双叶忍冬波状连续纹图案

双叶忍冬波状连续纹，两叶反向附于波状茎上，形成茎两侧叶片相背而存，叶间空处随意填充小花，淡赭色为茎，绿褐色为花纹，波状起伏，呈现出简洁明快之感。这种样式以第 251 窟北壁的纹饰为代表（图 4-254）。

双叶忍冬藤蔓分枝回卷连续纹纹饰中，忍冬纹藤蔓呈波状，分枝回卷，每一分枝有两叶片，叶茎相连，两叶向外分开，形成上下颠倒、相间连续的样式。以淡红、青绿、黑褐、蓝灰四色相间涂饰，既华丽又有跳动的节奏感。这种纹饰以第 254 窟西壁的装饰纹样为代表(图 4-255)。

图 4-255　莫高窟第 254 窟西壁双叶忍冬藤蔓分枝回卷连续纹图案

忍冬莲花禽兽纹装饰图案，这

图 4-256　莫高窟第 296 窟窟顶藻井南侧忍冬莲花禽兽纹图案

种边饰纹样内容、样式、绘制方法均与同时期的人字披纹饰相同，忍冬莲花纹中绘有鸽子、摩尼宝珠等内容。此纹样以第 296 窟窟顶图案为代表（图 4-256）。

第 425 窟联珠纹边饰图案　位于洞窟西壁龛外北侧。这条边饰由大小不等、色彩各异的圆环组成，规整而富于变化，特别是中心圆环内描绘了翼马形象，这是常见于萨珊波斯一带的纹样，反映了隋代艺术中吸收西方画法的史实（图 4-257）。

图 4-257　莫高窟第 425 窟联珠纹边饰图案

第 420 窟鸳鸯与荷花　位于洞窟西壁南侧维摩诘经变文殊殿堂前。此画面表现池塘一角，碧绿的池水中盛开着粉红色的荷花，颜色已经变黑，点缀着露出水面的花蕾，水池中有两只鸳鸯畅游其中，池中还放置有怪石做成的假山，此画面表现的是一派江南庭院的风光（图 4-258）。

图 4-258　莫高窟第 420 窟鸳鸯与荷花

第 401 窟联珠纹边饰　位于洞窟西壁龛外沿。此类联珠纹圆环内的内容是根据牡丹、芍药、莲花的特征综合变化而成的团花图案，圆环之间插入花形纹，反映了外来纹样与中国本土图案的结合（图 4-259）。

第 392 窟鸟头、鼠头忍冬纹　位于西壁龛顶北侧。这幅图像形象非常特别，所绘的图案为鸟头、莲花身、忍冬尾的怪异形象（图 4-260），类似的图像在中亚一带出现更早。与之相对的位置上还画了一幅鼠头、莲花身、忍冬尾的怪兽状纹饰，这两个图像均惟妙惟肖。

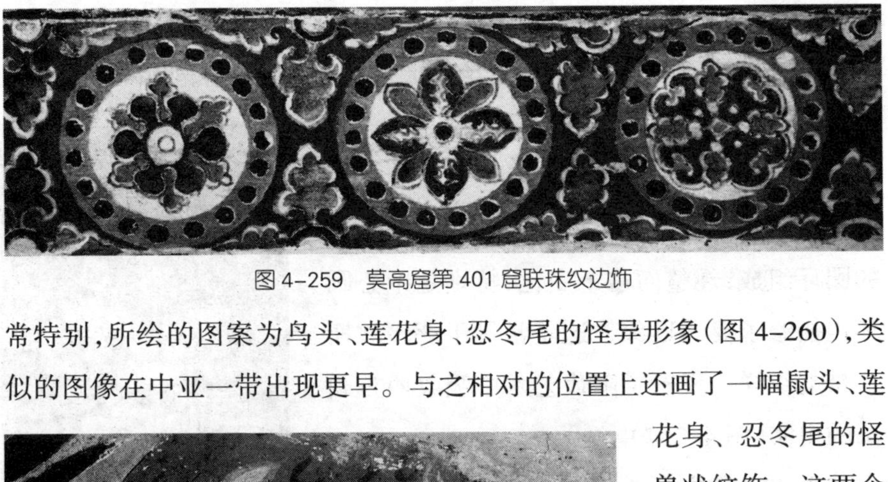
图 4-259　莫高窟第 401 窟联珠纹边饰

图 4-260　莫高窟第 392 窟鸟头忍冬纹

第 380 窟人头忍冬纹　位于南壁上部。洞窟上方画有一圈天宫栏墙，此画面是南壁上部

一段，画中一人只画了头部，口中衔着忍冬草，下颌也长出了一根忍冬草，形象比较怪异(图 4–261)。另外，此窟东壁上方的栏墙上还画有鸟兽忍冬纹，图中一只野兽口中衔忍冬，四角长出忍冬，另外一个栏墙之中小鸟嘴中叼有忍冬，脚爪也长出了忍冬，这类奇异的形象均不是中国汉族的传统图案，应是受西域、中亚艺术的影响。

隋代的装饰图案内容丰富，形式多样，制作精美，有莲荷纹、忍冬纹、火焰纹、水波纹、兽面纹、双龙纹、垂角纹、联珠纹、蹲狮纹、三兔纹、狩猎纹、翼马纹、对马纹以及化生童子、飞天伎乐等作为装饰的纹饰。这些纹饰中既有敦煌北朝石窟纹饰的延续，也有隋代的创新；既有来自中原王朝传入敦煌的图案样式，也有波斯风格的样式。这一时期普遍流行的翼马纹和狩猎纹其源头均来自波斯。由此可见，隋代的纹饰图案是融合了中西方文化艺术的产物。

图 4–261　莫高窟第 380 窟人头忍冬纹

第五章

敦煌十六国至隋石窟的代表洞窟

敦煌十六国北朝石窟是指十六国北凉至北周时期在敦煌地区开凿的洞窟。主要分布在莫高窟古汉桥以南的第二、三层地区，以北凉三窟为中心向两边延伸。

关于此期洞窟的研究，段文杰首先从洞窟形制、彩塑、壁画三个大类对十六国北朝时期的莫高窟艺术进行了归纳与概括，总结出这一时期石窟艺术的特点；[①]之后在《十六国、北朝时期的敦煌石窟艺术》一文中，除了从洞窟形制、彩塑与壁画三个方面对此期的内容进行介绍之外，重点对壁画中的故事画和供养人画进行了研究，归纳出此期艺术具有前后两个时期的艺术风格。[②]樊锦诗、马世长、关友惠运用考古分期排年的方法，将十六国北朝时期莫高窟的洞窟分为四期，并划定了每期洞窟的相对年代。[③]贺世哲对十六国北朝石窟中的塑像壁画进行了考察，进一步研究了洞窟内主要题材与禅观的关系；[④]之后，对敦煌十六国北朝时期

---

①段文杰《早期的莫高窟艺术》，敦煌文物研究所编《中国石窟·敦煌莫高窟》(一)，北京：文物出版社，1981 年。

②段文杰《十六国、北朝时期的敦煌石窟艺术》，敦煌文物研究所编《敦煌研究文集》，兰州：甘肃人民出版社，1982 年。

③樊锦诗、马世长、关友惠《敦煌莫高窟北朝洞窟的分期》，敦煌文物研究所编《中国石窟·敦煌莫高窟》(一)，北京：文物出版社，1982 年。

④贺世哲《敦煌莫高窟北朝石窟与禅观》，敦煌文物研究所编《敦煌研究文集》，兰州：甘肃人民出版社，1982 年。

的图像进行了全面的研究。①关友惠先生还对敦煌北朝石窟中的南朝艺术因素进行了研究。②萧默对敦煌莫高窟北朝石窟壁画中的建筑进行了研究。③赵声良对敦煌北朝石窟的形制进行了考察，重点对禅窟和中心塔柱窟进行了研究，并对印度、中原地区同类洞窟进行了比较，分析了这两种窟形的源流问题。④

根据北朝洞窟的分期排年研究可知，这一时期的洞窟中，十六国北凉时期保存3窟，即第268、272、275窟；北魏保存8窟，有第259、254、257、251、260、263、487、265窟；西魏保存10窟，有第248、437、435、431、288、249、285、286、247、246窟；北周保存15窟，有第432、461、438、439、440、441、428、430、290、442、294、296、297、299、301窟。⑤而《敦煌石窟内容总录》对十六国北朝时期洞窟时代的划分基本与之相同，只是将第250窟划分在北周窟中。⑥

隋代立国虽然只有短短的37年，在莫高窟却开凿了100多个洞窟，这些洞窟中有80多个石窟壁画和塑像保存完好。关于莫高窟隋代洞窟的研究，关友惠对敦煌隋代石窟中的图案进行了研究。⑦李其琼从洞窟形制、塑像、壁画等三个方面对敦煌石窟隋代艺术进行了研究。⑧樊锦

---

①贺世哲《敦煌图像研究——十六国北朝卷》，兰州：甘肃教育出版社，2006年。

②关友惠《敦煌北朝石窟中的南朝艺术之风》，段文杰主编《1987年敦煌石窟研究国际讨论会文集·石窟艺术编》，沈阳：辽宁美术出版社，1990年。

③萧默执笔，敦煌文物研究所考古组著《敦煌莫高窟北朝壁画中的建筑》，《考古》1976年第2期。

④赵声良《敦煌北朝石窟形制诸问题》，《敦煌研究》2006年第5期。

⑤樊锦诗、马世长、关友惠《敦煌莫高窟北朝洞窟的分期》，敦煌文物研究所编《中国石窟·敦煌莫高窟》(一)，北京：文物出版社，1982年。

⑥史苇湘《关于敦煌莫高窟内容总录》，敦煌文物研究所编《敦煌莫高窟内容总录》，北京：文物出版社，1982年。

⑦关友惠《莫高窟隋代图案初探》，《敦煌研究》创刊号，1983年。

⑧李其琼《隋代的莫高窟艺术》，敦煌文物研究所编《中国石窟·敦煌莫高窟》(二)，北京：文物出版社，1984年。

诗、关友惠、刘玉权将敦煌隋代洞窟分为三期进行了研究。[①]贺世哲对敦煌隋代石窟诸多题材进行了研究，认为这些题材体现了隋代中原传来的“双弘定慧”思想。[②]段文杰从佛像画、佛经故事画、经变画、供养人像、装饰图案和民族传统神话题材六个方面对敦煌隋代壁画艺术进行了研究。[③]

隋代石窟上承北朝余风，下开唐代先河，始终处在一个探索、变化和发展的过程中，以汉晋文化为基础，吸取中原和西域两种不同文化，探索创造出了新的艺术风格。在洞窟形制上，虽然继承北朝时期流行的主要形制，但同时也出现了一些新的洞窟形制，如须弥山形窟。在造像上，一佛二弟子二菩萨的塑像布局已普遍流行，还出现了十大弟子的塑像。另外，天王、力士以及天王脚下踩踏的小鬼等塑像也开始丰富起来。在壁画上最大的特征是经变画的出现，同时一些新样式、新风格的其他内容的出现也丰富了隋代的敦煌石窟艺术。这一时期的代表窟有第244、292、302、303、305、412、417、419、420、427等洞窟。为了对敦煌石窟隋代艺术有一个全面的了解，现对这些代表洞窟进行介绍。

---

①樊锦诗、关友惠、刘玉权《莫高窟隋代石窟分期》，敦煌文物研究所编《中国石窟·敦煌莫高窟》(二)，北京：文物出版社，1984年。

②贺世哲《敦煌莫高窟隋代石窟与“双弘定慧”》，敦煌文物研究所编《1983年全国敦煌学术讨论会文集》(石窟·艺术编上)，兰州：甘肃人民出版社，1985年。

③段文杰《融合中西成一家——莫高窟隋代壁画研究》，中国壁画全集编辑委员会编《中国壁画全集·敦煌17隋》，天津：天津人民美术出版社，1991年。

一、北凉三窟

第 268 窟

第 268 窟是莫高窟开凿最早的三个洞窟之一，北凉开凿，位于莫高窟崖面南区中段第三层，其北侧是第 272、275 另外两个北凉洞窟（图 5-1）。此窟的专门研究并不多，主要在对北凉三窟的研究中有所体现。此窟为敦煌石窟中最早的禅窟，主室编号为第 268 窟，平面呈长方形，和甬道的作用相同，两侧分为四个小禅室，编号分别为第 267、269、270、271 窟。

图 5-1 莫高窟北凉三窟崖面外景

洞窟窟顶为平顶，顶上以塑绘结合的方法浮塑斗四平棋，彩绘莲花、飞天、化生、火焰纹等

图 5-2 莫高窟第 268 窟西壁塑像与壁画

纹饰。这是莫高窟唯一的仿木结构平棋装饰，造型朴拙，极富装饰特色。西壁①开一尖楣圆券形龛，内塑交脚佛像，塑像头顶经过重修，交脚坐，头顶有肉髻，手残，宽肩，窄腰，面相浑圆，额头广阔，高鼻大眼，红唇薄嘴，内着土红色僧祇支，外披土红色偏右袒式袈裟，袈裟衣纹用阴刻线，头部后代曾重刷泥浆，其余保存完好。龛内两侧画供养菩萨，左右各两身，均胡跪莲台上，上身裸露，肩披长巾，下着长裙；上方画飞天两身，呈“V”字造型，上身裸露，长巾飘飘。龛下绘男女供养人，女像一身着汉式大袖裙襦，一身着胡汉混合式小袖衫裙；北侧存男供养人像均着汉式深色大袖袍（图 5-2）。

南北两侧各开两个方形小禅室。侧壁绘单身结跏坐佛和与壁面等高的药叉，上部有穿右袒式袈裟、比丘形象的飞天。在壁画布局上，看不到明显的上下分段情况。窟门残破，洞窟形制不完整。

第 272 窟

第 272 窟是莫高窟开凿最早的三个洞窟之一，北凉开凿。位于莫高窟崖面南区中段第三层，其南侧是第 268 窟，北侧是第 275 窟（图 5-1）。此窟的研究主要在北凉三窟的研究中有所体现外，袁德领对其有专门的

---

①因莫高窟绝大多数洞窟皆为坐西朝东，故西壁为后壁，东壁为前壁，南北两壁为侧壁。如遇中心柱，则东向面为正面，西向面为后面，南向面和北向面为侧面。

研究，并通过研究认为，第272窟根据《法华经》绘制。①

洞窟为单室，平面方形。窟顶近似穹隆形，中心浮塑斗四藻井。此图案为斗四莲花火焰飞天平棋，窟顶平棋共套叠三层，中心为莲花，第二层方形，四角绘火焰纹，第三层四角画飞天。窟顶四周一圈天宫栏墙内绘天宫伎乐。窟顶与四壁的接连圆转，上下之间无明显界线。

西壁开一穹隆形龛，龛内塑倚坐佛像，高1.38米。塑像头部经过重修，手臂已残，臂部动势做说法状，身材魁梧雄健，身着偏右袒式土红色袈裟，饰有凸起的方形泥条纹，胸露僧祇支。佛像身光装饰火焰、忍冬、千佛和飞天。两侧绘侍立菩萨，头部微低，上身略倾，温文虔恭；小供养菩萨围绕胁侍菩萨，低头，胡跪，合十礼拜。龛外两侧壁面绘供养菩萨，分行排列，姿态各异，翩翩起舞，手势变化多样，姿势柔软细腻、纤巧灵活，代表了北凉佛教艺术的高超水品，可惜北侧一角残毁（图5–3）。

图5–3　莫高窟第272窟西壁塑像与壁画

①袁德领《试释莫高窟第272窟的内容》，《敦煌研究》2002年第5期。

南北两侧壁画布局分上、中、下三段，上绘天宫伎乐，中绘说法图、千佛、供养菩萨，下绘三角垂帐纹。南壁上方绘天宫伎乐在天空飞舞，不像北朝伎乐那样固定在栏墙中，而是在天空一边飞舞一边奏乐、舞蹈，充分表现了伎乐的动感；中间绘千佛，姿态相同，服饰一样，大小相等；千佛的中央绘佛说法图，中央佛结跏趺坐，两侧二菩萨侍立，上方二弟子侍立，上方飞天在空中飞舞(图 5-4)。东侧壁画被穿洞破坏，甚为可惜。北侧壁画与南侧布局相同，窟门外两侧崖壁上各凿一小龛，内各塑一禅僧。①

图 5-4　莫高窟第 272 窟南壁壁画

第 275 窟

第 275 窟是莫高窟开凿最早的三个洞窟之一，北凉开凿，位于莫高窟崖面南区中段第三层，其南侧是第 268、272 窟(图 5-1)。

张学荣、何静珍《敦煌莫高窟第 275 窟内容初探》一文，从洞窟位置及现存状况、洞窟形制及特点、洞窟内容分析和主尊交脚菩萨的属性及称谓等几个方面对第 275 窟进行了全面的分析，认为此窟的主尊交脚菩

①第 272 窟外北侧崖壁上的小龛，敦煌文物研究所过去编为第 273 窟。

萨为释迦成佛前的菩萨像，而非弥勒。①赵秀荣认为第 275 窟北壁故事画依据《贤愚经》绘制而成，并据此将第 275 窟的年代推定在 445 年之后。②张元林认为第 275 窟的故事画是借用释迦的本生和佛传来表现弥勒的今生传记和前生事迹，与当时弥勒信仰中的传法思想有关。③刘永增认为《贤愚经》在 435 年之前集成，而第 275 窟的开凿是此经自高昌传往凉州途经敦煌时开凿的；④又通过对北朝石窟中出现的阙形龛、倚坐像、仰月冠、狮子座等问题进行了分析，认为第 275 窟主尊的交脚菩萨为弥勒像。⑤胡同庆、张元林对第 275 窟的外道形象、艺术特色、审美特征等问题进行了研究。⑥赖主惠从主尊塑像、南壁出游四门、北壁故事画、贤愚经、供养人、弥勒信仰与上升经、净土思想与北凉涅槃以及南北壁与弥勒净土的关联等八个方面对第 275 窟进行了较为全面的考察。⑦

第 275 窟洞窟平面呈长方形，无前室。西壁塑交脚菩萨像，高 3.34 米，是早期最大的彩塑，其右手残，左手置膝上作与愿印，头戴化佛冠，项饰璎珞，腰束羊肠大裙，裙上褶襞中间有阴刻线纹，坐狮子座。交脚菩萨，一般认为是弥勒菩萨。塑像面部丰圆，神情庄重，一定程度上表现出西域佛教艺术的影响，具有十六国时代造像的显著特征，塑像背后有敷设锦

---

①张学荣、何静珍《敦煌莫高窟第 275 窟内容初探》，段文杰主编《1990 年敦煌学国际研讨会文集·石窟考古编》，沈阳：辽宁美术出版社，1995 年。

②赵秀荣《试论莫高窟 275 窟北壁故事画的佛经依据——附 275 窟等年代再探讨》，《敦煌研究》1991 年第 3 期。

③张元林《莫高窟第 275 窟故事画与主尊造像关系新探》，《敦煌研究》2001 年第 4 期。

④刘永增《〈贤愚经〉的集成年代与敦煌莫高窟第 275 窟的开凿》，《敦煌研究》2001 年第 4 期。

⑤刘永增《莫高窟北朝期的石窟造像与外来影响》(上)(下)，《敦煌研究》2004 年第 3、4 期。

⑥胡同庆、张元林《莫高窟第 275 窟中的外道人物及相关问题研究》，《敦煌研究》2004 年第 5 期；《莫高窟第 275 窟外道人物及相关画面的艺术特色与美学特征》，《敦煌研究》2005 年第 1 期。

⑦[美]赖主惠《悲愿牺牲与安乐允诺：试论敦煌莫高窟第 275 窟》，敦煌研究院主编《2004 年石窟研究国际学术会议论文集》(上)，上海：上海古籍出版社，2006 年。

图 5-5　莫高窟第 275 窟西壁塑像与壁画

襦的三角靠背，两侧画斜侍菩萨和供养菩萨。靠背上方的供养菩萨均做半跏趺坐，右手扬掌施无畏印，有坐有跪，或礼拜，或听法，或持花供养。靠背下两侧的胁侍菩萨头戴花蔓冠，胸前有双龙含珠项饰（图5-5）。

南北两壁的布局基本相同，上部西起各两个阙形龛、两个双树龛，龛内均有塑像，中部绘故事画，下方绘供养菩萨、供养人像和三角垂幔带。北壁上方西侧两个阙形龛内塑交脚弥勒像，头戴三珠宝冠，保存较完整，高 0.81 米。弥勒像三角靠背后各画一对穿窄袖长袍的使者，或擎花枝，或举拂尘。东侧两个双树龛内各塑思维菩萨一身。中间画本生故事画，分别是毗楞竭梨王本生、尸毗王本生、月光王本生、快目王本生等故事画，画面均采用单幅构图，用一两个情节言简意赅地表达出了本生故事画的主要内容。故事画下方画男供养人像三十三身，供养人形象较小，头戴圆形高帽披帻，上身穿交领窄袖褶，腰束带，下穿大口裤，乌靴。此为北方少数民族服饰，供养人均双手合掌持花供养，前方有一方榜题（图 5-6）。

南壁布局与北壁相同。上方西侧两个阙形龛，龛内塑交脚菩萨，东侧存一个双树龛，龛内塑思维菩萨一身。中间绘佛传故事画出游四门，分别表现遇老人和僧人等情节。下方画供养菩萨一排，下方为边饰垂纹带（图5-7）。

图 5-6 莫高窟第 275 窟北壁塑像与壁画

图 5-7 莫高窟第 275 窟南壁塑像与壁画

二、敦煌北魏时期的代表洞窟

第 259 窟

北魏窟，位于洞窟南区中段第三层，第 257 窟北侧，北凉第 275 窟以南(图 5–8)。前部为人字披顶，后部平棋顶，西壁正中前“凸”字部分形成一个半中心塔柱，整体洞窟形制类似中心塔柱窟(图 5–9)。李玉珉先生对此窟进行过全面的研究，认为第 259 窟开凿于北魏献文帝时，是莫高

图 5–8　莫高窟第 259、254、257 窟崖面位置图

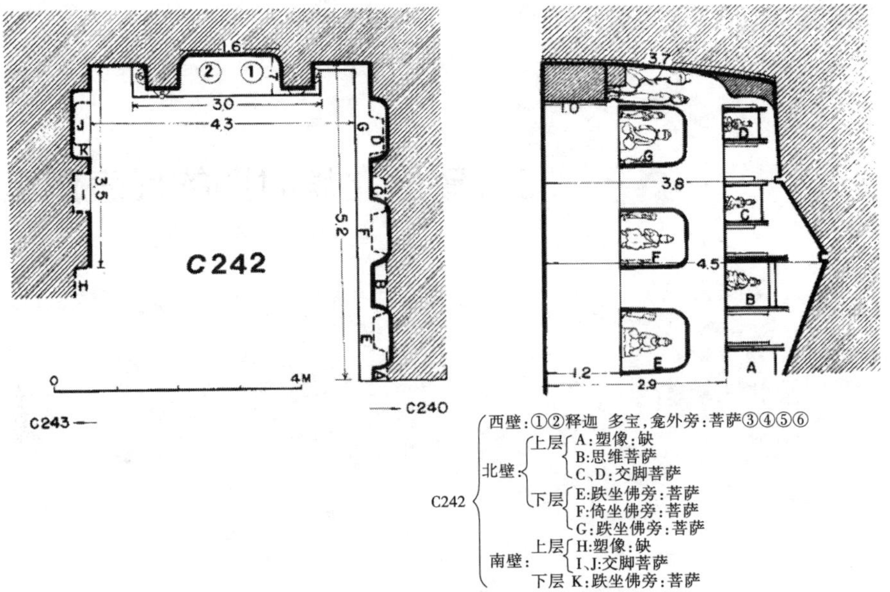

图 5-9 莫高窟第 259 窟洞窟平面、剖面图

窟最早的北魏洞窟，也是敦煌最早的法华窟。[①]

第 259 窟西壁中心塔柱正面圆券形龛内塑二佛并坐像，左侧一身高 1.41 米，高圆肉髻，波浪形发髻，面相方圆，双眼细长，鼻梁扁平，薄唇大嘴，身穿红色偏右袒式袈裟，内着僧祇支，衣纹线为贴泥条式，游戏坐于佛座上，左小臂以下残，右手上举，手指残；右侧一身高 1.43 米，头顶为高圆肉髻，波浪形发髻，面相方圆，双耳长垂，眉毛细长，双眼细长，鼻梁扁平，嘴巴较小，内穿僧祇支，外着红色偏右袒式袈裟，衣纹线为贴泥条式，游戏坐于佛床上，右小臂以下残，左手置于左膝上。这两尊佛像充分表现了法华会上多宝塔涌现，释迦佛开启塔门，多宝佛于塔内分半座请释迦佛入塔的情景，是北朝时期典型的造像形式。龛外南北两侧各塑菩萨一身(图5-10)。

①李玉珉《敦煌莫高窟第二五九窟之研究》，《台湾大学美术史研究集刊》第二期，1995 年；敦煌研究院编《1994 年敦煌学国际研讨会文集——纪念敦煌研究院成立 50 周年》(石窟考古卷)，兰州：甘肃民族出版社，2000 年。

图 5-10　莫高窟第 259 窟西壁龛内外塑像与壁画

南北两壁上凿上下两列龛，龛内造像。南壁大部分已残，北壁保存较好，上层四个阙形龛，下层三个尖楣圆券形龛。上层阙形龛人字披下居中为半跏趺坐思维菩萨，东端一龛残毁过半，西侧二龛内均塑交脚弥勒菩萨。下层为圆券形龛，西起第一龛龛内佛像高 0.85 米，着右袒式袈裟，结跏趺坐，双手已残，似扬掌做说法相；两侧胁侍菩萨均为通肩大衣，其中一身残；龛楣饰忍冬火焰图案，两端饰龙头，下为西方陶立克式柱头。第二龛龛内塑一佛二菩萨，佛为倚坐说法像，高 0.96 米；二菩萨皆残；龛两侧塑束帛圆柱，以承托忍冬火焰纹龛楣，这是北魏时期普遍采用的一种形式。第三龛龛楣所饰柱头均已残毁，龛内佛像为结跏趺坐禅定像，高 0.92 米；西侧残存胁侍菩萨一身。禅定像，手法洗练，含蓄微笑的神情表现得较为出色。流畅的阴线纹饰随着肢体的起伏而变化，既有薄纱透体感，又富有装饰性。窟顶前部为人字披，后部平顶。此窟应是中心塔柱的

一种不成熟和不完备的形式，但充分体现出了建筑、彩塑与壁画相结合的艺术特点。

第254窟

北魏窟，位于洞窟崖面南区中段第三层，第257、259窟南侧（图5-8）。

宁强、胡同庆以及梁晓鹏对第254窟的千佛画以及千佛的文本符号进行了研究。[①]贺世哲对第254窟的难陀出家图进行了研究。[②]张元林还对此窟主尊的二佛并坐像进行了研究。[③]

洞窟前部为人字披顶，后部为平棋顶。人字披南北两端有木质的斗拱和脊枋，洞窟中央有中心塔柱与地面和窟顶相连，塔柱四面开龛，东向面开一单层大龛，南、西、北三壁均开上下双层龛，龛内均塑像。东向面所开大龛为洞窟内主龛，龛内主尊塑交脚弥勒佛，高1.90米，波状发髻，内着僧祇支，外罩右袒式袈裟，衣纹为阴刻线，紧贴身体，给人一种薄纱透体之感（图5-11）；南、西、北三面均开双层龛，南北两面上层为阙形龛，内塑交脚弥勒菩萨，下层为圆券形龛，内塑释迦苦修佛像，西向面上下两层均为圆券形龛内塑禅定佛。南北两壁人字披下开阙形龛，龛内均塑交脚菩萨像，后部各开四个圆券形龛，龛内塑说法像与禅定像。

洞窟南北两壁后部上方各开四个圆券形龛，北壁前部画难陀出家因缘和尸毗王本生故事画，后部画说法图一铺，其余画千佛；南壁前部中央画萨埵太子本生故事画，后部画说法图，其余绘千佛（图5-12）；西壁中央画白衣佛，其余部分画千佛；东壁门南北两侧画千佛，门上有明窗。

---

①宁强、胡同庆《敦煌莫高窟第254窟千佛画研究》，《敦煌研究》1986年第4期。梁晓鹏《莫高窟第254窟千佛文本的符号学分析》，《敦煌学辑刊》2005年第2期。

②贺世哲《读莫高窟第254窟〈难陀出家图〉》，《敦煌研究》1997年第2期。

③张元林《北朝——隋时期敦煌法华艺术研究》，兰州大学2009年博士学位论文。

图 5-11　莫高窟第 254 窟洞窟前部壁画与塑像

图 5-12　莫高窟第 254 窟立面图

此窟建筑布局谨严，雕塑、壁画都承袭北凉风格且有所发展，是敦煌莫高窟早期艺术较为成熟的代表。在中国美术史上有重要的意义和价值，无论题材处理、人物造型、色彩线描，无不显示出以传统为主、吸收外来文化的融合创新精神。

第 257 窟

北魏窟，位于洞窟崖面南区中段第三层，其南侧是第 254 窟，北侧为第 259 窟（图 5–8）。此窟的研究主要是对洞窟南、西、北三壁的故事画进行的研究。

此窟洞窟为人字披中心塔柱窟，因东壁塌毁，仅存人字披少部及塔柱（图 5–13）。塔柱四面开龛，东向面主龛内塑倚坐佛说法像，像高 1.87 米，头为高肉髻，面相浑圆，面部残损，双臂微屈，双腿分开，内着土红色僧祇支，穿红色偏右袒式袈裟，衣纹用贴泥条加阴刻线法表现，线条流畅，显出“曹衣出水”的风格，佛像背后绘有身光、头光，用火焰纹、飞天及化生装饰。龛壁画菩萨二十身、飞天四身，佛光龛楣，青绿浓染，异常醒目。龛外两侧原塑天王二身，现存北侧一身，为北魏出现的新题材，天王面部和善，上着护胸，下系长裙，裸臂赤足，服饰非常别致。龛上浮塑供养菩萨。塔柱南、北、西三面均上下开龛，南、北上层均作阙形龛，内塑菩萨像。雕塑造像运用写实手法，说法的弥勒像表情庄重，肩圆胸阔，四肢修长，具有伟岸丈夫之气概（图 5–14）。

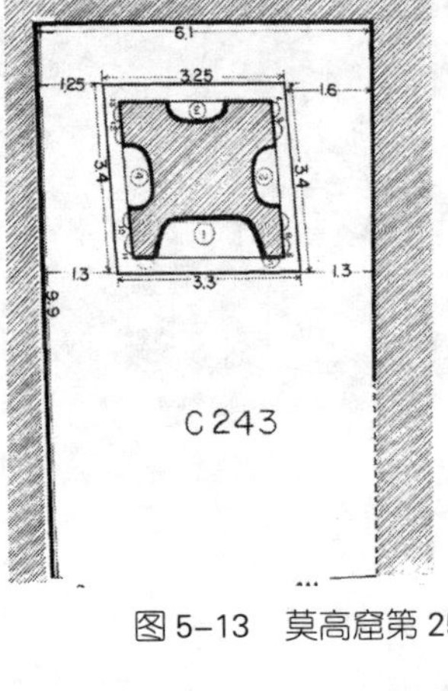

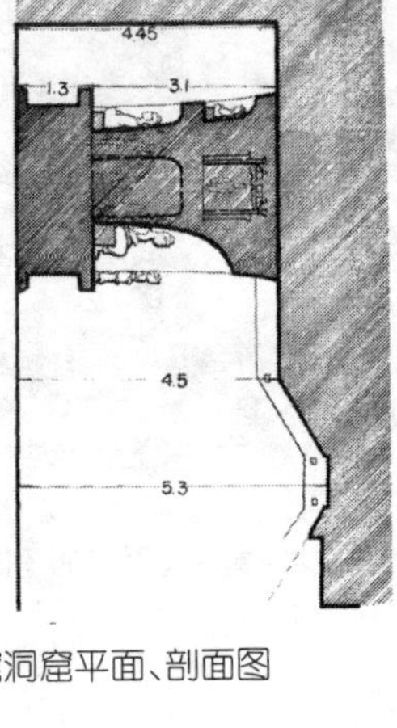

图 5–13　莫高窟第 257 窟洞窟平面、剖面图

图 5-14　莫高窟第 257 窟洞窟内景

壁画现存南、西、北三壁，上部画天宫伎乐通绕全窟，中央画千佛，下部绘金刚力士。南壁中部画沙弥守戒自杀因缘、弊狗因缘故事画，西壁画九色鹿故事画及须摩提女因缘故事画前半部，北壁画须摩提女因缘故事画后半部。这些故事画均在赭红底色壁上绘成长卷式，均以人物、动物为主，山水、房宇、车马、器物仅为衬托背景。画中长者着汉式宽袍大袖，王者服天竺衣冠，以及汉飞檐建筑与坞壁城堡等都反映出北魏时期外来的佛教艺术逐步汉化但却较为生硬的“接合”过程。

第251窟

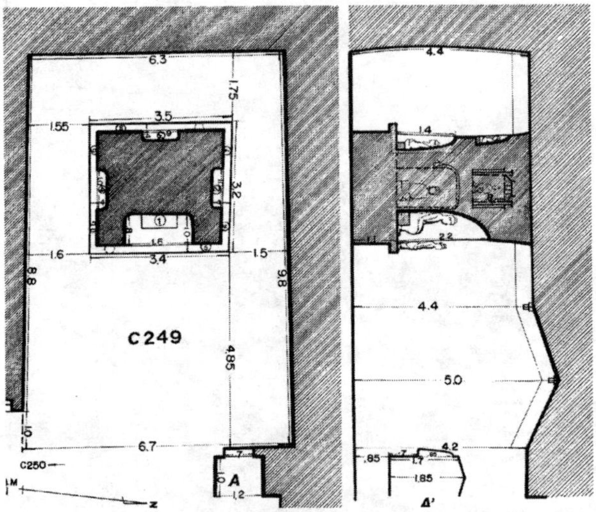

图5-15　莫高窟第251窟洞窟平面、剖面图

北魏窟，位于洞窟崖面南区中段第三层，第254窟的南侧。此窟前部为人字披顶，后部平棋顶，前部中央有中心塔柱，塔柱东向面开一大龛，南、西、北三面上下两层各开一龛，门上开一明窗(图5-15)。

洞窟窟顶前部的人字顶饰有莲花化生图案，后部的平棋顶饰有莲花藻井图案(图5-16)。中心塔柱东向面开一圆券形大龛，龛楣饰黑白相间、青绿交辉的忍冬纹，中央绘一身从仰莲中生出平伸两臂的化身童子，两侧花叶兼点缀四个化生形象。龛内塑倚坐像，高1.97米，头部为后代重塑。龛外两侧各塑一胁侍菩萨。中心塔柱南、西、北三面各开上下两层龛，下层均为圆券形龛，龛内塑禅定佛像，龛外两侧塑胁侍菩萨。南、北向面两个上层龛均为阙形龛，

龛内塑交脚菩萨。西向面上层龛为双树龛，龛内塑禅定像。塔柱四面残存影塑供养菩萨若干。

图 5-16　莫高窟第 251 窟内景

四壁上方画天宫伎乐和天宫栏墙，中间绘千佛和药叉。南北两壁前部和后部千佛中均绘说法图，其中南、北壁前部说法图具有代表性。北壁为一佛二菩萨二飞天说法图，中央佛头顶有高圆肉髻，高鼻深目，面部有晕染，大耳垂肩，内穿红色僧祇支，外穿偏右袒式袈裟，右手施无畏印，左手握袈裟一角，结跏趺坐于莲花座上，背后有火焰头光和背光。

第 260 窟

北魏窟，位于洞窟崖面南区中段第三层，第 259 窟以北并与之相邻（图 5-17）。洞窟为前部人字披顶，后部平棋顶，后部中央有中心塔柱，塔柱东向面开一大龛，南、西、北三向面上下各开一层龛（图 5-18）。

图 5-17　莫高窟第 260、263 窟崖面位置图

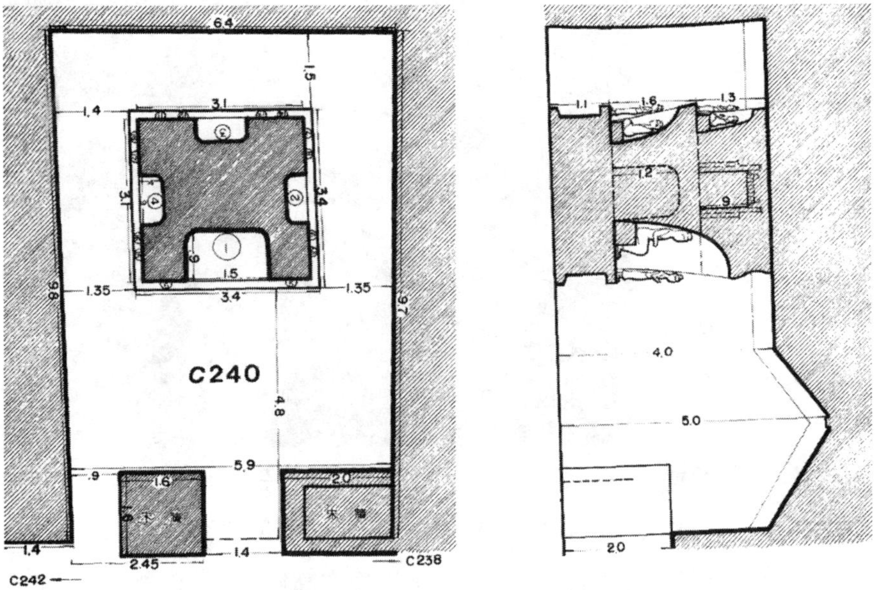

图 5-18 莫高窟第 260 窟洞窟平面、剖面图

此窟前部为人字披顶，椽间画莲花、忍冬及供养菩萨等。后部为平棋顶，饰飞天、莲花图案。中心塔柱东向面开一圆券形大龛，龛内主尊为倚坐佛像，高 1.64 米，穿偏右袒式袈裟，内着僧祇支，袈裟的衣纹线为阶梯形，龛外两侧塑胁侍菩萨。龛楣两侧满贴影塑胡跪的供养菩萨及莲花化生。中心塔柱南、北向面上层阙形龛内塑交脚菩萨像，西向面上、下两侧和南、北向面下层内塑结跏趺坐苦修和禅定等像，龛外两侧各塑胁侍菩萨。四壁上部画天宫伎乐，中层画千佛，下层画药叉，南北两壁前部、后部及西壁中部的千佛中分别画降魔变和说法图（图 5-19）。

图 5-19 莫高窟第 260 窟洞窟内景

第 263 窟

北魏窟，位于洞窟崖面南区中段第三层，第 260 窟以北并与之相邻（图 5–17）。洞窟前部人字披顶，后部平棋顶，后部中央有中心塔柱，塔柱东向面开一龛，南北两壁人字披下方各开一龛，龛内塑像（图 5–20）。

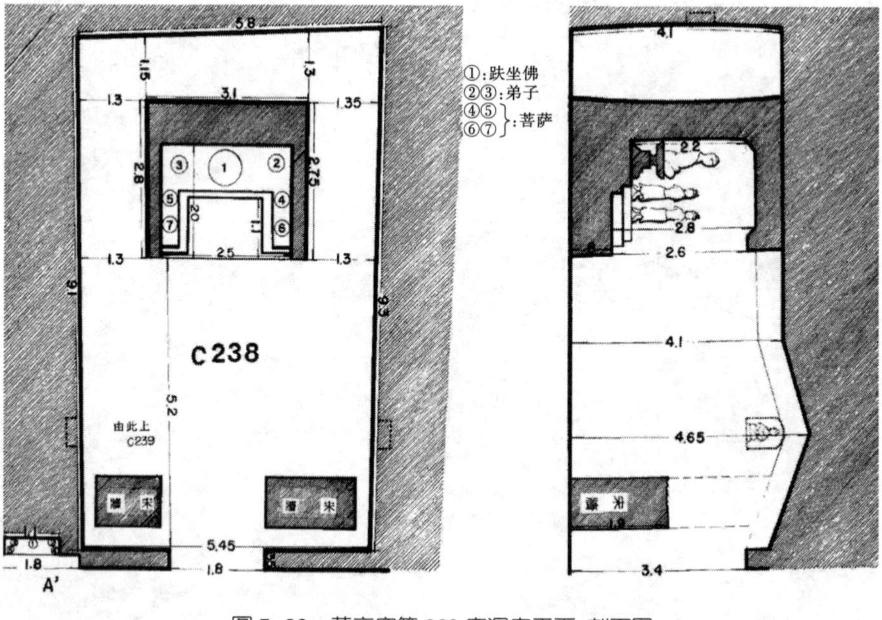

图 5–20　莫高窟第 263 窟洞窟平面、剖面图

此窟原为北魏窟，经沙州回鹘至西夏时期重修。原为中心塔柱窟，西夏时缩小了窟门，东壁与人字披顶东披被土坯墙封闭，19 世纪末，西夏所砌土墙坍塌，露出了底层的北魏壁画。1942 年，剥离表层壁画数处，西壁上端中部剥出底层圆券形龛，龛内北魏塑禅定佛一身，龛下剥出北魏壁画白衣佛说法图一铺。南壁东端人字披下剥出北魏塑禅定佛一龛，龛下剥出北魏画降魔变一铺；南壁东端上存北魏画天宫伎乐、千佛及十五身供养人；下存五代画供养人两身（图 5–21）；此壁后部又剥出北魏画三立佛说法一铺。北壁东端人字披下剥出北魏塑禅定佛一龛；龛下剥出北

魏画鹿野苑说法图一铺，东端存北魏画天宫伎乐、千佛及四身供养比丘，下绘五代男供养人两身，此壁后部还剥出北魏画说法图一铺。原东壁保存北魏画三身天宫伎乐、部分千佛、十身供养比丘，下绘五代男供养人九身。第 263 窟这批新剥出的北魏壁画，对了解这一时期壁画、塑像色调的原貌及其变色的过程和原因都具有重要意义。

图 5–21　莫高窟第 263 窟南壁前部剥出的北魏壁画

三、敦煌西魏时期的代表洞窟

第 248 窟

西魏窟，位于洞窟崖面中段第二层，与西魏第 249 窟相邻（图 5-22）。此窟是东魏和西魏分立前后的产物，为东阳王元荣掌瓜州（今敦煌）时期开凿。洞窟为前部人字披顶，后部平棋顶，后部中央有中心塔柱，塔柱四面各开一龛（图 5-23）。

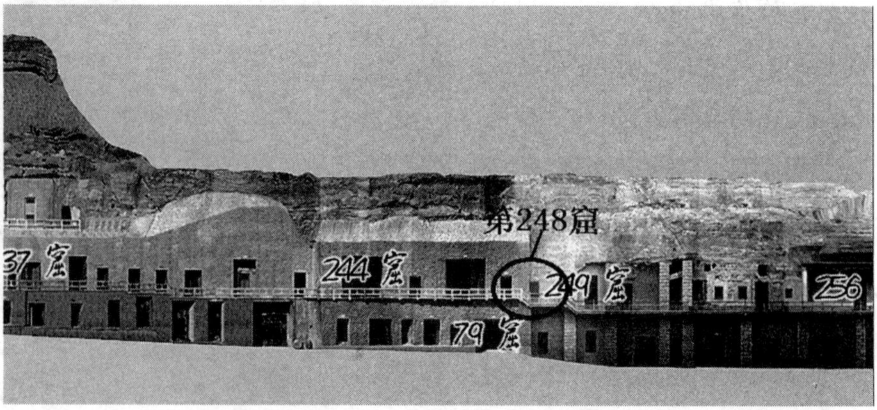

图 5-22 莫高窟第 248 窟崖面位置图

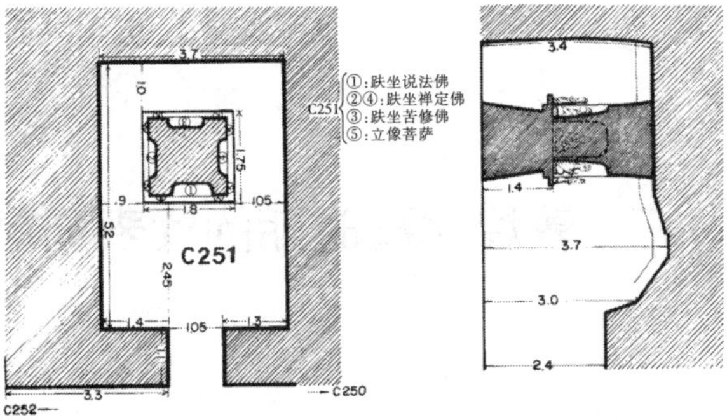

图5-23　莫高窟第248窟洞窟平面、剖面图

此窟中心塔柱四面各开一龛，分别塑造佛说法、禅定、苦修、成道等内容的四铺塑像，每铺三身，佛居龛内，二胁侍菩萨分立龛外两侧。东向面龛内塑结跏趺说法佛一身，佛像头微俯，广额癯颌，神情端庄，若有所思，头顶有波纹肉髻，右手举起施无畏印，左手已残，结跏趺坐于莲座上，着通肩式袈裟，密集的阴线衣纹随肢体起伏变化，富有装饰性，有薄纱透体感。龛外两侧各塑菩萨一身，眉目娟秀，额角高广，细目薄唇，下颌浅小，神情恬淡，显得娇小稚气。此铺彩塑和龛、壁结合为一体，主体造像佛和菩萨为紧贴壁面的高浮雕，头部为模制加工后安装在躯体上的。西向双树龛内塑苦修释迦，面颊清癯，沉思苦想，身体羸弱，颈部干瘦，透过袈裟肋骨隐隐可见，这是苦修像中的代表作品。塔柱南北两面各塑禅定佛一身，各有菩萨塑像侍立两侧。塔柱四壁贴有浮塑供养菩萨，现多脱落残毁，唯东向面龛上完整地保存着浮塑飞天一身，飘带上扬，裙裾徐落，胡跪捧花于莲花上，表现了“从天而降”的瞬间动态（图5-24）。

图5-24　莫高窟第248窟洞窟内景

东、南、西、北四壁上端画天宫伎乐环绕全窟。“天宫”有两种：一种为两披起脊的汉式建筑，另一种为圆券龛形建筑，每一宫中各有演奏伎乐一人。南北两壁前段人字披下画大幅说法图，后段画千佛，下端画金刚力士，四壁相连，西壁画千佛。

第435窟

西魏窟，位于洞窟崖面中段第三层，位于第428窟以南（图5–25）。此窟前部人字披顶，后部平棋顶，后部中央有中心塔柱，塔柱东向面开一龛，塔柱南、西、北三面上下各开一层龛，龛内塑像（图5–26）。

图5–25　莫高窟第435窟崖面位置图

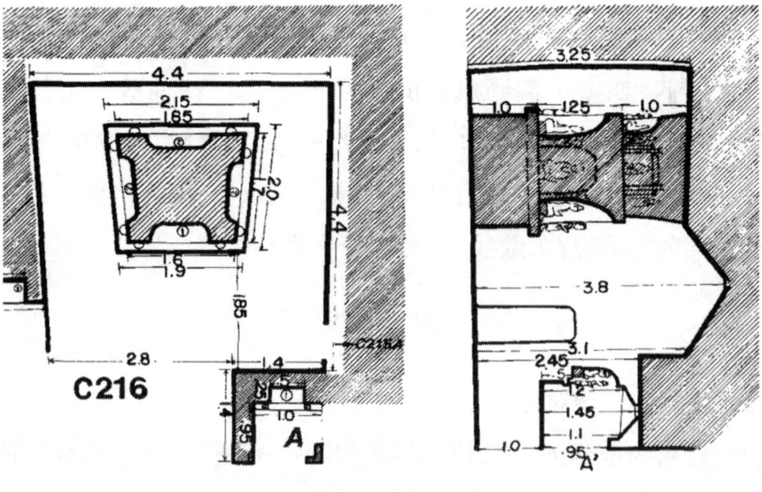

图5–26　莫高窟第435窟洞窟平面、剖面图

图 5-27 莫高窟第 435 窟洞窟内景

此窟较小，南壁前部已塌毁，因而与隋代的小窟第 346 窟相连。中心塔柱位置靠前，东向面直接与人字披顶相连接。东向面龛内塑倚坐佛说法像，龛外两侧塑二力士像，化生龛楣上方有浮塑禅定佛、二胁侍菩萨、二飞天、三供养菩萨，其余均残毁。龛沿上原绘西魏供养人，下绘五代重修供养人。中心柱南北向面均作双层龛，上为阙形龛，内塑交脚弥勒菩萨；下层为圆券形龛，内塑禅定佛，两侧均塑胁侍菩萨，共计八身。西向面上层龛内塑禅定佛，下层圆券形龛内原塑苦修像，上下两龛内均塑有胁侍菩萨，共四身。中心柱四面上端原有影塑供养菩萨，存留者极少。四壁上有天宫伎乐环绕全窟。南北两壁人字披下各画说法图一铺，均残毁不全。南北两壁后段与西壁均画千佛，西壁正中画白衣说法佛一铺。四壁下端画成列的金刚力士，扭臂跳跃于山岳间（图 5-27）。由于绘塑色彩饱满鲜亮，青、绿、赭、白清晰触目，洞窟别具一格。洞窟四壁画千佛，西壁中央绘白衣佛，周围绘千佛；南北两壁中央为说法图一铺，其余为千佛；东壁残，存有部分千佛和天宫伎乐。

第 431 窟

西魏窟，位于洞窟崖面南区中段第三层，与著名的第 428 窟相邻（图 5-28）。此窟为前部人字披顶，后部平棋顶，有中心塔柱，塔柱东向面开一龛，塔柱南、西、北三向面上下两层各开一龛，东壁门上开一龛。窟前有

图 5-28　莫高窟第 431 窟崖面位置图

北宋修建的木构件一座。初唐时对此窟进行了重修。

此窟中心塔柱的座基升高，是初唐将洞窟底下挖所致。塔柱东向面龛内为佛说法像，龛外两侧塑胁侍菩萨，龛楣上方画供养菩萨。塔柱其余三面上下两层龛内均塑禅定像，龛外塑二胁侍菩萨。其中南向面上层龛外两侧分别画了乘象入胎和夜半逾城佛传故事画，这是迄今所见同类题材的最早作品。主室四壁为北魏、唐贞观年间和宋代壁画，东壁门上有北魏晚期圆券形龛，龛内塑交脚菩萨像(图 5-29)。

图 5-29　莫高窟第 431 窟洞窟内景

此窟四壁上方为西魏壁画，西壁上方为天宫伎乐，中部中央画白衣佛，周围为千佛；南壁中部中央为佛说法图，周围是千佛；北壁中部中央为佛说法图，周围是千佛；东壁门上一圆券形龛内塑交脚菩萨像一身，中部为千佛。

初唐时洞窟地面被下挖，沿窟一周的药叉被覆盖，现在

西壁北端的药叉已露出来一身，初唐时期把新形成的空间重新画成壁画。四壁的下方为初唐重修时所绘壁画，北壁为观无量寿经变未生怨，下方画男供养人；西壁为观无量寿经变十六观，下方画男、女供养人各一排；北壁画观无量寿经九品往生，下方画女供养人行列；东壁门南北两侧初唐绘四大天王各两身。

第 288 窟

西魏窟，位于洞窟崖面南区第二层，其南侧是第 285 窟（图 5–30）。洞窟主室前部为人字披顶，后部为平棋顶，中央有中心塔柱。塔柱东向面开一大龛，龛内塑倚坐像，高 1.03 米。龛外两侧塑褒衣博带的胁侍菩萨，左右分别高 0.96 米、0.91 米。龛楣上贴影塑千佛，龛下座上画药叉。塔柱南、西、北三面开上下双层圆券形龛，南向面上层龛内塑禅定像，下层塑苦修像；北向面两层龛内均塑禅定像，西向面上层龛内塑说法像，下层塑禅定像，龛外两侧均塑胁侍菩萨，大多已残损。主室四壁大体保持上、中、下三层的格局，上部画天宫伎乐，中部画千佛，下部为三角垂纹带。南北两壁前部画大型说法图，后部千佛中间为小型说法图；东壁千佛下画供养比丘和供养人等。其中南壁前部的说法图和东壁南侧的供养比丘和世俗供养人像极具特点（图 5–31）。

图 5–30　莫高窟第 288 窟崖面位置图

图 5-31　莫高窟第 288 窟洞窟内景

第 249 窟

西魏窟，位于洞窟崖面南区中段第二层，其北侧是北魏洞窟第 251、254 窟（图 5–32）。洞窟形制为覆斗形顶，西壁开一龛的殿堂窟（图 5–33）。段文杰对第 249 窟的内容及艺术进行了介绍和研究。①而此窟的研究主要体现在对洞窟窟顶图像的定名与研究上。②

第 249 窟西壁居中开一圆券形大龛，龛身较低。龛内塑倚坐像一身，高 2.4 米，内着斜领僧祇支、交领大袖襦，外罩对襟红色袈裟，胸前系小结，手残，背后绘火焰背光，龛内南北两壁及龛顶两侧各画供养菩萨十二身、飞天二身及婆薮仙和鹿头梵志。龛楣画忍冬、伎乐化生和禽鸟，上面

图 5–32　莫高窟第 249 窟崖面位置图

①段文杰《略论莫高窟第 249 窟壁画内容和艺术》，《敦煌研究》创刊号，1983 年。

②孙作云《敦煌画中的神怪画》，《考古》1960 年第 6 期。段文杰《道教题材是如何进入佛教石窟的——莫高窟 249 窟窟顶壁画内容探讨》，敦煌文物研究所编《1983 年全国敦煌学术讨论会文集·石窟艺术编上》，兰州：甘肃人民出版社，1985 年。史苇湘《敦煌佛教艺术产生的历史依据》，《敦煌研究》1981 年试刊第 1 期。宁强《上士登仙图与维摩诘经变——莫高窟第 249 窟窟顶壁画再探》，《敦煌研究》1990 年第 1 期。李凇《莫高窟第 249 窟窟顶图像新解》，敦煌研究院编《1994 年敦煌学国际研讨会文集——纪念敦煌研究院成立 50 周年》（石窟考古卷），兰州：甘肃民族出版社，2000 年。刘永增《莫高窟第 249 窟天井画内容新释》，敦煌研究院编《2000 年敦煌学国际学术讨论会文集——纪念敦煌藏经洞发现暨敦煌学百年》，兰州：甘肃民族出版社，2003 年。贺世哲《敦煌图像研究——十六国北朝卷》，兰州：甘肃教育出版社，2006 年。张元林《净土思想与仙界思想的合流——关于莫高窟第 249 窟窟顶西披壁画定名的再思考》，《敦煌研究》2003 年第 4 期。

为洞窟西披。龛外两侧画供养菩萨和飞天，上方为天宫伎乐和天宫栏墙。龛外两侧胁侍菩萨塑像均已不存，留下塑像的痕迹。现存背靠南北两壁西端的二身菩萨塑像，颈系项圈，上身斜披络腋，下着长裙，一手拈花贴胸，一手下垂，足踏莲花。塑像经过后代重修，原貌改变(图 5–34)。

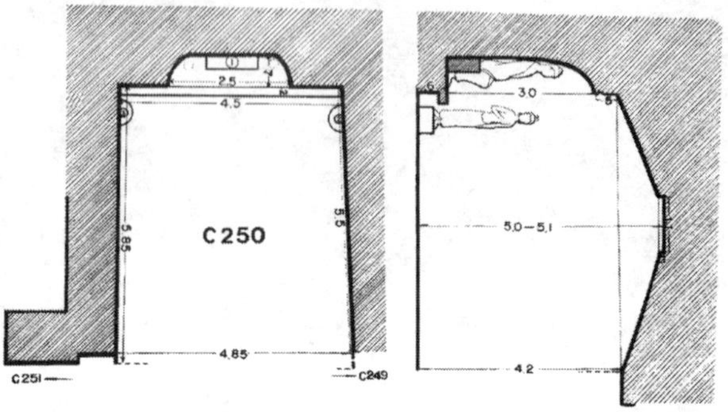

图 5–33　莫高窟第 249 窟洞窟平面、剖面图

窟顶正中藻井绘垂莲、火焰、忍冬、莲花纹。四披内容极具特点，西披中间画阿修罗王，赤身，四目四臂，形体高大，脚立大海中，海水不过膝部，双手擎日月，双龙护卫。身后为须弥山，山上为忉利天宫，是佛教三十三天天主帝释天的居处。须弥山两侧画雷公、础电、乌获、雨神、飞天、朱雀、金翅鸟王等内容，颇有雷电交加、风雨并至之势。大海两侧有仙人在宫殿里修行、羽人奔波、鹿和猕猴饮水觅食等内容(图 5–35)。

图 5–34　莫高窟第 249 窟西壁塑像与壁画

图 5-35 莫高窟第 249 窟窟顶西披壁画

东披画摩尼宝珠等图像。此窟东壁坍塌，窟顶东披西部也已经残损。上部中间画二力士承托摩尼宝珠，飞天左右护持，朱雀和孔雀相对飞翔。力士以下为胡人与乌获现百戏，胡人倒立，高鼻大眼，乌获兽头、人身、鸟爪。胡人北侧是做龟蛇相交的玄武，为四神之一，即我国古代传说中守护北方的神。乌获南侧是我国古代神话中的天兽“开明”。这样的形象，窟顶东、南、北三披均有，北披的十三首，南披的十一首，东披的九首。开明前有一猿猴，蹲于树上，做眺望状，十分生动（图 5-36）。

图 5-36 莫高窟第 249 窟窟顶东披壁画

北披中央画东王公(帝释天)。中部东王公(帝释天)已经残毁,仅存下部的四龙引车、文鳐飞跃等。龙车后有乌获、羽人、乘龙持节的方士和禺强、飞廉、开明神兽等。在龙车下方,有生动的狩猎场面:猎人深山跃马,反身张弓,箭射猛虎,右方猎人跨马疾驰,手举标枪,追逐奔逃的一群黄羊。山峦树林里有野兽出没(图 5-37)。

南披中央画西王母(帝释天妃)。中部西王母(帝释天妃)乘凤车出行,西王母头梳高髻,身穿大袖长袍,乘坐凤车,车上有华盖,车后旌旗飘动,前后有乘鸾凤持节的方士和飞天做引导和随从,凤车下方白虎驰骋,又有乌获和巨人在前面奔跑,车后有开明神兽尾随。下部表现了野牛、黄羊等各种动物在山林间活动(图 5-38)。

图 5-37　莫高窟第 249 窟窟顶北披壁画

图 5-38　莫高窟第 249 窟窟顶南披壁画

图 5-39　莫高窟第 249 窟北壁壁画

南北两壁上段有绕窟一周的天宫伎乐，上段下部画千佛，中央画说法图和供养人行列，下方画金刚力士(图 5-39)。

此窟彩塑、壁画的人物造型和表现技法为两种风格的混合：一种人物造型、服饰、晕染、线描、底色、色彩等特征继承北魏艺术遗风，但菩萨身材修长，面部清秀；另一种人物身材修长，面目清秀，褒衣博带式服饰，线描运笔疾速洒脱。

第 285 窟

西魏窟，位于洞窟南区中段第二层(图 5-40)，是敦煌石窟北朝时期最具艺术特点与文化气息的洞窟之一，也是北朝时期唯一存有确切纪年的洞窟，开凿于西魏大统四年至五年前后。

图 5-40　莫高窟第 285 窟崖面位置图

关于第285窟的研究，宿白从洞窟形式、龛内塑像、龛顶壁画、窟内壁画年代、分期以及与之相连的洞窟等六个方面对第285窟进行了较为全面的研究。[①]在敦煌石窟北朝洞窟的分期研究中，第285窟是重要的标尺性洞窟。[②]段文杰则对第285窟的艺术特色及艺术风格进行了研究。[③]贺世哲认为该窟为东阳王窟，[④]并对窟内的宝应声菩萨与宝吉祥菩萨、窟顶天象图、西壁内容、北壁八佛等内容进行了考证与研究。[⑤]马德在此基础上进一步认为此窟的实际营造者为敦煌的阴氏家族。[⑥]须藤弘敏首先对禅定比丘像的分布进行了考察，重点对第285窟西壁龛内及窟顶的禅定像进行了研究。[⑦]佐佐木律子对第285窟西壁的日天、月天等内容进行了重新解释。[⑧]张元林试图用法华思想来解释第285窟的主题思

---

①宿白《参观敦煌莫高窟第285号窟札记》，《文物参考资料》1956年第2期；另收入宿白《中国石窟寺研究》，北京：文物出版社，1996年。

②樊锦诗、马世长、关友惠《敦煌莫高窟北朝洞窟的分期》，敦煌文物研究所编《中国石窟·敦煌莫高窟》(一)，北京：文物出版社，1982年。

③段文杰《中西艺术的交汇点——论莫高窟第285窟》，段文杰编著《敦煌石窟艺术·莫高窟第285窟》，南京：江苏美术出版社，1995年。

④贺世哲《从供养人题记看莫高窟部分洞窟的营建年代》，敦煌研究院编《敦煌莫高窟供养人题记》，北京：文物出版社，1986年。

⑤贺世哲《关于第285窟之宝应声菩萨与宝吉祥菩萨》，《敦煌研究》1985年第3期；《莫高窟第285窟窟顶天象图考论》，《敦煌研究》1987年第2期；《敦煌莫高窟第285窟西壁内容考释》，段文杰主编《1987年敦煌石窟研究国际讨论会文集·石窟考古编》，沈阳：辽宁美术出版社，1990年；《莫高窟第285窟北壁八佛考释》，敦煌研究院编《1990年敦煌学国际讨论会文集·石窟考古编》，沈阳：辽宁美术出版社，1995年；《石室札记——重新解读莫高窟第285窟北壁八佛》，《敦煌研究》2003年第1期。

⑥马德《敦煌莫高窟史研究》，兰州：甘肃教育出版社，1996年。

⑦[日]须藤弘敏《禅定比丘图像と敦煌第二八五窟》，《佛教艺术》第183号，1989年3月，第11—28页。该文中文见段文杰主编《1987年敦煌石窟研究国际讨论会文集·石窟考古编》，沈阳：辽宁美术出版社，1990年。

⑧[日]佐佐木律子《敦煌莫高窟第285窟西壁内容解释试论》，《美术史》第142期，1998年。

想。[1]田林启重点对第 285 窟窟顶天井壁画所反映的佛教世界观进行了讨论。[2]

对第 285 窟北壁说法图的研究，除了贺世哲对其内容进行考释之外，[3]张元林认为此窟北壁说法图是《法华经》佛身观形象的表现，[4]并进一步认为此窟的营建与粟特人有着莫大的关系。[5]还有对第 285 窟供养人服饰专门的研究。[6]

此窟为一禅窟，主室平面为方形，窟顶为覆斗形，中央设有低矮的方坛，西壁开凿有圆券形龛三个，一大两小；南北两壁各开对称的四个小禅室。

主室西壁中间龛内塑倚坐佛一身，两侧各有一身胁侍菩萨，塑像均头部残；两侧小龛内各塑结跏趺坐禅僧一身。西壁开三龛，中间大龛内塑主尊倚坐佛像，高 1.98 米，着褒衣博带式通肩袈裟，衣纹起棱，系用贴泥

---

①张元林《〈法华经〉佛性观的形象诠释——莫高窟第 285 窟南壁故事画的思想意涵》，《敦煌研究》2004 年第 6 期；《〈法华经〉佛身观的形象阐示——莫高窟第 285 窟北壁说法图新解》，敦煌研究院编《2004 年石窟国际学术会议论文集》（上），上海：上海古籍出版社，2006 年。张元林、张志海《敦煌北朝时期法华信仰中的无量寿佛信仰——以莫高窟第 285 窟无量寿佛说法图为例》，《敦煌研究》2007 年第 1 期。张元林《从莫高窟第 285 窟无量寿佛说法图看敦煌北朝时期法华信仰与"无量寿佛"信仰的关系》，郑炳林、樊锦诗、杨富学主编《敦煌佛教与禅宗学术讨论会文集》，西安：三秦出版社，2007 年。

②[日]田林启《敦煌莫高窟第 285 窟の佛教世界について——天井壁画を中心として》，《美术史》第 170 期，2011 年。

③贺世哲《莫高窟第 285 窟北壁八佛考释》，敦煌研究院编《1990 年敦煌学国际讨论会文集·石窟考古编》，沈阳：辽宁美术出版社，1995 年；《石室札记——重新解读莫高窟第 285 窟北壁八佛》，《敦煌研究》2003 年第 1 期。

④张元林《〈法华经〉佛身观的形象阐示——莫高窟第 285 窟北壁说法图新解》，敦煌研究院编《2004 年石窟国际学术会议论文集》（上），上海：上海古籍出版社，2006 年。

⑤张元林《粟特人与莫高窟第 285 窟的营建——粟特人及其艺术对敦煌艺术贡献》，云冈石窟研究院《2005 年云冈国际学术研讨会论文集·研究卷》，北京：文物出版社，2006 年。

⑥范婷婷《敦煌莫高窟西魏第 285 窟供养人像服饰研究》，东华大学 2007 年硕士学位论文。

条的方法作成，背光绘多层火焰纹。龛内两侧各塑一胁侍菩萨，两侧壁画供养菩萨上中下三层各十身，龛顶画飞天。龛楣外沿饰连续的忍冬纹，其状如火焰。龛楣中饰缠枝忍冬和莲花，莲花中画化生童子十一身，各执乐器，有横笛、腰鼓、琵琶、筚篥、排箫、法螺、曲颈琵琶等。大龛南北各开一小龛，内塑身着百衲衣的禅僧，身后为三角靠背。龛外壁面画诸天、菩萨、外道等形象，有日天、月天、诸星辰、供养菩萨、摩醯首罗天、毗瑟纽天、鸠摩罗天、毗那夜迦天、四天王天、婆数仙、神将等(图 5-41)。

北壁壁面上部紧接窟顶的垂帐纹下，画七铺说法图，是敦煌石窟最早的七佛说法图。每铺说法图高约 1 米，说法图下方都有供养人和发愿文，供养人排列采用男像行列与女像行列相对的排列方式。供养人下以天象纹边饰与下部的禅室的龛楣隔开，西端两个禅室的洞窟有元代增修

图 5-41　莫高窟第 285 窟洞窟内景

的佛塔。最下方为药叉形象(图 5-42)。

南壁壁面上沿垂帐纹下画飞天一列,共十二身。飞天下方为横幅五百强盗成佛因缘故事画,其西端是释迦、多宝二佛并坐说法图。下部四个禅室与北壁相对,龛楣装饰间穿插沙弥守戒自杀因缘、度恶牛因缘、化跋提长者姊因缘、婆罗门闻偈舍生本生故事画。最下方画药叉(图5-43)。

图 5-42　莫高窟第 285 窟北壁壁画

图 5-43　莫高窟第 285 窟南壁壁画

东壁门上画三佛，门左右各画无量寿说法图一铺，下方有发愿文和男女供养人画像，中段和禅室间隔画千佛、菩萨,下段画金刚力士像（图 5-44)。

窟顶中心画华盖式藻井,井心为莲花、火焰和忍冬纹等,四披为象征天地的宇宙。四披下部绕窟一周画山峦林木、飞禽走兽,山林间有草庐、禅僧等。

图 5-44　莫高窟第 285 窟东壁壁画

西披下部居中、西壁正龛楣饰上方，画化生童子，头顶大盆鲜花，两侧山峰林木之间有猕猴攀援。上部相对二飞天，飞天两侧画雷神连骨，下方为飞廉，再下方为飞天、朱雀和乘鸾仙女等内容（图 5-45）。北披上部中间鲜花两侧相对二飞天，下方有禺强、神鸟、雨神、礔电、飞廉、乌获、开明等诸神异（图 5-46）。南披上部中间为摩尼宝珠，两侧有二飞天相对扶持，其下有飞廉、羽人、朱雀、飞天、乌获及开明神兽等（图 5-47）。东披中间为二力士共举摩尼宝珠及开敷莲花。宝珠两侧画伏羲女娲，均人面蛇身，穿大袖衫，披长巾，手持规、矩，胸前圆轮中分别为三足乌或蟾蜍，象征日月。力士北侧为飞廉、开明，南侧为乌获、飞天。下部山

图 5-45　莫高窟第 285 窟西披壁画

图 5-46　莫高窟第 285 窟北披壁画

图 5-47　莫高窟第 285 窟南披壁画

岭间有射猎场面(图 5-48)。

窟内彩塑和壁画的人物造型和绘画技法体现了两种风格:一种是西壁壁画,底色为土红,菩萨等人物身体裸露较多,肌肤以凹凸法晕染,线条遒劲挺拔;另一种为窟顶和南、北、东壁壁画以及彩塑,人物均身材修长,相貌清瘦,眉目疏朗,面带笑容,神情潇洒,佛与菩萨穿汉式褒衣博带服装,人物面部使用中原传统的面颊涂红色的晕染法来表现立体感。

图 5-48 莫高窟第 285 窟东披壁画

四、敦煌北周时期的代表洞窟

第 432 窟

北周窟，位于洞窟崖面南区中段第三层，第 428 窟的南面，与第 431 窟相邻。此窟前部人字披顶，后部平棋顶。中央的中心塔柱、窟内随笔、窟顶及中心塔柱座均经五代、西夏重绘。塔柱东向面开一大型圆券形龛，塑一佛二菩萨，佛为倚坐佛像，头部为高肉髻，面相丰满，面部经过重修，大耳垂肩，脖颈细短，内着僧祇支，穿红色双领下垂式袈裟，袈裟衣摆搭左臂，胸前系带束小结，手结说法印，经过后代重修，衣摆层次重叠，整体感觉厚重、敦实。外两身胁侍菩萨立像，体态微倾斜，面相略丰满，一手贴胸，一手下垂，头戴高冠，耳饰垂肩，上身半裸，腰围长裙，一条披巾于腹前交叉打结，又上搭素臂而垂下，一条披巾搭肩绕肘下垂。佛和菩萨的衣裙装饰为层层错落的阶梯式衣纹，衣摆重叠。塔柱南、西、北三面各开上下两层龛，均塑禅定像。上层为一佛四菩萨，下层为一佛二菩萨（图 5-49）。龛外两侧为胁侍菩萨，火焰纹背光。龛楣为化生图案，上部影塑供养菩萨，色彩绚烂华丽，富有变化，格调统一和谐，在暖色调中衬托出

图 5-49 莫高窟第 432 窟内景

素面淡妆的塑像，明快而鲜亮。此窟经西夏重修较多。

第 438 窟

北周窟，此窟为覆斗藻井顶，平面方形，窟前部已经塌毁。西壁开一龛，龛内塑倚坐像，龛外两侧塑胁侍菩萨各一身。彩塑的造型风格与之前的洞窟迥异，身长腿短的特征比较明显。其中右胁侍菩萨是北周彩塑的代表作品。西壁龛内画供养菩萨、弟子和飞天，龛外画供养菩萨和飞天。南北两壁画千佛，下部绘供养人、药叉；除千佛外，大多已经褪色、漫漶。窟顶画故事画，多已漫漶（图 5-50）。

第 428 窟

图 5-50 莫高窟第 438 窟西壁内景

北周窟，位于莫高窟崖面南区第三层，与隋代的第 427 窟相邻（图 5-51）。第 428 窟的研究，最早施萍婷对建平公于义的生平事迹进行了考证，并推测第 428

图 5-51　莫高窟第 428 窟崖面位置图

窟为建平公窟。[①]之后施萍婷、贺世哲对第 428 窟的洞窟内容进行了研究。[②]范泉还对此窟的供养人像进行了调查与研究。[③]

此窟是敦煌早期最大的中心塔柱窟，宽达 10.8 米，进深 13.75 米，保存完整。形制与北魏第 254、257 以及西魏第 248 等窟大体相同。主室窟顶前部人字披顶，后部平棊顶，后部中央有中心塔柱。塔柱四面各开一圆券形龛，龛内主尊佛像结跏趺坐，两侧二弟子，佛背光为火焰纹，两侧画供养菩萨和飞天，龛外两侧塑胁侍菩萨各一身，塔柱四面坛沿画供养人，塔座画药叉。主尊面相丰圆，头大，服装为褒衣博带（图 5-52）。

图 5-52　莫高窟第 428 窟洞窟全景

①施萍婷《建平公与莫高窟》，敦煌文物研究所《敦煌研究文集》，兰州：甘肃人民出版社，1982 年。

②施萍婷、贺世哲《近承中原，远接西域——莫高窟第四二八窟研究》，敦煌研究院编《敦煌石窟艺术·莫高窟第四二八窟（北周）》，南京：江苏美术出版社，1998 年。

③范泉《周武灭法与敦煌北周石窟营造的关系——以莫高窟第 428 窟供养人图像为中心》，《敦煌学辑刊》2008 年第 4 期。

图 5-53 莫高窟第 428 窟南壁壁画局部

四壁布局分为上、中、下三部分，上部帖影塑千佛，中部大幅壁画，下方为供养人画像和三角垂纹带。南壁人字披下为佛说法图一铺，通壁上部为影塑千佛，中部壁画从东向西分别画结跏趺坐佛说法图、卢舍那佛、结跏趺坐佛说法图、经行佛、结跏趺坐佛说法图等内容，下方画供养比丘和供养人三排，共计二百四十八身，下方画三角垂幔(图 5-53)。西壁上方为影塑千佛，中部从南至北分别画说法图，金刚宝座塔，说法图，涅槃经变，释迦、多宝二佛并坐说法等内容，下方画供养人三排，共三百二十六身，下方垂幔模糊。北壁布局与南壁相同，前部人字披下画说法图，通壁上方为影塑千佛，中间从东至西分别画结跏趺坐佛说法图、降魔变、说法图、行经佛、行经佛等内容，下方画供养比丘和供养人三百二十三身，下方画垂幔(图 5-54)。东壁上方和西壁

图 5-54 莫高窟第 428 窟北壁壁画局部

相同，中间门南画萨埵太子本身故事画，门北画须达拏太子本生故事画。

第 290 窟

北周窟，位于洞窟崖面南区中段第二层，其南侧是西魏的第 285 窟（图 5–55）。

图 5–55　莫高窟第 290、296 窟崖面位置图

此窟的研究有樊锦诗、马世长对洞窟窟顶佛传故事画进行了考证与研究，[①]贺世哲对此窟涉及的瑞应思想进行了研究，[②]李茹还对此窟的内容及与李贤的关系等问题进行了研究。[③]

此窟窟形仍属中心塔柱式，前部人字披，后部平棋顶，中央有中心塔柱，塔柱四面各开一龛。这种窟形与西魏时期不同，前部人字披顶没有影作的仿木结构，而是像在墙面上一样，绘制出大面积的佛传故事画（图 5–56）。

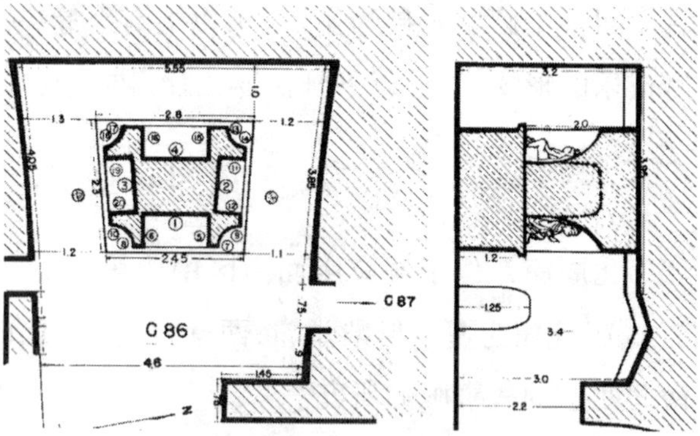

图 5–56　莫高窟第 290 窟洞窟平面、剖面图

塔柱四面各开一

①樊锦诗、马世长《莫高窟第 290 窟佛传故事画》，《敦煌研究》创刊号，1983 年。
②贺世哲《莫高窟第 290 窟佛传画中的瑞应思想研究》，《敦煌研究》1997 年第 1 期。
③李茹《李贤与李贤窟研究》，兰州大学 2007 年硕士学位论文。

图 5–57　莫高窟第 290 窟中心塔柱东向面内景

圆券形龛。东向面龛内塑倚坐佛，左右塑二弟子，龛外两侧塑二菩萨，龛楣两侧二十六身影塑千佛已全部脱落(图 5–57)。塔柱南、西、北三面龛内外布局基本相同，南向面塑一佛二弟子二菩萨，西向面塑一交脚菩萨四胁侍菩萨，北向面塑一佛二弟子二菩萨。中心塔柱东向面佛像为倚坐像，头部高圆肉髻，波浪纹，面部丰满，双眼下垂，面带微笑，双耳垂肩，脖子细短，穿双领下垂式袈裟，内着宽边僧祇支，袈裟衣摆搭左臂，衣摆层次重叠，手部残，整体感觉头大腿短，褒衣博带，但衣服厚重，两侧分别塑一弟子一菩萨。

四壁壁画以千佛为主，千佛以上有绕窟一周的伎乐飞天，代替了天宫伎乐的形式，千佛以下画供养比丘、供养人行列和药叉。

第 296 窟

北周窟，位于洞窟崖面南区中段第二层，其南侧是第 290 窟（图 5–55）。此窟为覆斗形殿堂窟，西壁开龛。此窟的研究主要是对窟顶以及南北两壁的故事画的研究。①

①史苇湘《敦煌莫高窟中的〈福田经变〉壁画》，《文物》1980 年第 9 期；《微妙比丘尼变初探》，《敦煌学辑刊》第一辑，1980 年。孙修身《敦煌莫高窟第 296 窟〈须阇提故事〉的研究》，《敦煌研究》1992 年第 1 期。蔡伟堂《敦煌莫高窟〈五百强盗成佛图〉研究》，敦煌研究院编《段文杰敦煌研究五十年纪念文集》，北京：世界图书出版公司，1996 年。

图 5-58　莫高窟第 296 窟西壁塑像与壁画

图 5-59　莫高窟第 296 窟窟顶壁画

西壁正中开一大龛，龛内塑倚坐佛像，左右二弟子均经清代重修，已失原貌。背光为千佛和火焰纹，两侧画弟子、飞天以及外道形象。龛外南北两侧各塑胁侍菩萨一身。上方近窟顶处分别画东王公（帝释天）、西王母（帝释天妃），在大体为矩形的较小幅面内进行构图，内容与西魏第 249 窟所见相仿（图 5–58）。

窟顶中央斗四藻井作华盖式，井心饰水池莲花，四角画飞天，外层垂幔装饰四披。藻井外围由忍冬、莲花、禽鸟、宝珠、宝瓶等图案组成。外围是千佛，千佛以下为环绕窟顶的主题故事画，有微妙比丘尼因缘故事画、善事太子本生故事画和福田经变。故事画以下是飞天，一般画在壁面上方的天宫栏墙建筑内，在此窟中将其移到了窟顶，同下边的垂幔结合在一起，作为分隔壁面与顶部的装饰（图 5–59）。

南北两壁上方画千佛，下方上部画故事画，南壁为五百强盗成佛因缘故事画，北壁为须阇提太子本生故事画，下部为药叉（图 5–60）。东壁上方画千佛，下方画供养人和药叉。

图 5-60　莫高窟第 296 窟南壁壁画

五、敦煌隋代的代表洞窟

第 302 窟

此窟修建于隋初，洞窟形制为中心塔柱窟，塔柱呈须弥山状，主室平面略带长方形，窟顶前部为人字披，后部为平棋，塔柱有圆形七级倒塔，每级塔身原贴有影塑千佛，现已剥落殆尽。最下一级塑出仰莲，并有四龙环绕（图 5-61）。塔座呈方形，分上下两层，上层四面开龛，内塑一佛二菩萨或一佛二弟子塑像；下层有重层壁画，表层壁画为宋代绘制而成，其中中心塔柱底座北向面下层的壁画暴露出了隋代供养人及发愿文，隐约可见“开皇四年六月十一日”等字迹，得知第 302 窟开凿于开皇四年（584）左右，因此又称为“开皇四年窟”。四壁

图 5-61　莫高窟第 302 窟洞窟内景

图 5-62　莫高窟第 302 窟窟顶壁画局部

壁画以土红色为底色，气氛热烈，内容分上、中、下三段：上段绕窟一周画天宫伎乐、天宫栏墙以及垂幔；中段以千佛为主体，千佛中央绘一铺或两铺说法图；下段壁画被宋代壁画覆盖，现保存有宋代的比丘、比丘尼和男女供养人等多身。第 302 窟故事画被转移到了洞窟窟顶人字披上，东披分上下两排，构图方式均是横卷式，上排画快目王施眼、月光王施头等八种依据《贤愚经》绘制的本生故事，下排画睒子本生故事。西披也分上下两排，构图方式与东披相同，上排画萨埵太子舍身饲虎本生，下排画福田经变（图 5-62）。故事画的具体内容在前章已经介绍过，这里不再赘述。

此窟的特点是：首先中心塔柱比较特别，为须弥山状，与北朝时期中心塔柱呈四方形的柱身形成了鲜明的对比，这种中心塔柱形制是敦煌石窟隋代艺术之特有，之后其他朝代再没有出现过。另外，为了清晰地表现窟顶故事的内容，画家将人字披的底色处理为白色，而四壁的底色为土红色，使之形成鲜明的对比，既突出了故事画的清晰、情节的生动，也反映出洞窟四壁佛像的庄重。

第 303 窟

第 303 无论是洞窟形制、彩塑、壁画均与第 302 窟基本相同，形制也是中心塔柱窟，塔柱呈须弥山状（图 5-63）。不同之处首先是窟顶东、西

披本来应该画故事画的内容，却画成了法华经变的观音普门品，东披画救诸苦难，西披画三十三身（第四章已经详细介绍）。其次，洞窟四壁虽然也表现千佛，但是千佛中间的说法图内容较为丰富，其中北壁有一铺释迦、多宝二佛并坐说法图颇具特色，也是其他洞窟中相同位置中没有出现的壁画题材。最后，第 303 窟最大的一个特点是供养人保存较好。不仅绘制了身披翻领大衣、穿着雍容华贵、

图 5-63　莫高窟第 303 窟洞窟内景

右手持羽扇的这位身份较高的供养人，而且也绘制了他的侍从，身份较高的有比丘、比丘尼、世俗男女供养人，较低的有车夫、马夫等随行人员，还绘制了牛车、马车、拉车的牛马等交通工具，以及大山、树林、泉水、溪流和山林中的野兽等，不仅反映出开窟的主人们生活的状态以及所处的生活环境，同时也进一步反映出那些身处社会底层的人们的生存状态，也进一步向我们展示了隋代敦煌不同阶级、阶层礼佛的场景。

第 305 窟

第 305 窟建于隋初，位于莫高窟南区中段第二层，南侧是第 303 窟，其正上方第三层是第 427 窟（图 5-64）。洞窟主室平面呈正方形，洞窟正中央设有一个方坛，坛上塑一佛二弟子二菩萨一铺五身，主室南、西、北

图 5-64 莫高窟第 305、427 窟崖面位置图

三壁开龛。此中心佛坛及坛上塑像的布局，开敦煌石窟中心佛坛窟之先河。之后，中心佛坛窟特别是背屏式中心佛坛窟在晚唐、五代、宋时期的敦煌莫高窟非常流行，几乎成为敦煌世家大族修建家庙窟的一种定式。可惜第 305 窟没有保留下来原塑，中心佛坛上现存的塑像为清代重塑。洞窟窟顶为覆斗形，藻井为华盖式，莲花井心，抹角画飞天，四角垂流苏，表现出了中原传统艺术的明显特征；窟顶东西两披画摩尼宝珠和表现飞天和飞行的比丘一齐涌向中间的莲花火焰宝珠；南北两披分别画东王公（帝释天）乘龙车、西王母（帝释天妃）乘凤车，车上张伞盖，车后旌旗飘飘，车旁画一大鲸鲵，车前以羽人作为引导，同时用飞行的比丘代替了北朝时期的仙人引导。整个窟顶天花如雨，流云飞动，飞天、比丘翱翔其间，龙凤驾车风驰电掣，艺术感染力极强。在隋代诸窟中，东王公（帝释天）、西王母（帝释天妃）以此窟的图像为代表。四壁画千佛，西、南、北壁中部各开一圆券形龛，存有隋塑一佛及清代塑二弟子二菩萨塑像。四壁下部绘隋代供养人及三角垂帐纹。北壁龛下有“开皇五年正月”的发愿文残迹，故又称此窟为“开皇五年窟”。

第 412 窟

根据分期排年，第 412 窟开凿于隋代第二期。位于洞窟崖面第三层，其下方第二层是第 320 窟（图 5-65）。洞窟窟顶呈方形覆斗状，西壁开一

龛，双层龛口，洞窟平面呈“凸”字形，龛内塑像，洞窟壁画残毁严重，南北两壁各塑一菩萨立像。此窟最有特点的当属西壁龛内的塑像，第412窟龛内塑有一佛十弟

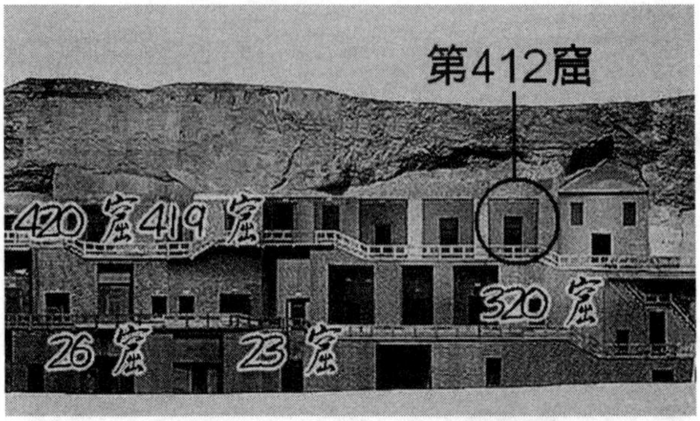

图 5-65　莫高窟第 412 窟崖面位置图

子二菩萨的塑像组合。一般的洞窟之中，特别是到了唐代的洞窟之中，也表现十大弟子，表现方式是佛左右两侧用彩塑的形式表现迦叶和阿难一老一少两弟子，其余弟子均用绘画的形式绘在西壁龛内，用绘塑结合的形式表现十大弟子听佛说法的场面，而第 412 窟是用雕塑的形式表现出了十大弟子，不仅如此，在南北两壁还塑出了两身菩萨像，这种用雕塑的形式表现出十大弟子的形式在敦煌石窟之中只有此窟。因此，第 412 窟在敦煌石窟之中也是独有的，同时也进一步体现出了隋代在石窟开凿方面是一个不断探索、不断创新的时代。

第 417 窟

位于莫高窟南区北侧第三层，其南侧是第 419 窟。洞窟形制为隋代常见的形式，窟顶前部为人字披顶，后部为平顶，西壁开龛的一龛窟。第 417 窟西壁龛外两侧画维摩诘变，左侧画文殊菩萨，右侧画维摩诘。龛内塑像为一佛二弟子二菩萨，佛为结跏趺坐，塑像头顶有肉髻，面相圆润，鼻梁笔直，小嘴薄唇，双肩平阔，腰肢微束，身穿双领下垂式袈裟，内着交领僧祇支，龛外两侧悬塑半结跏趺坐菩萨各一身，右侧（北侧）菩萨塑像体态苗条，头戴宝冠，肌肤细腻，侧头前视，面带笑意，上身穿无领短袖披巾，臂戴臂钏，坐于束腰莲花座上，右腿置于左膝上，右臂上举，右手托

图 5-66 莫高窟第 417 窟西壁龛内内景

腮，做思维状，左侧（南侧）菩萨与右侧相对，姿态与之相同，可惜手部残（图 5-66）。此铺塑像是敦煌石窟隋代洞窟彩塑的代表作品。值得注意的是此窟的壁画布局，西壁龛下的壁画比较模糊，但仔细观察还能分辨画面内容，龛下中间画三个法轮，下方左右两侧各画一只鹿相对而卧（比较模糊）。洞窟顶人字披前后两披均画故事画，东披前部画流水长者子救鱼故事，东披画萨埵太子本生和睒子本生，后部的平顶画药师经变和弥勒经变一铺。从洞窟龛内外内容来看，此龛是绘塑结合，表现的是佛在鹿野苑说法，而结合洞窟窟顶的这些故事画、经变画，整体表现出了此洞窟的一个思想，具体表现何种内容，还需要今后进一步的研究。

第 419 窟

位于南区北侧第三层，对面为莫高窟小牌坊入口。洞窟形制为前部人字披顶，后部平顶，西壁开一龛，是隋代石窟洞窟形制的一般样式。第 419 窟西壁所开一龛龛口为方形，龛内塑一佛二弟子二菩萨，中央主尊佛结跏趺坐，面相和形体丰满圆实，造像手法概括、洗练并带有夸张，右手扬掌说法，左手仰掌平放于左膝，头与两膝构成一个固定的三角形，身着田相袈裟，质感厚重，衣纹线为简化的阶梯式；二弟子塑像皆与主尊成 45 度侍立，右侧迦叶以成熟的老者面貌展现，胸前露出数条肋骨，坚毅且瘦朗，一手托钵，左侧阿难则俊美端严，温良恭俭而充满自信，手持的

莲花正要开放；二菩萨则是侧身恭敬向佛站立，均手持杨柳和净瓶，眼神专注，面带慈祥，二菩萨与二比丘的眼神交互回流，消融在主尊的正前方，与进入洞窟的礼拜供养者合二为一。弟子和菩萨像都堪称杰作，阿难显得聪明而有稚气，迦叶则表现为一个历经苦修的高僧，衰老消瘦而又通达爽朗，胁侍菩萨造型浑厚、结实，形象饱满，五官表现出了一种女性美。第419窟这铺彩塑不仅是敦煌石窟隋代雕塑的代表作，也是整个敦煌石窟雕塑的精品之作，比北朝时期的任何一个朝代都要讲究得多，也为唐代佛龛群像的成熟奠定了坚实的基础。龛内除了塑像之外，佛的背光为忍冬火焰纹，龛南北两侧各画三弟子，佛座两侧分别画婆薮仙和鹿头梵志，龛顶呈一面坡形，佛光两侧各画飞天三身，在天上飞舞散花，龛上塑出龛楣，画火焰莲花化生和摩尼宝珠，龙首龛梁，龛外两侧壁面上部画飞天和天宫栏墙，下方两侧画维摩诘经变问疾品，南侧画文殊菩萨，北侧画维摩诘，下方两侧各画三弟子三菩萨（图5-67）。

图5-67　莫高窟第419窟洞窟内景

此窟窟顶分为前后两部，前部人字披顶，后部平顶。前部人字披顶东披分为上下四排，上三排画须达拏太子本生，依据《太子须达拏经》绘制而成，下排画萨埵太子本生，依据《菩萨本生鬘论》《佛说菩萨投身饴饿虎起塔因缘经》或《金光明经·舍身品》等经绘制而成；西披分为三排，上两排画法华经变譬喻品，下排接

东披画萨埵太子本生。窟顶后部平顶画弥勒经变,中央弥勒菩萨在兜率天宫说法,左右两侧画坐龙车的帝释天(东王公)和坐凤车的帝释天妃(西王母),车辇外围飞天围绕飞行;左侧画菩萨摸顶受记图,右侧画半思维菩萨。

南、北、东壁壁画布局相同,上沿均画飞天和天宫栏墙,栏墙下有三角垂帐纹,壁面中间画千佛,千佛以下画供养人、药叉;南北两壁千佛中央各画说法图一铺,为一佛四比丘四菩萨,佛顶华盖庄严,宝树为背屏,整个洞窟色彩丰富,色调热烈。从北壁说法图主尊残留的榜题“北方相德佛”可知,说法图场景表现的是方位佛。

第420窟

位于南区北侧第三层, 与第419窟相邻。洞窟形制为覆斗形顶,是南、西、北三壁各开一龛的三龛窟。

洞窟西壁开圆券形龛,龛口略呈方形,作内外两层,龛内塑一佛二弟子四菩萨,佛结跏趺坐,右手扬掌说法,左手仰掌平放于左膝,身后有头光及背光,光圈内皆有化佛数身;左右两侧画弟子二身,右侧弟子迦叶是一个饱经岁月沧桑的老者形象,胸前数排肋骨裸露,身躯消瘦但健朗,左侧弟子阿难则被塑造成一个年轻俊美、恭敬虔诚的弟子形象;四菩萨塑像则是侧身恭敬向佛,或手持杨柳与净瓶,或持莲花苞与玉环,眼神专注,嘴角微微向上扬起,表现出了菩萨的宁静、喜悦之情。弟子和菩萨塑像体型结实,形象端严,比例匀称,尤其是菩萨像,面部造型轮廓分明,眉棱、鼻棱、颐棱转折清晰,个性鲜明。龛楣一莲花化生童子伎乐为装饰,外圈为联珠火焰纹装饰,内层龛内壁画共画弟子和菩萨各十二身,外层龛两侧分别画菩萨四身,菩萨姿态各异,或持扇、或持经、或供花、或持摩尼宝珠、或瞻仰佛容、或讨论法义,菩萨姿态各异,回首扬掌,姿态灵活,富于变化。龛外两侧各画弟子五身,四披四身,整个西壁合计绘塑佛、菩萨、

比丘群像共有五十七尊。龛外南北两侧画维摩诘经变，南侧画文殊菩萨，北侧画维摩诘，下段各画五弟子四菩萨，龛下为宋代重绘的壁画，内容为供养菩萨及供器（图 5–68）。

图 5–68 莫高窟第 420 窟洞窟内景

窟顶井心出现了新题材，为三耳三兔环绕追逐的图案，三兔被安排在一朵大莲花中央，莲花四周为仿木建筑，安插飞天灵兽等，井心外缘装饰有垂幔，四披画法华经变与涅槃经变，北披画法华经变序品和涅槃经变，西披画法华经变方便品和涅槃经变部分，南披画譬喻品，东披画观音普门品，序品中的灵鹫山、方便品中的鸟兽听法以及观音普门品中商人遇盗等画面均是敦煌石窟壁画的代表作品。

南壁中央开一方口龛，龛外沿画联珠螺旋纹，龛内塑一佛二菩萨，主尊佛结跏趺坐于金刚狮子座上，双手扬掌，身穿田相袈裟，身后有背光和头光，左右两侧胁侍菩萨，姿态恭敬，面向佛侍立，手持花苞与净瓶，眼神柔软而亲和，嘴角微翘，露出禅悦之情，二菩萨的眼神凝视在主尊的胸前，龛顶画飞天对舞，龛内壁画十身比丘像，南壁合计绘塑佛、菩萨、比丘群像共计十三身。北壁也开一龛，龛内塑像壁画均与南壁规模相同。东壁门上画一铺说法图，内容与南北两壁相同，唯有佛座为金刚须弥座，更显华贵。整个东、南、北三壁除了说法图之外均画千佛满壁。另外，南北两壁龛下宋代重绘供养菩萨，东壁隋代千佛下方宋代重绘供养人。

第 427 窟

位于南区中部第三层(图 5-64)。洞窟前部为人字披顶,后部为平顶,有中心塔柱,中心柱南、西、北三面各开一龛,东向面与南北两壁前部各塑立佛一铺。

此窟有完好的前室和主室，是敦煌石窟隋代规模最大的洞窟之一。前室有宋代修建三间四柱木构窟檐一座,龛梁上墨书题记为“维大宋乾德八年岁次庚午正月癸卯朔二月十六日戊辰敕推诚奉国保塞功臣归义军节度使持进检校太师兼中书令西平王曹元忠之世勘建此窟檐记”,乾德八年即开宝三年(970),标明了重建窟檐、重装塑像和壁画的时间;南北两壁隋塑天王各二身,合为四天王;西壁隋塑二力士,此乃隋代新出现之题材,力士像高约 3.7 米,宋代修窟檐时重绘这些塑像的衣纹,前室顶部残存隋画涅槃经变(图 5-69)。

主室平面呈纵长方形,前部人字披,后部中心柱,虽仍然沿袭北朝流行的中心塔柱形制,但也有了一些变化,中心柱正面不开龛,取而代之的是高大的立佛像一铺，造像组合形式为一佛二菩萨，均立于莲座上，南北两壁前部人字披下也各塑大型立佛一铺，也是一佛二菩萨组合形式，整个洞窟主室前部组成三佛造像，主尊佛着红色宽袖通肩大衣,高 4 米多,菩萨戴

图 5-69　莫高窟第 427 窟前室

图 5-70　莫高窟第 427 窟洞窟主室前部

宝冠，着僧祇支，披巾，下着裙，这些塑像皆头大、体壮、腿短，面相略方而结实，衣饰华丽，塑像袈裟上贴金的痕迹可见（图 5-70）。

中心柱南、西、北三面各开一圆券形龛，龛内塑像，各塑一佛二弟子，佛手结禅定印，二弟子侍立，最具有代表性的当属西向面龛内北侧的阿难像；南向面龛内除了塑像之外，两侧还各画一飞天、四弟子、鹿头梵志和婆薮仙，龛外两侧均画千佛与二胁侍菩萨，龛下座沿上画须达拏太子本生故事（图 5-71）。四壁上部画绕窟一周的飞天，下部为宋代重绘绕窟一周的供养人，其余为千佛，西壁及北壁后部中央画说法图一铺，南壁千佛中央绘卢舍那佛。

图 5-71　莫高窟第 427 窟中心塔柱南向面内景

此窟规模可观，保存较好，前、后室塑像体型高大，数量众多，佛、菩萨、弟子、天王、力士、地鬼合计达二十八身之多，艺术水平较高，造型上具

有隋代彩塑典型特征，造像面相略呈长方，肩宽、腹圆，造型结实有力，与北朝时期塑像相比，已能透过衣饰具体地表现出胸、肩、腹、胯、膝等处的人体结构，这是敦煌彩塑技艺上的一大进步。

第244窟

位于南区中部第二层，形制为覆斗顶，南、西、北壁设佛床，先后经五代、西夏重修。甬道两壁有五代曹议金、曹元德供养像；主室覆斗藻井顶，四披画千佛，边缘画联珠纹，藻井只保存了画出的十字梁架与部分斗拱，垂幔铺于四披；四壁不开龛，沿着南、西、北三壁墙脚凿出马蹄形佛床，床上倚壁塑三铺佛像，为大型彩塑三世佛，西壁中央释迦佛趺坐于须弥座之上，背后塑出背光和身光，并绘出火焰纹化佛图案，两侧塑二弟子二菩萨，弟子迦叶居右，阿难居左，立像，壁面上沿画飞天及天宫栏墙绕窟一周。栏墙下壁画分为上、中、下三排，上排两侧画一佛二弟子二菩萨说法图各一铺，中间在塑像之间画弟子、菩萨填补空白，两侧共画弟子六身、供养菩萨二身以及供养童子二身，主尊座下八面须弥座的五面经西夏重绘菩萨五身，佛床下方五代画壶门七个，比较模糊；南壁塑立佛，佛着通肩田相袈裟，为过去佛迦叶佛，有化佛头光，两侧塑胁侍菩萨，壁画上段画说法图四铺，中、下段除胁侍菩萨外各画说法图两铺，立佛两侧画二弟子二菩萨二供养菩萨；北壁塑菩萨装立像，为未来佛弥勒菩萨说法像，左右塑二胁侍菩萨，壁画布局上段与南壁对称，画说法图四铺，塑像外侧各画说法图两铺（图 5–72）。

此窟塑像极具代表性，塑像身体比例已由早期的头大、肩宽、腿短变成了比例匀称、面相丰满的造型，衣饰华丽，色彩典雅，是敦煌隋代晚期石窟的代表洞窟。

图 5-72 莫高窟第 244 窟内景

图版目录

参考文献

著作

常沙娜《中国敦煌历代服饰图案》,北京:中国轻工业出版社,2001年。

段文杰、樊锦诗主编《中国敦煌壁画全集 1:敦煌北凉·北魏》,天津:天津人民美术出版社,2006 年。

段文杰、樊锦诗主编《中国敦煌壁画全集 2:敦煌西魏》,天津:天津人民美术出版社,2008 年。

段文杰、樊锦诗主编《中国敦煌壁画全集 3:敦煌北周》,天津:天津人民美术出版社,2006 年。

段文杰《段文杰敦煌艺术论文集》,兰州:甘肃人民出版社,1994 年。

段文杰主编《1990 年敦煌学国际研讨会文集》三册,沈阳:辽宁美术出版社,1995 年。

段文杰主编《1987 年敦煌石窟研究国际讨论会文集·石窟考古编》,沈阳:辽宁美术出版社,1990 年。

段文杰主编《1987 年敦煌石窟研究国际讨论会文集·石窟艺术编》,沈阳:辽宁美术出版社,1990 年。

段文杰主编《中国石窟雕塑全集·第一卷·敦煌》,重庆:重庆出版社,

2001年。

敦煌文物研究所编《1983年全国敦煌学术讨论会文集》四册，兰州：甘肃人民出版社，1987年。

敦煌文物研究所编《敦煌莫高窟内容总录》，北京：文物出版社，1982年。

敦煌文物研究所编《敦煌研究文集》，兰州：甘肃人民出版社，1982年。

敦煌文物研究所编《中国石窟·敦煌莫高窟》(一至五)，北京：文物出版社，1982—1987年。

敦煌研究院、江苏美术出版社编，段文杰编著《敦煌石窟艺术·莫高窟第二八五窟(西魏)》，南京：江苏美术出版社，1995年。

敦煌研究院、江苏美术出版社编，梁尉英编著《敦煌石窟艺术·莫高窟第二九六窟(北周)》，南京：江苏美术出版社，1998年。

敦煌研究院、江苏美术出版社编，施萍婷、贺世哲编著《敦煌石窟艺术·莫高窟第四二八窟(北周)》，南京：江苏美术出版社，1998年。

敦煌研究院、江苏美术出版社编，谢成水编著《敦煌石窟艺术·莫高窟第二九〇窟(北周)》，南京：江苏美术出版社，1994年。

敦煌研究院、江苏美术出版社编，杨雄编著《敦煌石窟艺术·莫高窟第二四九窟附第四三一窟(北魏、西魏)》，南京：江苏美术出版社，1995年。

敦煌研究院、江苏美术出版社编，张元林编著《敦煌石窟艺术·莫高窟第二五四窟附第二六〇窟(北魏)》，南京：江苏美术出版社，1995年。

敦煌研究院《中国石窟·安西榆林窟》，北京：文物出版社，1990年。

敦煌研究院编，樊锦诗、蔡伟堂、黄文昆编著《敦煌石窟全集第一卷，莫高窟第266—275窟考古报告》，北京：文物出版社，2011年。

敦煌研究院编《1994年敦煌学国际研讨会文集——纪念敦煌研究

院成立 50 周年》(四册),兰州:甘肃民族出版社,2000 年。

敦煌研究院编《2000 年敦煌学国际学术讨论会文集——纪念敦煌藏经洞发现暨敦煌学百年》(四册),兰州:甘肃民族出版社,2003 年。

敦煌研究院编《敦煌莫高窟供养人题记》,北京:文物出版社,1986 年。

敦煌研究院编《敦煌石窟内容总录》,北京:文物出版社,1996 年。

敦煌研究院编《敦煌石窟艺术·莫高窟第 420 窟、第 419 窟(隋)》,南京:江苏美术出版社,1996 年。

敦煌研究院编《敦煌研究文集·石窟经变篇》,兰州:甘肃民族出版社,2000 年。

敦煌研究院编《敦煌研究文集·石窟考古篇》,兰州:甘肃民族出版社,2000 年。

敦煌研究院主编，樊锦诗编《敦煌石窟全集 4·佛传故事画卷》,香港:商务印书馆,2004 年。

敦煌研究院主编，关友惠编《敦煌石窟全集 13、14·图案卷》(上、下),香港:商务印书馆,2003 年。

敦煌研究院主编,李永宁编《敦煌石窟全集 3·本生因缘故事画卷》,香港:商务印书馆,2005 年。

敦煌研究院主编,刘永增编《敦煌石窟全集 8·塑像卷》,香港:商务印书馆,2003 年。

敦煌研究院主编,罗华庆编《敦煌石窟全集 2·尊像画卷》,香港:商务印书馆,2000 年。

敦煌研究院主编，施萍婷编《敦煌石窟全集 5·阿弥陀经画卷》,香港:商务印书馆,2002 年。

敦煌研究院主编,孙儒僩、孙毅华编《敦煌石窟全集 21·建筑画卷》,香港:商务印书馆,2001 年。

敦煌研究院主编，孙毅华、孙儒僩编《敦煌石窟全集 22·石窟建筑画卷》，香港：商务印书馆，2003 年。

敦煌研究院主编，谭蝉雪编《敦煌石窟全集 24·服饰画卷》，香港：商务印书馆，2005 年。

敦煌研究院主编，殷光明编《敦煌石窟全集 9·报恩经画卷》，香港：商务印书馆，2000 年。

敦煌研究院主编，郑汝中、郃建群编《敦煌石窟全集 15·飞天画卷》，香港：商务印书馆，2002 年。

敦煌研究院主编，关友惠编《敦煌石窟全集·图案画卷(上)》，香港：商务印书馆，2003 年。

敦煌研究院主编，贺世哲编《敦煌石窟全集·法华经画卷》，香港：商务印书馆，1999 年。

贺世哲《敦煌图像研究——十六国北朝卷》，兰州：甘肃教育出版社，2006 年。

季羡林主编《敦煌学大辞典》，上海：上海辞书出版社，1998 年。

姜亮夫《莫高窟年表》，上海古籍出版社，1985 年。

金维诺《中国美术史论集》，北京：人民美术出版社，1981 年。

赖鹏举《敦煌石窟造像思想研究》，北京：文物出版社，2009 年。

赖鹏举《丝路佛教的图像与禅法》，台湾：圆光佛学研究所，2002 年。

李崇峰《中印佛教石窟寺比较研究：以塔庙窟为中心》，北京：北京大学出版社，2003 年。

马德《敦煌莫高窟史研究》，兰州：甘肃教育出版社，1996 年。

马世长《中国佛教石窟考古文集》，新竹：台湾觉风佛教艺术文化基金会，2002 年。

彭金章、王建军《敦煌莫高窟北区石窟》第二、三卷，北京：文物出版社，2004 年。

彭金章、王建军《敦煌莫高窟北区石窟》第一卷，北京：文物出版社，2000 年。

史苇湘《敦煌历史与莫高窟艺术研究》，兰州：甘肃教育出版社，2002 年。

敦煌研究院主编，王惠民编《敦煌石窟全集·弥勒经画卷》，香港：商务印书馆，2003 年。

萧默《敦煌建筑研究》，北京：文物出版社，1989 年。

中国壁画全集编辑委员会编、段文杰主编《中国壁画全集·敦煌 17（隋）》，天津：天津人民美术出版社，1991 年。

中国美术全集编辑委员会、敦煌研究院编《中国美术全集 14 绘画编·敦煌壁画》（上），上海：上海人民美术出版社，1988 年。

中国美术全集编辑委员会、敦煌研究院编《中国美术全集 15 绘画编·敦煌壁画》（下），上海：上海人民美术出版社，1988 年。

中国美术全集编辑委员会、敦煌研究院编《中国美术全集 7 雕塑编·敦煌彩塑》，上海：上海人民美术出版社，1987 年。

中国石窟雕塑全集编辑委员会《中国美术分类全集·中国石窟雕塑全集第一卷·敦煌》，重庆出版社，2001 年。

论文

蔡伟堂《敦煌壁画中的睒子本生故事画——从俄藏莫高窟第 433 窟睒子本生故事画谈起》，《敦煌研究》2004 年第 5 期。

蔡伟堂《敦煌莫高窟〈五百强盗成佛图〉研究》，敦煌研究院编《段文杰敦煌研究五十年纪念文集》，北京：世界图书出版公司，1996 年。

蔡伟堂《莫高窟壁画中的沙弥守戒自杀图研究》，《敦煌研究》1997 年第 4 期。

常书鸿《谈敦煌图案》，《文物参考资料》1956 年第 8 期。

戴瑞坤《敦煌艺术中的装饰图案》,《第二届敦煌学国际研讨会论文集》,汉学研究中心编印,1991 年。

段文杰《融合中西成一家——莫高窟隋代壁画研究》,载于《段文杰敦煌石窟艺术论文集》,兰州:甘肃人民出版社,1994 年。

段文杰《道教题材是如何进入佛教石窟的——莫高窟 249 窟窟顶壁画内容探讨》,敦煌文物研究所编《1983 年全国敦煌学术讨论会文集·石窟艺术编上》,兰州:甘肃人民出版社,1985 年。

段文杰《敦煌壁画中的衣冠服饰》,敦煌文物研究所《敦煌研究文集》,兰州:甘肃人民出版社,1982 年。

段文杰《飞天——乾闼婆与紧那罗——再谈敦煌飞天》,《敦煌研究》1987 年第 1 期。

段文杰《供养人画像与石窟》,《敦煌研究》1995 年第 3 期。

段文杰《九色鹿连环画的艺术特色——敦煌读画记之一》,《敦煌研究》1991 年第 3 期。

段文杰《略论莫高窟第 249 窟壁画内容和艺术》,《敦煌研究》创刊号,1983 年。

段文杰《融合中西成一家——莫高窟隋代壁画研究》,中国壁画全集编辑委员会编《中国壁画全集·敦煌 17 隋》,天津:天津人民美术出版社,1991 年。

段文杰《十六国、北朝时期的敦煌石窟艺术》,敦煌文物研究所编《敦煌研究文集》,兰州:甘肃人民出版社,1982 年。

段文杰《早期的莫高窟艺术》,敦煌文物研究所编《中国石窟·敦煌莫高窟》一,北京:文物出版社,1981 年。

段文杰《中西艺术的交汇点——论莫高窟第 285 窟》,段文杰编著《敦煌石窟艺术·莫高窟第 285 窟》,南京:江苏美术出版社,1995 年。

樊锦诗、关友惠、刘玉权《莫高窟隋代石窟分期》,敦煌文物研究所编

《中国石窟·敦煌莫高窟》(二),北京:文物出版社,1984年。

樊锦诗、马世长、关友惠《敦煌莫高窟北朝洞窟的分期》,敦煌文物研究所编《中国石窟·敦煌莫高窟》(一),北京:文物出版社,1982年。

樊锦诗、马世长《莫高窟北朝洞窟本生因缘故事画补考》,《敦煌研究》1986年第1期。

樊锦诗、马世长《莫高窟第290窟的佛传故事画》,《敦煌研究》创刊号(总第3期),1983年。

范泉《周武灭法与敦煌北周石窟营造的关系——以莫高窟第428窟供养人图像为中心》,《敦煌学辑刊》2008年第4期。

高田修《佛教故事画与敦煌壁画》,敦煌文物研究所编《中国石窟·敦煌莫高窟》(二),北京:文物出版社,1984年。

关友惠《敦煌北朝石窟中的南朝艺术之风》,段文杰主编《1987年敦煌石窟研究国际讨论会文集·石窟艺术编》,沈阳:辽宁美术出版社,1990年。

关友惠《敦煌壁画中的供养人画像》,《敦煌研究》1989年第3期。

关友惠《莫高窟隋代图案初探》,《敦煌研究》创刊号,1983年。

郭佑孟《敦煌隋代法华主题洞窟初探》,《兰州大学学报》(社会科学版)2006年第4期。

贺世哲、施萍婷《敦煌壁画中的法华经变》,敦煌文物研究所《中国石窟·敦煌莫高窟》(三),北京:文物出版社,1987年。

贺世哲《从供养人题记看莫高窟部分洞窟的营建年代》,敦煌研究院编《敦煌莫高窟供养人题记》,北京:文物出版社,1986年。

贺世哲《读莫高窟第254窟〈难陀出家图〉》,《敦煌研究》1997年第2期。

贺世哲《敦煌莫高窟的〈涅槃经变〉》,《敦煌研究》1986年第1期。

贺世哲《敦煌莫高窟北朝石窟与禅观》,敦煌文物研究所《敦煌研究

文集》,兰州:甘肃人民出版社,1982年。

贺世哲《敦煌莫高窟壁画中的〈维摩诘经变〉》,《敦煌研究》总第二期,1982年。

贺世哲《敦煌莫高窟第285窟西壁内容考释》,段文杰主编《1987年敦煌石窟研究国际讨论会文集·石窟考古编》,沈阳:辽宁美术出版社,1990年。

贺世哲《敦煌莫高窟隋代石窟与"双弘定慧"》,敦煌文物研究所编《1983年全国敦煌学术讨论会文集》(石窟·艺术编上),兰州:甘肃人民出版社,1985年。

贺世哲《关于第285窟之宝应声菩萨与宝吉祥菩萨》,《敦煌研究》1985年第3期。

贺世哲《关于敦煌莫高窟的三世佛与三佛造像》,《敦煌研究》1994年第2期。

贺世哲《莫高窟第285窟北壁八佛考释》,敦煌研究院编《1990年敦煌学国际讨论会文集·石窟考古编》,沈阳:辽宁美术出版社,1995年。

贺世哲《莫高窟第285窟窟顶天象图考论》,《敦煌研究》1987年第2期。

贺世哲《莫高窟第290窟佛传画中的瑞应思想研究》,《敦煌研究》1997年第1期。

贺世哲《莫高窟第420窟窟顶部分壁画内容新探》,《敦煌研究》1996年第4期。

贺世哲《石室札记——重新解读莫高窟第285窟北壁八佛》,《敦煌研究》2003年第1期。

胡同庆、张元林《莫高窟第275窟外道人物及相关画面的艺术特色与美学特征》,《敦煌研究》2005年第1期。

胡同庆、张元林《莫高窟第275窟中的外道人物及相关问题研究》,

《敦煌研究》2004年第5期。

暨远志《中国早期佛教供养人服饰》,《敦煌研究》1995年第1期。

姜伯勤《敦煌莫高窟隋供养人胡服服饰研究》,载于郝春文主编《敦煌文献论集:纪念敦煌藏经洞发现一百周年国际学术研讨会论文集》,沈阳:辽宁人民出版社,2001年。

金维诺《敦煌本生图的内容与形式》,《美术研究》1957年第3期;收入同著者《中国美术史论集》,北京:人民美术出版社,1981年。

金维诺《敦煌壁画中的中国佛教故事》,《美术研究》1958年第1期。

金维诺《敦煌壁画维摩变的发展》,《文物》1959年第2期。

金维诺《佛本生图形式的演变》,《现代佛学》,1963年第2期;收入同著者《中国美术史论集》,北京:人民美术出版社,1981年。

金维诺《智慧的花朵——谈敦煌图案的艺术成就》,《文物参考资料》1956年第8期。

赖鹏举《以敦煌造像看北朝佛教由涅槃"白衣佛"到华严"卢舍那佛"的转变》,载同著者《丝路佛教的图像与禅法》,台湾:圆光佛学研究所,2002年。

李崇峰《中印佛教石窟寺比较研究:以塔庙窟为中心》,北京:北京大学出版社,2003年。

李其琼、施萍婷《奇思驰骋为皈依——敦煌、新疆所见须摩提女因缘故事画介绍》,《敦煌学辑刊》第一辑,1980年。

李其琼《隋代的莫高窟艺术》,敦煌文物研究所《中国石窟·敦煌莫高窟》(二),北京:文物出版社,1984年。

李其琼《再谈莫高窟隋代艺术》,《敦煌研究》1988年第2期。

李凇《莫高窟第249窟窟顶图像新解》,敦煌研究院编《1994年敦煌学国际研讨会文集——纪念敦煌研究院成立50周年·石窟考古卷》,兰州:甘肃民族出版社,2000年。

李永宁、蔡伟堂《敦煌壁画中的〈弥勒经变〉》,段文杰主编《1987年敦煌石窟研究国际讨论会文集·石窟考古编》, 沈阳: 辽宁美术出版社, 1990年。

李永宁《报恩经和莫高窟壁画中的报恩经变相》,敦煌文物研究所编《敦煌研究文集》,兰州:甘肃人民出版社,1982年。

李玉珉《敦煌莫高窟二五九窟之研究》,《台湾大学美术史研究集刊》第二期,1995年;又载敦煌研究院编《1994年敦煌学国际研讨会文集·石窟考古编》,兰州:甘肃民族出版社,2000年。

李玉珉《敦煌四二八窟新图像源流考》,《故宫学术季刊》1993年第10卷第4期。

李玉珉《敦煌药师经变》,《故宫文物月刊》(台湾), 第7卷第5期, 1989年。

李玉珉《敦煌药师经变研究》,《故宫学术季刊》(台湾) 第7卷第3号,1990年。

梁丽玲《〈贤愚经〉与石窟艺术》,《中华佛学研究》第六期(台北), 2002年。

梁丽玲《萨埵太子本生故事画所据佛典之判读》,郑炳林、花平宁主编《麦积山石窟艺术文化论文集》(上),兰州:兰州大学出版社,2004年。

梁丽玲《新疆与敦煌石窟中的〈贤愚经〉故事比较》,《敦煌学》第二十三辑(台北),2001年。

梁晓鹏《莫高窟第254窟千佛文本的符号学分析》,《敦煌学辑刊》2005年第2期。

梁银景《莫高窟隋代经变画与南朝、两京地区》,《敦煌研究》2004年第5期。

刘永增《〈贤愚经〉的集成年代于敦煌莫高窟第275窟的开凿》,《敦煌研究》2001年第4期。

刘永增《敦煌莫高窟隋代涅槃变相图与古代印度、中亚涅槃图像之比较研究》,《敦煌研究》1995 年第 1 期。

刘永增《莫高窟北朝期的石窟造像与外来影响》(上)(下),《敦煌研究》2004 年第 3、4 期。

刘永增《莫高窟第 249 窟天井画内容新释》,敦煌研究院编《2000 年敦煌学国际学术讨论会文集——纪念敦煌藏经洞发现暨敦煌学百年》,兰州:甘肃民族出版社,2003 年。

卢秀文《敦煌莫高窟早期三窟供养人服饰研究》,《敦煌学辑刊》2008 年第 4 期。

罗华庆《敦煌壁画中的〈东方药师净土变〉》,《敦煌研究》1989 年第 2 期。

罗华庆《敦煌艺术中的〈观音菩萨普门品变〉与〈观音经变〉》,《敦煌研究》1987 年第 3 期。

马世长《敦煌莫高窟北朝本生、因缘故事画》,载同著者《中国佛教石窟考古文集》,新竹:台湾觉风佛教艺术文化基金会,2002 年。

马世长《中国佛教石窟的类型和形制特征——以龟兹和敦煌为中心》,《敦煌研究》2006 年第 6 期。

宁强、胡同庆《敦煌莫高窟第 254 窟千佛画研究》,《敦煌研究》1986 年第 4 期。

宁强《从印度到中国——某些本生故事画构图形式的比较》,《敦煌研究》1991 年第 3 期。

宁强《敦煌北凉三窟供养人及相关问题研究》(英文全文,中文摘要),巫鸿主编《汉唐之间的宗教艺术与考古》,北京:文物出版社,2000 年。

宁强《上士登仙图与维摩诘经变——莫高窟第 249 窟窟顶壁画再探》,《敦煌研究》1990 年第 1 期。

欧阳琳《敦煌图案简论》,敦煌文物研究所编《1983 年全国敦煌学术讨论会文集·石窟艺术编》(下),兰州:甘肃人民出版社,1985 年。

沙武田《〈观世音菩萨普门品〉与〈观音经变〉图像》,《法音》2011 年第 3 期。

施萍婷、贺世哲《敦煌壁画中的法华经变初探》,敦煌文物研究所编《中国石窟·敦煌莫高窟》(三),北京:文物出版社,1987 年。

施萍婷、贺世哲《近承中原,远接西域——莫高窟第四二八窟研究》,敦煌研究院编《敦煌石窟艺术·莫高窟第四二八窟(北周)》,南京:江苏美术出版社,1998 年。

施萍婷《建平公与莫高窟》,敦煌文物研究所《敦煌研究文集》,兰州:甘肃人民出版社,1982 年。

施萍婷《金光明经变研究》,段文杰主编《1987 年敦煌石窟研究国际讨论会文集·石窟考古编》,沈阳:辽宁美术出版社,1990 年。

史苇湘《从敦煌壁画〈微妙比丘尼变〉看历史上的中印文化交流》,《敦煌研究》1995 年第 2 期。

史苇湘《敦煌佛教艺术产生的历史依据》,《敦煌研究》1981 年试刊第 1 期。

史苇湘《敦煌莫高窟中的〈福田经变〉壁画》,《文物》1980 年第 9 期。

史苇湘《关于敦煌莫高窟内容总录(六)·别具一格的贤愚经变》,敦煌文物研究所编《敦煌莫高窟内容总录》,北京:文物出版社,1982 年。

史苇湘《关于敦煌莫高窟内容总录》,敦煌文物研究所编《敦煌莫高窟内容总录》,北京:文物出版社,1982 年。

史苇湘《微妙比丘尼变初探》,《敦煌学辑刊》第一辑,1980 年。

孙修身《敦煌莫高窟第 296 窟〈佛说诸德福田经变〉的研究》,《北朝研究》总第 4 期,1991 年。

孙修身《敦煌莫高窟第 296 窟〈须阇提故事〉的研究》,《敦煌研究》

1992年第1期。

孙作云《敦煌画中的神怪画》,《考古》1960年第6期。

谭树桐《敦煌飞天艺术初探》,敦煌文物研究所编《1983年全国敦煌学术讨论会文集·石窟艺术编(下)》,兰州:甘肃人民出版社,1987年。

王惠民《白衣佛小考》,《敦煌研究》2001年第4期。

王惠民《执雀外道非婆薮仙辨》,《敦煌研究》2010年第1期。

王惠民《敦煌隋至初唐的弥勒图像考察》,敦煌研究院编《2000年敦煌学国际学术讨论会文集——纪念敦煌藏经洞发现暨敦煌学百年》(石窟考古卷),兰州:甘肃民族出版社,2003年。

王惠民《婆薮仙与鹿头梵志》,《敦煌研究》2002年第2期。

王惠民《隋至唐前期敦煌药师图像考察》,《艺术史研究》总第2期,2000年。

王静芬《弥勒信仰与敦煌〈弥勒变〉的起源》,段文杰主编《1987年敦煌石窟研究国际讨论会文集·石窟考古编》,沈阳:辽宁美术出版社,1990年。

萧默《敦煌莫高窟的洞窟形制》,敦煌文物研究所编《中国石窟·敦煌莫高窟》(二),北京:文物出版社,1984年。

萧默执笔,敦煌文物研究所考古组著《敦煌莫高窟北朝壁画中的建筑》,《考古》1976年第2期。

谢静《敦煌莫高窟第285窟供养人服饰初探》,《敦煌研究》2005年特刊。

宿白《参观敦煌莫高窟第285号窟札记》,《文物参考资料》1956年第2期;另收入宿白《中国石窟寺研究》,北京:文物出版社1996年。

杨雄《大一统古典美术高峰的序曲——论莫高窟第420、419窟的艺术》,敦煌研究院编《敦煌石窟艺术·莫高窟第419、420窟(隋)》,南京:江苏美术出版社,1996年。

殷光明《敦煌卢舍那佛法界图像研究之二》,《敦煌研究》2002 年第 1 期。

殷光明《敦煌卢舍那佛法界图像研究之一》,《敦煌研究》2001 年第 4 期。

袁德领《试释莫高窟第 272 窟的内容》,《敦煌研究》2002 年第 5 期。

张道一《敦煌莫高窟的装饰艺术》,《南京艺术学院学报》1979 年第 2 期。

张景峰《敦煌莫高窟的影窟及影像——由新发现的第 476 窟谈起》,《敦煌学辑刊》2006 年第 3 期。

张景峰《敦煌莫高窟第 294 窟须达拏太子本生故事画研究及相关问题》,《敦煌研究》2010 年第 2 期。

张景峰《敦煌石窟的中心佛坛窟》,《敦煌研究》2009 年第 5 期。

张学荣、何静珍《敦煌莫高窟第 275 窟内容初探》,段文杰主编《1990 年敦煌学国际研讨会文集·石窟考古编》,沈阳:辽宁美术出版社,1995 年。

张元林、张志海《敦煌北朝时期法华信仰中的无量寿佛信仰——以莫高窟第 285 窟无量寿佛说法图为例》,《敦煌研究》2007 年第 1 期。

张元林《〈法华经〉佛身观的形象阐示——莫高窟第 285 窟北壁说法图新解》,敦煌研究院编《2004 年石窟国际学术会议论文集》(上),上海:上海古籍出版社,2006。

张元林《〈法华经〉佛性观的形象诠释——莫高窟第 285 窟南壁故事画的思想意涵》,《敦煌研究》2004 年第 6 期。

张元林《从莫高窟第 285 窟无量寿佛说法图看敦煌北朝时期法华信仰与“无量寿佛”信仰的关系》,郑炳林、樊锦诗、杨富学主编《敦煌佛教与禅宗学术讨论会文集》,西安:三秦出版社,2007 年。

张元林《莫高窟北朝窟中的婆薮仙和鹿头梵志形象再识》,《敦煌研究》2002 年第 2 期。

张元林《净土思想与仙界思想的合流——关于莫高窟第249窟窟顶西披壁画定名的再思考》,《敦煌研究》2003年第4期。

张元林《莫高窟第275窟故事画与主尊造像关系新探》,《敦煌研究》2001年第4期。

张元林《粟特人与莫高窟第285窟的营建——粟特人及其艺术对敦煌艺术贡献》,云冈石窟研究院《2005年云冈国际学术研讨会论文集·研究卷》,北京:文物出版社,2006年。

赵声良《敦煌北朝石窟形制诸问题》,《敦煌研究》2006年第5期。

赵声良《敦煌北朝的故事画艺术》,《文史知识》1988年第8期。

赵声良《飞天新论》,《敦煌研究》2007年第3期。

赵声良《敦煌早期故事画的表现形式》,《敦煌研究》1989年第4期。

赵声良《飞天新论》,《敦煌研究》2007年第3期。

赵秀荣《试论莫高窟275窟北壁故事画的佛经依据——附275窟等年代再探讨》,《敦煌研究》1991年第3期。

硕博论文

叶佳玫《敦煌莫高窟隋代四二〇窟研究》,台湾大学1996年艺术史研究所硕士论文。

张元林《北朝——隋时期敦煌法华艺术研究》,兰州大学2009年博士学位论文。

顾淑彦《敦煌石窟贤愚经变研究——以莫高窟第146窟为中心》,兰州大学2009年硕士学位论文。

范婷婷《敦煌莫高窟西魏第285窟供养人像服饰研究》,东华大学2007年硕士学位论文。

李茹《李贤与李贤窟研究》,兰州大学2007年硕士学位论文。

王丽娟《敦煌〈观音经〉变相的发展与形制之研究》,华梵大学2003年硕士学位论文。